ALLAN KARDEC

Zêus Wantuil
e
Francisco Thiesen

Allan Kardec

O Educador e o Codificador

Volume II

Organizador Zêus Wantuil

Federação Espírita Brasileira

ISBN 85-7328-398-X

B.N

2ª edição especial – *Do 2º ao 3º milheiro*

Organizador: ZÊUS WANTUIL

22-AM; 000.2-O; 9/2004

Capa de LUIS HU RIVAS

Composição, editoração e fotolitos:
Departamento Editorial e Gráfico – Rua Souza Valente, 17
20941-040 – Rio de Janeiro, RJ – Brasil
CNPJ nº 33.644.857/0002-84 *I.E. nº 81.600.503*
Pedidos de livros à FEB – Departamento Editorial:
Tel.: (21) 2589-6020, FAX: (21) 2589-6838.

CIP-BRASIL. CATALOGAÇÃO-NA-FONTE
SINDICATO NACIONAL DOS EDITORES DE LIVROS, RJ.

W221a
v.2
2. ed.

Wantuil, Zêus, 1924-
Allan Kardec: o educador e o codificador, v. 2 / Zêus Wantuil e Francisco Thiesen: compilação de Zêus Wantuil. – 2. ed. – Rio de Janeiro: Federação Espírita Brasileira, 2004
2v.:

ISBN 85-7328-398-X

1. Kardec, Allan, 1804-1869 – Biografia. 2. Espiritismo. I. Thiesen, Francisco, 1927-1990. II. Federação Espírita Brasileira. III. Título.

04-1799 CDD 920.91339
CDU 929KARDEC, A.

13.07.04 16.07.04 006992

Volume II

ÍNDICE GERAL ANALÍTICO

Parte Terceira

levianas, mas imprudentes". – Kardec dá uma aula de Espiritismo, de moral e de ética ao Sr. C. M., da "Gazette de Lyon". – Georges Gandy, em "La Bibliographie Catholique", em 1860. – Injúrias à parte moral do Espiritismo. – Críticas pueris de Émile Deschanel, no "Journal des Débats". – Falsos membros da SPEE. – A "estupidez" do Espiritismo, na conferência do Sr. Trousseau. – O Pe. Lapeyre, jesuíta, e seus virulentos sermões, em Bordéus. – Ataques generalizados por pregadores católicos. – Opiniões que se contradizem. – De novo o argumento loucura. – Cruzada contra o Espiritismo. – A calúnia quase epidêmica. – O bispo de Argel. – Suicídio incriminado ao Espiritismo. – Enquadrar os espíritas como infratores e falsários. – "Du Spiritisme", a brochura do Rev. P. Nampon: Kardec manda lê-la e compará-la com os textos verdadeiros das obras dele. – A arte cênica é convocada a atacar o Espiritismo. – As imitações nada provam. – "Os religiosos são os que mais injuriam". – Pressões em Argel. – A data de 18 de agosto de 1863. – A vez de Strasbourg: o "demônio" na obra de sedução. – "O Espiritismo não se impõe: aceita-se". – Moderação nas palavras. – Padres A. Barricaud, de Lião, e Delaporte, de Bordéus, em seus cursos de Espiritismo. – O bispo de Langres; o monsenhor Pantaleón Navarro, de Barcelona. – O acontecimento importante com o capelão do rei da Holanda. – Espiões de S. Petersburgo. – Manobras surdas: nova tática dos inimigos. – Os judas do Espiritismo. – "Novo e definitivo enterro do Espiritismo". – "Toujours les Spirites!", de Jules Claretie. – Refutação do aspecto religioso, pelo Pe. Poussin, de Nice. – "O Espiritismo não teme a luz". – Os adversários e a marcha do Espiritismo. – Livros espíritas de Kardec no Index (1º de maio de 1864, data histórica nos Anais do Espiritismo). – O que é (ou era) o Index. – Perseguições e violências aos adeptos, em Constantina (África) e outras loca-lidades. – Perseguições nos quartéis. – Denúncias falsas. – O Senado francês, a imprensa e o "partido espírita". – "El Criterio Espiritista", de Madrid, é proibido. – O Auto-de-fé, de Barcelona (9-10-1861).

Parte Quarta

Parte Terceira

Capítulo I

Nos primórdios do Movimento

1 – Alguns traços do caráter do mestre da Codificação

Preferimos, num capítulo como este, que esflora problemáticas do Movimento, em seus primórdios, com lições adequadamente aproveitáveis na atualidade da prática do Espiritismo, em todo o mundo, começar lembrando particularidades do caráter daquele que foi, no dizer de Henry Joly, de Lião, *"o primeiro teórico do Espiritismo"*, não obstante tal aspecto da personalidade de Kardec ser objeto de tratamento à parte, noutro capítulo do volume.

O grande Missionário da Doutrina era muito polido, de fina educação, sério, mas não sisudo, circunspecto e moralista por excelência. Serviu-se poucas vezes da ironia em seus escritos. "Tenho consciência – disse-nos, em 1859 (RS, p. 232) – de não ter feito, voluntariamente, mal a ninguém; aqueles que me fizeram mal, não poderão dizer o mesmo, e, entre nós, Deus será juiz."

Embora houvesse, em 1858 (RS, p. 206) , declarado que "as mesas girantes são como a maçã de Newton, que, na sua queda, encerra o sistema do mundo", o fato de ele ter sido o sistematizador não lhe subiu jamais à cabeça, pois declinou da honra de ter fundado o Espiritismo. Em 1861, aspirava apenas ao "modesto título de propagador" (RS, p. 7).

Kardec considerava, por exemplo, que as cartas anônimas tornam suspeita a sua origem, razão por que nem mesmo delas tomava conhecimento, destinando-as à cesta de papéis velhos, ainda que mencionassem: *Um dos vossos assinantes, Um espírita,* etc. (RS, 1864, p. 64).

Ao alegarem, gratuitamente, os opositores de Kardec que a Doutrina estaria decadente e indiferentes os seus adeptos, o Diretor da "Revue Spirite" inicia o primeiro número de 1865, dizendo: "Um jornal especial, que está em seu oitavo ano de existência e que vê todos os anos o número de seus assinantes crescer em notável proporção; que desde a sua fundação viu três vezes esgotadas as coleções dos anos anteriores", não provava essa decadência ou essa indiferença.

No mesmo fascículo, às páginas 2 e 3, encontramos mais o seguinte, suficientemente ilustrativo e comprobatório do que escrevemos no início:

"(...) a ninguém lisonjeamos para obter adesões à nossa causa; deixamos que as coisas sigam seu curso natural, ciente de que, se nossa maneira de ver e fazer não for boa, nada a fará prevalecer. Sabemos muito bem que, por não termos incensado certos indivíduos, os afastamos de nós, e eles se voltaram para o lado de onde vinha o incenso." (P. 2.)

"Temos consciência de que, em toda a nossa vida, nunca devemos nada à adulação nem à intriga, razão por que não acumulamos grande coisa, e não é com o Espiritismo que começaríamos." (P. 3.)

"Louvamos com alegria os fatos realizados, os serviços prestados, porém jamais, por antecipação, os serviços que possam prestar ou que prometam prestar." (P. 3.)

"Quando cessamos de aprovar, não censuramos; guardamos silêncio, a menos que o interesse da causa nos force a rompê-lo." (P. 3.)

2 – Polêmicas. – Controvérsias e discussões. – Antagonistas de má-fé. – Polêmica útil

É bem certo que não são de hoje os problemas suscitados no âmbito do Espiritismo, na sua difusão entre os homens, pois nos primórdios já existiam, e em grande número. Vale a pena extrair da RS (1858, p. 293) estas palavras de Kardec:

"Mas há polêmica e polêmica. Existe aquela ante a qual jamais recuaremos: é a discussão séria dos princípios que professamos. Todavia, mesmo nesse caso, faz-se preciso uma distinção: se se trata apenas de ataques gerais dirigidos contra a doutrina, sem outro fim que o de criticar, e feitas por pessoas arraigadas em rejeitar tudo quanto não compreendem, nada disso merecerá a nossa atenção; o terreno que o Espiritismo ganha a cada dia é resposta suficientemente peremptória e prova de que seus sarcasmos não têm produzido grande efeito."

O mestre aconselha os espíritas a não discutirem com antagonistas de má-fé ou que sejam possuídos de *parti pris*. "Com eles, toda polêmica é ociosa, porque sem propósito, já que não os faz mudar de opinião." Tal conduta, ele, Kardec, sempre seguiu, abstendo-se de ceder às provocações que o teriam feito descer à arena da controvérsia. "Se às vezes" – explica – "rebato certos ataques e certas asserções errôneas é para mostrar que não é a possibilidade de responder que falta e para dar aos espíritas meios de refutação, se necessário." (...) "Até aqui não há uma só objeção séria que não se ache refutada em meus escritos." (...) "Digo, pois, a todos os espíritas: continuai a semear a idéia. Espalhai-a com doçura e persuasão, e deixai aos nossos antagonistas o monopólio da violência e da acrimônia, às quais só se recorre quando não se sente bastante forte pelo raciocínio." (RS, 1863, pp. 155/6.)

"Notemos, ainda – escrevera anos antes –, que, entre os críticos, há muita gente que fala sem conhecer a coisa, sem se ter dado ao trabalho de aprofundá-la. Para responder a eles, fora necessário recomeçar, incessantemente, as mais elementares explicações e repetir aquilo que já escrevemos, o que acreditamos inútil. O mesmo não acontece com aqueles críticos que estudaram e que nem tudo compreenderam, com aqueles que realmente querem esclarecer-se, que levantam objeções de boa-fé e com conhecimento de causa. Neste terreno, aceitamos a controvérsia, sem termos a esperança de resolver todas as dificuldades, o que seria muita presunção. (...) Confessaremos, sem constrangimento, nossa insuficiência quanto aos pontos para os quais não temos resposta. Assim, longe de repelir as objeções e as perguntas, nós as solicitamos (desde que não sejam ociosas e nem nos façam perder tempo com futilidades), pois constituem um meio de nos esclarecermos.

"É a isto que chamamos polêmica útil, e sempre o será quando se processar entre pessoas sérias que se respeitam bastante para não se afastarem das conveniências." (RS, 1858, p. 294.)

3 – "O SILÊNCIO É A MELHOR RESPOSTA". – CÉPTICOS ENDURECIDOS. – RESPOSTA AO PADRE MAROUZEAU. – "QUEREIS MATAR-NOS POLIDAMENTE". – "TENHO COISAS MAIS IMPORTANTES A FAZER". – APARTAR DO MAL, PELA PERSUASÃO. – "JAMAIS ME CONSTITUÍ CHEFE DE COISA ALGUMA". – AUTORIDADE MORAL. – FELICIDADE QUE NINGUÉM LHE ARREBATARIA. – CARIDADE, FRATERNIDADE, SINCERIDADE. – O ESPIRITISMO INDEPENDE DE CERTAS PERSONALIDADES. – DEUS SABERÁ PROVER A CONTINUAÇÃO DA OBRA

Evoquemos seus pensamentos, insertos nos escritos que confiou à "Revue Spirite", de 1858 a 1864, em torno da política que seguia de não dar resposta à maioria das publicações de autoria de opositores, adversários inconseqüentes e sistemáticos, cultores do narcisismo intelectual, personalistas e obstinados em injuriar e insinuarem-se como individualidades que devessem merecer acatamento e às quais fosse o Codificador submeter as suas altas decisões, qual se ainda vingassem os promotores de censuras à orientação e à liberdade do pensamento em matéria científica, filosófica, religiosa ou artística.

Eis, a seguir, para início de meditação e estudo, dois pronunciamentos da maior relevância:

"Perguntam-nos freqüentemente por que não respondemos, em nosso jornal, aos ataques de certas folhas dirigidos contra o Espiritismo em geral, contra seus partidários e, às vezes, mesmo contra nós. Cremos que, em certos casos, o silêncio é a melhor resposta. Há, por outro lado, um gênero de polêmica que nos impomos a norma de abster-nos: é a que pode degenerar em personalismos. Ela não só nos repugna, como nos tomaria um tempo que podemos empregar mais utilmente, além do que seria bem pouco interessante para os nossos leitores, que assinam o jornal para se instruírem e não para ouvir diatribes mais ou menos espirituosas. Ora, uma vez embrenhado nesse caminho, dele seria difícil sair; eis por que preferimos aí não entrar, e julgamos que assim o Espiritismo só terá a ganhar em dignidade." (RS, 1858, p. 293.)

"Há cépticos que negam até à evidência, nem milagres poderiam convencê-los. Há mesmo aqueles que ficariam bem desgostosos se fossem forçados a crer, porquanto seu amor-próprio sofreria com a confissão de que estavam enganados. Que responder a pessoas que por toda parte só vêem ilusão e charlatanismo? Nada; deve-se deixá-las tranqüilas, a repetirem, enquanto quiserem, que nada viram e até mesmo que nada lhes pôde ser mostrado. Ao lado desses cépticos endurecidos, há os que querem ver à sua maneira; os que, firmados numa opinião, a esta tudo querem ajustar, não compreendendo existirem fenômenos que não podem sujeitar-se à sua vontade. Eles não sabem ou não querem adaptar-se às condições necessárias." (RS, 1859, p. 153.)

Em 1863, Allan Kardec escreve duas cartas ao padre Marouzeau, referentes à brochura "Réfutation complète de la doctrine spirite au point de vue religieux", publicada dois anos atrás. As cartas foram estampadas nos meses de julho e setembro de 1863, e delas traduzimos os trechos a seguir:

"Dir-vos-ei, de começo, que se não respondi diretamente à vossa brochura foi porque me havíeis anunciado que ela deveria enterrar-nos vivinhos. Quis, então, esperar o acontecimento, e verifico com prazer que não estamos mortos; que mesmo o Espiritismo está um pouco mais vivaz que antes; que o número de sociedades se multiplica em todos os países; que em toda parte, onde pregaram contra ele, o número de adeptos aumentou; que este crescimento está na razão da violência dos ataques." (P. 218.)

"Vossa brochura, vós o sabeis, senhor padre, foi seguida de grande número de outras; a vossa tem, sobre muitas, um mérito, o da perfeita urbanidade; quereis matar-nos polidamente, e vos agradeço. Mas, de todos os lados os argumentos são os mesmos, enunciados mais ou menos polidamente e em francês mais ou menos correto; para refutá-los a todos, artigo por artigo, eu precisaria repetir-me sem cessar, e, francamente, tenho coisas mais importantes a fazer." (P. 218/19.)

"Sou um homem positivo, sem entusiasmo, que tudo julga friamente; raciocino de acordo com os fatos e digo: Já que os espíritas são mais numerosos do que nunca, malgrado a brochura do Sr. Marouzeau e todas as outras, malgrado todos os sermões e mandamentos, é que os argumentos de que se fizeram valer não persuadiram as massas, produzindo efeito contrário. Ora, creio ser de lógica elementar julgar o valor da causa por seus efeitos; conseguintemente, para que refutá-los? (P. 219.)

"Vejo as coisas sob um ponto de vista diferente do vosso, senhor padre. Como um general que observa o movimento da batalha, julgo a força dos golpes, não o ruído que fazem, mas o efeito que produzem. É o conjunto que vejo: sendo o conjunto satisfatório, é-me suficiente. Respostas individuais seriam, assim, inúteis. Quando trato, de maneira geral, de questões suscitadas por algum adversário, não é para convencê-lo – longe disso – e, ainda menos, para levá-lo a renunciar à sua crença, que respeito quando sincera: é unicamente para instrução dos espíritas e porque ali encontro pontos a desenvolver ou a elucidar. Refuto os princípios, não os indivíduos; os princípios ficam, os indivíduos desaparecem. Eis por que pouco me inquieto com personalidades que amanhã, talvez, não mais existam ou das quais não mais se falará, seja qual for a importância que elas procurem dar-se. Vejo muito mais o futuro que o presente, o conjunto e as coisas importantes mais que os fatos isolados e secundários. Reconduzir ao bem é, aos nossos olhos, a verdadeira conversão. Um homem arrancado às suas más inclinações e reconduzido a Deus e à caridade *para com todos*, pelo Espiritismo, é para nós a mais útil vitória; é a que nos causa mais alegria, e agradecemos a Deus no-la dar tão freqüentemente. Para nós, a vitória mais honrosa não consiste em desligar um indivíduo de tal ou qual culto, de tal ou qual crença, pela violência ou pelo medo, mas de apartá-lo do mal pela persuasão." (RS, 1863, p. 219.)

Da brochura do padre Marouzeau, Allan Kardec transcreve a seguinte passagem, talvez a mais interessante de todas:

"Concluamos de tudo isso que o Espiritismo deve limitar-se a combater o materialismo, a dar ao homem provas palpáveis de sua imortalidade, por meio das manifestações de além-túmulo bem verificadas; que, fora daí, tudo nele só é incerteza, trevas espessas, ilusões, um verdadeiro caos; que, como doutrina filosófico-religiosa, é tão-somente uma verdadeira utopia, como tantas outras consignadas na História, e da qual o tempo fará a devida justiça, a despeito do exército espiritual de que vos constituístes general-chefe."

Com relação ao trecho inicial do citado parágrafo, Kardec di-lo estar em contradição com a doutrina da Igreja e tece excelente comentário, que assim começa: "O Espiritismo serve então para alguma coisa. Se as manifestações de além-túmulo são úteis para destruir o materialismo e provar a imortalidade da alma, não é então o diabo que se manifesta." (RS, 1863, p. 277.)

Quanto ao final do parágrafo de Marouzeau, o Codificador não o deixa passar em brancas nuvens, pondo as coisas no seu devido lugar: "De principio, perguntar-vos-ei o que entendeis por *exército espiritual*; é o exército dos Espíritos ou o dos espíritas? Com a primeira interpretação exprimiríeis um absurdo; com a segunda, uma falsidade, pois é notório que eu jamais me *constituí* chefe de coisa alguma. Se os espíritas me dão esse título, é por espontâneo sentimento da parte deles, em razão da confiança que se dignam depositar em mim, ao passo que dais a entender que me impus e tomei tal iniciativa, o que nego formalmente. De resto, se o êxito da doutrina que professo me dá certa autoridade sobre os adeptos, é esta puramente moral, que apenas uso para recomendar-lhes calma, moderação e abstenção de quaisquer represálias para com aqueles que os tratam tão indignamente, para lembrar-lhes, em suma, a prática da caridade mesmo com seus inimigos." (RS, 1863, p. 276.)

O padre Marouzeau esperava que Kardec reconhecesse seus erros, ao que este responde:

"Não o creio, e, francamente, não são os argumentos de vossa brochura que me farão mudar de idéia, nem desertar do posto em que a Providência me colocou, posto no qual tenho todas as alegrias morais a que um homem pode aspirar na Terra, vendo frutificar o que semeou. É uma felicidade bem grande e muito suave, asseguro-vos, à vista das pessoas que se tornaram felizes, tantos homens arrancados ao desespero, ao suicídio, à brutalidade das paixões e reconduzidos ao bem. Uma única de suas bênçãos me paga largamente todas as fadigas e todos os insultos. Ninguém tem o poder de me arrebatar essa felicidade. Não a conheceis, pois que me quereis tirá-la; eu vo-la desejo de toda a minha alma." (RS, 1863, p. 279.)

"A caridade e a fraternidade – enfatiza o mestre – são reconhecidas por suas obras e não por palavras. (...) é a pedra de toque com a qual identificamos a sinceridade dos sentimentos. E quando, em Espiritismo, se fala de caridade, sabemos que não se trata apenas daquela que dá, mas também, e sobretudo, da que esquece e perdoa, que é benevolente e indulgente, que repudia todo sentimento de invejas e de rancor. Toda reunião espírita que não for fundada no princípio da verdadeira caridade, será mais nociva que útil à causa, porque tenderá a dividir, em vez de reunir." (RS, 1864, p. 26.)

"É grave erro crer – escreve convictamente o Codificador – que a sorte do Espiritismo depende da adesão de tal ou qual indivíduo. Ele se apóia em base mais sólida: o assentimento das massas, nas quais a opinião dos mais pequenos pesa como a das mais altas personalidades. A solidez de um edifício não é dada por uma pedra apenas, tanto que esta pode ser retirada, mas pelo conjunto de todas as pedras que lhe servem de alicerce. Num assunto de tão vasto interesse, a importância das individualidades, consideradas em si mesmas, se apaga de alguma forma; cada uma traz o seu contingente de ação, mas, se algumas faltarem ao chamamento, nem por isso o conjunto sofrerá." (RS, 1863, p. 361.)

Em "Aos nossos correspondentes", na RS de janeiro de 1867, Kardec diz, entre outras coisas: "Aos que se dignam fazer votos pela nossa estada aqui embaixo, no interesse do Espiritismo, diremos que ninguém é indispensável na execução dos desígnios de Deus. O que fizemos, outros poderiam fazê-lo; e o que não pudermos fazer, outros o farão. Assim, quando lhe aprouver chamar-nos, Ele saberá prover a continuação de sua obra. Aquele que será chamado a tomar as rédeas cresce na sombra e se revelará, quando chegar o tempo, não por sua pretensão a uma supremacia qualquer, mas por *seus atos*, que o assinalarão à atenção de todos. Neste momento, ele próprio ainda o ignora, e é bom, por enquanto, que se conserve à parte." (Pp. 1 e 2.)

Na RS de janeiro de 1868, ao fazer breve retrospecto do movimento espírita de 1867, finaliza assim: "Aos que nos dizem: Coragem! diremos que jamais recuaremos diante de nenhuma das necessidades de nossa posição, por mais duras que elas sejam. Que contem conosco, como contamos encontrar neles, no dia da vitória, soldados da vigília e não soldados do amanhã." (P. 5.)

4 – Resposta aos espíritas lioneses. – Tarefas gigantescas. – Aflições e fadigas; parcos recursos; planos a serem executados ou legados. – Expectativas ultrapassadas. – Táticas principais dos inimigos do Espiritismo. – "Afastai em vossas reuniões o que se relaciona à política e questões irritantes". – Arvorai bem alto a divisa: "Fora da Caridade..." – Uma quarta parte das tarefas: a correspondência. – Sozinho para fazer tudo. – Alocução de 6-10-1865 na Sociedade de Paris. – A humildade de Kardec. – Recomendava: "Coragem e Perseverança!"

Por ocasião da passagem do Ano-Novo de 1862, os espíritas de Lião dirigiram a Allan Kardec mensagem subscrita por cerca de duzentas assinaturas, mensagem a que ele responde com longa carta, da qual extraímos os trechos a seguir:

"Considero como grande favor do céu ser testemunha do bem que ela (a Doutrina Espírita) já fez. Esta certeza, da qual diariamente recebo os mais tocantes testemunhos, me paga com usura todas as minhas aflições e fadigas. Só uma graça peço a Deus, a de me dar a força física necessária para ir até o fim de minha tarefa, que está longe de terminar. Mas, suceda o que suceder, terei sempre a consolação de haver assegurado a imperecibilidade da semente das idéias novas, agora espalhada por toda parte." (...) "Se alguma coisa lamento, é que a exigüidade de meus recursos pessoais não me permita executar os planos que concebi para seu mais rápido progresso. Mas, se Deus, na sua sabedoria, achar por bem decidir de outra forma, legarei esses planos aos meus sucessores, que, sem dúvida, serão mais felizes. Malgrado a penúria dos recursos materiais, o movimento que se opera na opinião pública foi além de todas as esperanças." (RS, 1862, p. 34.)

Satisfazendo ao pedido dos amigos de Lião, o mestre lhes dá vários conselhos, prevenindo-os das principais táticas que os inimigos do Espiritismo usariam com maior intensidade, quais a de "tentar dividir os espíritas, pela criação de sistemas divergentes e suscitando entre eles a desconfiança e a inveja"; a de "procurar comprometer os espíritas, levando-os a se afastarem do verdadeiro objetivo da doutrina, que é o da moral, para tratarem de questões que não são de sua alçada, e que poderiam, a justo título, despertar susceptibilidades. (...) Em vossas reuniões, afastai, com cuidado, tudo quanto tenha relação com política e questões irritantes". "Ficai advertidos de que a luta não terminou. Fui prevenido de que eles vão tentar um supremo esforço. Não temais, porém: o penhor do êxito está nesta divisa, que é a de todos os verdadeiros espíritas: *Fora da caridade não há salvação.* Arvorai-a bem alto, porque ela é a cabeça de Medusa para os egoístas." (P. 36.)

Bem grande era a correspondência enviada a Kardec, vendo-se ele, por vezes, na impossibilidade material de responder, como desejava, às cartas a ele endereçadas.

Com respeito às perguntas que lhe eram dirigidas acerca de diferentes pontos de doutrina, freqüentemente repetidas por muitos consulentes, ele procurava responder a todos, ao mesmo tempo, pelas páginas da RS.

É curioso registrar as múltiplas tarefas que em março de 1862 tomavam todo o tempo de Allan Kardec. Deixemos que este mesmo nos faça o relatório que se segue:

"Há seis meses, com a melhor boa vontade do mundo, me tem sido materialmente impossível pôr em dia a minha correspondência, que se acumula alem de todas as previsões. Estou, assim, na posição de um devedor que pede conciliação com seus credores, sob pena de se declarar em falência. À proporção que algumas dívidas são pagas, surgem novas e mais numerosas obrigações, se bem que os atrasados crescem sem cessar, em lugar de diminuírem, e nesse momento me encontro em presença de um passivo de mais de duzentas cartas. Ora, sendo a média diária cerca de dez, não teria nenhum meio de me liberar se eu não obtivesse de vossa parte ilimitado *sursis*.

"Longe de mim lamentar-me pelo número de cartas que recebo, pois isto é uma prova irrecusável da extensão da doutrina, e a maior parte exprimem sentimentos que me comovem profundamente, e que constituem para mim arquivos de preço inestimável."

"Só a correspondência bastaria para absorver todo o meu tempo e mesmo ultrapassá-lo, e no entanto ela constitui apenas a quarta parte das ocupações necessárias à tarefa que empreendi, tarefa cujo desenvolvimento eu estava longe de prever no começo de minha carreira espírita. Igualmente, várias publicações importantíssimas se acham paradas por falta do tempo necessário para nelas trabalhar, e dos meus guias espirituais acabo de receber o convite *premente* para me ocupar das mesmas sem demora e, acima de tudo, por causas urgentes. Forçoso me é, então, a menos que falhe no cumprimento da obra começada com tanta felicidade, operar uma espécie de liquidação epistolar para o passado, e limitar-me, para o futuro, às respostas estritamente necessárias, pedindo, coletivamente, aos meus honrados correspondentes, aceitem a expressão de minha viva e sincera gratidão pelos testemunhos de simpatia que se dignarem enviar-me."

....

"À medida que a doutrina cresce, minhas relações se multiplicam, e os deveres de minha posição aumentam, o que me obriga a negligenciar um pouco as minúcias, em favor dos interesses gerais. O tempo e as forças do homem têm limites, e confesso que as minhas, desde algum tempo, freqüentemente me têm faltado, e não posso ter o repouso que às vezes me seria necessário, porque sou sozinho para fazer tudo."

Em novembro de 1862, volta a falar da volumosa correspondência que lhe chegava diariamente e pede indulgência pela falta de pontualidade nas respostas. Acrescenta que só esse trabalho absorveria o tempo de duas pessoas, e "somos uma só", frisava ele, considerando ainda que tinha outras obrigações inadiáveis. Longe de se lastimar pelo número de cartas que lhe escreviam, apenas esperava – segundo os Espíritos lhe prometeram – "que cedo pudesse contar com colaboradores permanentes e assíduos, a fim de que tudo andasse em dia". (RS, 1862, pp. 322/3.)

Na reabertura das sessões da Sociedade de Paris, a 6 de outubro de 1865, Kardec pronunciou uma alocução, em que se refere ao desagradável caso dos irmãos Davenport, entrando em várias considerações de ordem doutrinária.

Eis dois trechos relacionados com as tarefas do Codificador:

"Desde a nossa separação aprendi muitas coisas, senhores. Porque não julgueis que, durante a interrupção dos nossos trabalhos, eu tenha ido gozar as doçuras do *far-niente*. Na verdade, não fui visitar centros espíritas, mas ao menos vi e observei muito, e, por isso mesmo, muito trabalhei." (P. 327.)

"Deus me guarde ter a presunção de me julgar o único capaz, ou mais capaz que qualquer outro, ou o único encarregado de cumprir os desígnios da Providência. Não, tal pensamento está longe de mim. Nesse grande movimento renovador, tenho minha parte de ação. Só falo, pois, do que me concerne; mas o que posso afirmar, sem vã jactância, é que, no papel a mim incumbido, nem a coragem nem a perseverança me faltarão. Jamais falhei, e hoje, que vejo a estrada iluminar-se de maravilhosa claridade, sinto minhas forças aumentadas. Jamais duvidei, e hoje, graças às novas luzes que a Deus aprouve dar-me, estou certo; e digo a todos os nossos irmãos, com mais segurança do que nunca: coragem e perseverança, porque brilhante êxito coroará nossos esforços." (P. 328.)

5 - A correspondência de Allan Kardec. - Vasto campo experimental (como o era a RS). - Histórico de uma divulgação (Paul Bodier). - Estratégia na ação de Kardec. - Inscreveu voluntários para futuras jornadas. - O progresso é um parto laborioso. - Vasto repositório da História do Espiritismo moderno

Em 1913, a Federação Espírita Brasileira foi instada por confrades franceses a secundar "La Revue Spirite"[1] na divulgação da "Correspondência Póstuma de Allan Kardec", abrangendo o período de 1857 a 1869. "O Sr. Paul Leymarie[2], diretor da "Revue Spirite", fundada pelo mestre em 1858, julgou de utilidade inserir na dita revista alguns extratos dessa correspondência, cuja publicação parece impor-se, muito particularmente na época atual." "Escritores, pensadores, políticos, eclesiásticos, sábios, homens de todas as condições e de todos os países corresponderam-se com Allan Kardec." "Com incansável paciência e a fé esclarecida de um apóstolo seguro de sua missão, com toda a sua energia e talento de escritor, o grande Iniciador esforçou-se por consolar, satisfazer e instruir, abrindo às almas aflitas e torturadas as

---

[1]O artigo "La" só foi preposto ao nome da "Revue Spirite" a partir de 1913. Mas, os franceses custaram muito a se habituar com a inovação; por isso, no início, ainda usaram várias vezes a grafia antiga na própria "La Revue Spirite".

[2]Não confundir com o pai, Pierre-Gaëtan Leymarie, companheiro e amigo de Kardec, e também administrador e redator-responsável da "Revue" durante longo tempo.

ridentes e doces perspectivas da vida supraterrestre. *Minha correspondência* – escreve em uma de suas cartas, a primeira que vai aparecer no número de dezembro de 1913 da "Revue Spirite" – *será um dia, quando eu tiver desaparecido, uma coisa bem curiosa: será o mais vasto repertório da história do Espiritismo moderno.*"

As palavras de Paul Bodier[3], que reproduzimos entre aspas, são parte das que ele escreveu no prefácio à publicação referida e que estamos recolhendo do "Reformador", janeiro de 1914, pp. 4 a 7. O nosso órgão não se limitou a anuir ao convite que lhe vinha de Paris, acolhendo, desde logo, em suas páginas a importante correspondência do Codificador, pois teve, também, a primazia de estampar algumas cartas, às vezes seguidas de ligeiros comentários do apresentador aludido, já que a guerra européia de 1914/1918 causou problemas à "Revue", obrigando-a a atrasos e interrupções, enquanto o "Reformador", inobstante as dificuldades de outra ordem, peculiares à época e ao meio, conseguia manter-se à tona, propagando as questões e os ensinos, os fatos e as notícias pertinentes à doutrina e ao movimento do Espiritismo.

"Mais tarde – dizia Paul Bodier –, a reunião de todas essas cartas[4], classificadas cronologicamente, será suscetível de formar muitos volumes; mas, antes dessa exi-

---

[3]Os nossos leitores já o conhecem: é o autor do livro "A Granja do Silêncio" (Documentos póstumos de um Doutor em Medicina relativos a um caso de reencarnação), prefaciado por Gabriel Delanne, na qualidade de presidente da União Espírita da França, e traduzido por Guillon Ribeiro para a FEB.

[4]Como é do conhecimento público, o Dr. Canuto Abreu é possuidor de volumosa correspondência original (rascunhos manuscritos) de Kardec. Em junho de 1974, esse nosso confrade gentilmente nos exibiu algumas peças de sua vasta coleção, uma delas pertinente à oferta de um exemplar de "O Livro dos

bição definitiva, achamos que devíamos dar importantes extratos, persuadidos de antemão de que serão favoravelmente acolhidos pelos admiradores do mestre."

* * *

Veremos, a seguir, que as epístolas de Kardec, ainda aquelas redigidas por secretário, longe de se ligarem a razões de mera formalidade convencional, obedeciam a ditames de invariável essencialidade, revelando na figura cativante do missionário de Lião a clareza, a precisão e a lógica rigorosas que ressaltam dos seus trabalhos publicados, ao mesmo tempo que da sua superioridade moral, emergente das palavras, conceitos e atitudes, sobressaía aquela imensa humildade que fora a sua fortaleza de todas as horas, humildade que o conservara sereno e tranqüilo na luta, até o fim da jornada.

* * *

Em 1865, com carta de 24 de setembro, o Sr. J. P. Sanson remeteu de Madri a Allan Kardec uma coletânea de poesias que escreveu com o fim de popularizar na Espanha as idéias espíritas. O mestre respondeu àquela missiva nestes termos:

Espíritos", em abril de 1857, pelo Codificador, ao Sr. Pâtier, responsável em parte pela iniciação de Allan Kardec no Espiritismo, segundo se depreende da referida carta. Quase todos os manuscritos são inéditos.

Em virtude de as cartas publicadas na "Revue", dentro do esquema traçado pela sua direção e sob a orientação de Paul Bodier, não terem atingido grande número de originais, como se esperava, entendemos que isso já foi decorrência da destruição de documentos por motivo da guerra 1914/1918 (fenômeno que se repetiu, com importantes papéis do Espiritismo, em 1939/1945).

Não excluímos a possibilidade, entretanto, de que muitos documentos tenham sido salvos, daqueles que constituiriam os muitos volumes do Sr. Paul Bodier, e estejam integrando o rico e bem catalogado acervo do nosso amigo de São Paulo, Dr. Canuto Abreu.

"Sr. Só muito tardiamente recebi vossa carta de 24 de setembro de 1865, assim como o volume de poesias que a acompanhava. *Não agradeci mais cedo porque, não compreendendo a linguagem espanhola, não podia apreciá-las por mim mesmo*, a meu pesar. *Tive de confiá-las a pessoa mais capaz* e só há pouco tempo foi-me restituído o volume com uma análise que me prova quanto a nossa bela doutrina felizmente vos inspirou. É uma mina fecunda para a literatura e as belas-artes, que um dia nela se avigorarão largamente. (...)" (Grifos nossos.)

Depois dessas demonstrações de modéstia e humildade, e da previsão do desenvolvimento da literatura espírita – em plena realização no século XX – e da arte inspirada nos ensinos da revelação nova, vejamos uns parágrafos da carta de 30 de dezembro, do mesmo ano, endereçada ao Sr. Villou:

"(...) mas estais enganado pensando que estou impaciente por deixar a Terra. Certamente, não é ela uma mansão agradável, mas, como minha tarefa não está ainda cumprida, peço a Deus que me dê forças e tempo para terminá-la. Entregue ao dever que ela me impõe, encaro, graças a Deus, as coisas de um ponto assaz elevado para suportar com indiferença as coisas da vida. Deus, em sua bondade, concede-me além disso tão doces e numerosas compensações que eu seria muito ingrato se me queixasse. Se aqueles que se ligam ostensivamente com meus inimigos pudessem ver o fundo de meu coração compreenderiam que perdem o tempo. O resultado que obtêm é fazer-me estremar os amigos duvidosos dos amigos sinceros e devotados. Lastimo aqueles que esperam, por pequenas intrigas, impedir a marcha das coisas. Não é contra mim que eles se ligam, mas contra a vontade de Deus, que lhes pedirá contas do moral de todas as suas ações. Não é a mim que pertence julgá-los; não posso senão implorar para eles a misericórdia do soberano Mestre. Recebei, etc."

A fé raciocinada era, na vida de Kardec, autêntica, experimental, como no-lo revelam suas palavras cheias de conformação às asperezas da existência e de confiança na Providência Divina, mas conformação e confiança ativas no ininterrupto trabalho a que se impunha, no esforço de cumprir plenamente o seu dever – a sistematização dos ensinos do Espiritismo. Tudo isso mais se configura nas linhas abaixo, de 13 de janeiro de 1865, à Sra. Bouillant, de Lião, além da polida e franca abordagem de delicadíssimo assunto contido na carta sob resposta:

"Quando vejo os benefícios da doutrina, as consolações que ela oferece, considero-me largamente pago de todas as minhas fadigas e pergunto o que são a par disso as diatribes de alguns detratores invejosos e ciumentos que não pensariam em mim se não estivessem aterrorizados pelos progressos da doutrina." "Desejais tanto estar comigo em minha próxima volta à Terra que me recomendais incessantemente não me esquecer de vos inscrever. Não sabeis a quanto vos comprometeis; a tarefa será, talvez, mais rude do que supondes. Ser-me-ão necessários companheiros firmes que não recuem diante de nada; eu os manterei na vanguarda. Tanto pior para vós se vos arrependerdes mais tarde; estais arregimentados, vós e o Sr. Bouillant, e não podeis mais recuar, a menos de ser desertor (*sic*). Cumprimentos ao Sr. Bouillant e acreditai no devotamento de Allan Kardec."

Quando escreveu, em 5 de janeiro de 1863, ao Sr. Normand, advogado, secretário da Sociedade Espírita de Tours, o mestre revelou-se atilado psicólogo e não menor estrategista no trato de problemas de alta relevância no âmbito do movimento espiritista:

"...em presença de semelhante resultado (pertinente ao futuro da humanidade), as questões de pessoas devem desaparecer, como quando se trata de uma grande batalha que deve decidir da sorte de um império. Considerar-me-ia feliz se pudesse inscrever a Sociedade Espírita de Tours no número dos melhores trabalhadores e aqueles que a dirigem no número dos melhores generais da grande falange espírita; mas, não se deve perder de vista que o melhor general é aquele que sabe aliar a prudência à coragem. Se virdes o inimigo extraviar-se, não vos apresseis em atacá-lo; deixai-o, ao contrário, embaraçar-se na sua própria rede e então não tereis grande trabalho para vencê-lo, porque ele se enfraquece e se desacredita e mata-se a si mesmo por seus próprios excessos."

O trabalho de implantação do Espiritismo no mundo realmente não se consolidou sem lutas, e estas Kardec teve de vencê-las por fora e por dentro da área do edifício da Codificação, envolto em considerável andaimaria. É o que observaremos mais pormenorizadamente, a seguir, principiando por tópicos da carta ao Sr. T. Jaubert, em resposta à que este lhe endereçara em fins de 1865 e lida na Sociedade de Paris:

"Há tantas pessoas que não apanham senão a superfície das melhores coisas! E, demais, é preciso considerar que alguns vêem no Espiritismo muito menos assunto de convicção do que uma nova mina a explorar..." "Finalmente, devemos fazer entrar em linha de conta os falsos irmãos, dóceis agentes de seitas tenebrosas, que tomam todas as máscaras para se insinuarem por toda parte; lobos que se vestem com pele de ovelhas para se introduzirem no redil; hipócritas de devotamento factício que, com o auxílio de falências verdadeiras ou simuladas, esperam lançar a desordem e o desânimo nas fileiras..." "Sim, caro Sr., é preciso que a humanidade crie pele nova para se purgar de todas as suas chagas! Os inimigos mais poderosos do Espiritismo não são seus adversários abertamente declarados, mas aqueles que lhe tomam a máscara. Fiscalizar todas as suas intrigas e frustrá-las com prudência não é a parte menos rude e menos penosa da minha tarefa. Felizmente, tenho por mim a coragem e a perseverança que dão a certeza de conseguir o fim. Conheço os homens e de nada me admiro; sei que as grandes idéias não se estabelecem sem luta; sei que terei ainda grandes obstáculos a vencer, mas não os temo porque sei que a vontade dos homens nada pode contra a vontade de Deus. O progresso é um parto laborioso que encontra resistência tenaz nos abusos que ele tem de arrancar e que lhe disputam o terreno, palmo a palmo. Digamos ainda outra coisa – evito falar de mim –, é que se o êxito de minhas obras é causa de alegria para os adeptos sinceros, o é para alguns uma dor de coração: o crédito que esse sucesso me dá os ofusca. Não são verdadeiros espíritas, direis; de acordo; mas querem ter-lhes a aparência. Têm ciúmes da minha posição! Desejaria vê-los em meu lugar, trabalhando sem tréguas nem descanso, acabrunhado pela fadiga e pelas vigílias, com o espírito sempre tenso, o olhar constantemente sobre todos os pontos do horizonte para vigiar a minha barca à feição e conduzi-la mais seguramente ao porto e isso sem poder tomar o repouso que seria necessário à minha saúde. Ao menos o marinheiro, uma vez no porto, descansa; para mim, o porto é no outro mundo."

As respostas dirigidas através de secretário não eram, como chamamos a atenção linhas atrás, formais, superficiais. Eis parte da que foi dada a um professor que anteriormente merecera uma carta do mestre a propósito de comunicação de Voltaire, publicada na "Revue" em 1862:

"O Sr. Allan Kardec, como outro qualquer, não tem a pretensão de satisfazer a todos; se achais o Espiritismo muito católico, outros supõem que não o é bastante. Entre estas duas apreciações, encontra-se uma massa, crescente dia-a-dia, que o considera como a filosofia mais racional." "Deixemos, pois, ao tempo o cuidado de esclarecer os pontos ainda obscuros, porque cada dia se alarga o círculo dos mistérios que ele revela. O Sr. Allan Kardec, que acompanha esse progresso, sabe também que não se deve, por uma impaciência inconsiderada, ultrapassar a ordem das coisas, e que, antes de colher, é necessário deixar que o grão amadureça." "Além de muitas questões secundárias que encontrarão solução ulteriormente, há uma que domina todas, é a prova da existência da alma e da vida futura, baseada em fatos e apresentada sob aspecto mais racional do que até hoje se fizera; somente dessa prova decorrem conseqüências de incalculável alcance para o futuro da humanidade." "Termino dizendo-vos que o Sr. Allan Kardec tomou muito em consideração as vossas observações, que encontrarão lugar, em tempo útil, em seus escritos ulteriores. Recebei, etc."

A correspondência e a RS constituíam para Kardec – e é importante lembrarmo-nos disso – vasto campo experimental, no qual ensaiava junto à opinião pública – àquela parte consciente e ativa da coletividade que se não confunde com a massa inconsciente e passiva –, o desenvolvimento das idéias e a gradação dos ensinamentos, pois não ignorava que tudo vem, no mecanismo sensível da evolução, no tempo próprio. É por isso que, às vezes, e não poucas, identificamos em suas cartas, como anteriormente constatáramos em artigos e mensagens mediúnicas na "Revue", estudos pelo mestre incorporados às páginas dos livros da Codificação e aos escritos que deixou entre seus papéis, e que P.-G. Leymarie reuniu e fez publicar sob o título de "Obras Póstumas", em 1890 – vinte e um anos após a desencarnação do missionário de Lião.

Na carta abaixo, dirigida à Sra. M... ("Reformador", 1914, pp. 369 e 370), encontraremos Allan Kardec, em sua bondade e humildade habituais, analisando a situação da sua pessoa, da tarefa que lhe fora confiada, dos companheiros de lutas em face dos deveres comuns, das dificuldades que encontrava, da posição de firmeza por ele assumida e do rumo a ser seguido – tudo objetivando, sem equívocos nem ambigüidades, o fiel e integral cumprimento daquilo de que lhe incumbira o Espírito de Verdade: a implantação na Terra do Consolador prometido por Jesus-Cristo. O caráter sem jaça do valoroso codificador do Espiritismo pode ser avaliado por este documento transcrito integralmente, e que se constitui, como tantos outros, em *termômetro imparcial*, no dizer do Doutor Demeure, e parte importante do *mais vasto repertório da história do Espiritismo moderno*, na apreciação do próprio Kardec.

"Cara Senhora. Embora tenha tido o prazer de ver o Sr. M.... na sexta-feira última, não me julgo dispensado de agradecer-vos pessoalmente a boa e afetuosa carta que tivestes a bondade de escrever-me e os testemunhos de simpatia que ela encerra.

"Minha pessoa é questão secundária: eu sei que a verdade será um dia conhecida e que isso não se dará para a maior glória de certas pessoas; mas, cada coisa deve vir a seu tempo e esta é desse número.

"Certamente, minha tarefa não é toda de rosas, e o que aumenta a dificuldade é que a maior parte cai sobre mim; é que muitas vezes aqueles que deveriam secundar-me trazem-me peias e suscitam embaraços. Mas, que é que isso me faz, desde que sei que hei de chegar ao fim? Sinto um pouco mais de peso e eis tudo. Isso não traz prejuízo nem a mim nem à doutrina, mas àqueles que não tiverem querido partilhar as fadigas e os perigos da campanha; colherão o que semearam.

"Não me lamenteis, porque eu próprio não me queixo; tenho a pele de um elefante para as mordidelas; ela é à prova de bala. Tenho além disso tantos bálsamos para acalmá-las, quando não fossem cartas da natureza da vossa. Tudo isso é necessário e tem sua utilidade. Jesus não teve seu Judas? Ora, eu, que estou longe de ser Jesus, devo admirar-me de os ter, às dúzias? Isso me está anunciado há muito tempo, e tudo que me acontece não me impede de seguir meu caminho reto e de marchar a meu fim. Dia virá, tenho a certeza, em que o Espiritismo terá campeões devotados, que saberão falar alto e fazer calar as más línguas e em que eu próprio serei secundado por homens de coração na minha tarefa pessoal, que crescerá em lugar de diminuir.

"Não creais, minha cara Senhora, que minhas respostas e explicações sejam de natureza a acalmar a malevolência; longe disso, quanto mais irrefutáveis forem elas, mais irritação causarão a certos indivíduos, como é lógico, porque eles não procuram convencer-se da verdade: ora, quanto mais clara é a verdade, mais os ofusca. Aqueles, sobretudo, que se escondem sob falsas máscaras ficarão furiosos por se verem adivinhados. Não querendo confessar-se vencidos, forjam novas armas, inventam novos estratagemas, e é querendo salvar-se que se perdem, porque se desmascaram.

"Há pessoas que nunca me perdoarão o ter sido bem-sucedido e que prefeririam ver perecer o Espiritismo, ao verem-no prosperar em outras mãos que não as suas. Mas, se fui bem-sucedido, não é ao meu mérito pessoal que o devo – porque não tenho a tola pretensão de ser o único homem no mundo capaz de levar esse negócio a bom fim: é ao apoio dos bons Espíritos, que quiseram servir-se de mim; é pois dos Espíritos que eles se devem queixar de não terem sido escolhidos.

"Os Espíritos têm muita razão de dizer que o Espiritismo levanta a vasa do mundo encarnado e desencarnado e dele faz sair uma multidão de animais venenosos. Nunca doutrina alguma causou tanta inquietação nem cólera e é o que prova a sua importância. Parece-me ver bandos de pássaros que se agitam, se inquietam e gritam à aproximação da tempestade.

"Mas, embora rindo-me desse rebuliço, vejo que devo agir com extrema prudência para governar meu barco através dos escolhos; avançar ou parar a propósito, interrogando os quatro ventos do horizonte. É um combate perpétuo com o inimigo, que está em face, ocupado em barrar a passagem, e o que está por trás, procurando nos morder as pernas e para o qual é muitas vezes de alta política fingir-se morto.

"É preciso que eu esteja sempre alerta, sempre trabalhando na construção do edifício. Semelhante aos colonos do deserto, é preciso que eu tenha a enxada numa mão e a espada na outra.

"Mas, através da bruma, tenho uma bússola segura que me mostra a estrela polar e o ponto a que devo chegar; e se sucumbisse antes de alcançá-lo, Deus providenciaria, porque, falhe eu cedo ou tarde, Ele não deixará sua obra inacabada: as obras divinas não repousam sobre a cabeça frágil de um homem: se um instrumento se quebra, é imediatamente substituído. Deus tem-nos sempre de sobressalente; é para pô-las em prova que Ele permite que certas pessoas se façam conhecer desde já pelo seu justo valor. Tenho sido, e sou ainda agora, ao mesmo tempo, o capitão e o tenente, mas o alferes virá e, por sua vez, tornar-se-á capitão; somente é preciso ganhar suas esporas.

"Perdão, Senhora, de toda esta verbiagem, à qual me levou, sem que eu percebesse, não sei que Espírito tagarela. Se eu não o fizesse parar, ele diria muito mais.

"A Sra. Allan Kardec incumbe-me de vos apresentar e a vossas senhoritas os mais afetuosos cumprimentos e eu vos ofereço, assim como a toda a família, a expressão de meu inteiro devotamento.

Allan Kardec."

(Este nosso trabalho foi publicado em "Reformador" de setembro de 1974, pp. 262/264 e 284/286. Embora, adiante, ainda façamos referência à correspondência do mestre, nem por isso estão esgotados todos os pontos nela abordados. Para outras consultas, podem ser lidas as coleções de "Reformador" de *1914*, pp. 4 a 9; 97 a 100; 178 a 181; 226 a 229; 287 a 289; 321 a 323; 361 a 363; 369 a 372; de *1917*, pp. 268 a 271; 285 a 286; 316 a 319; 331 a 334 (e p. 226, sobre "La Revue" (Nota), cf. RS de *1916*, p. 128); de *1918*, pp. 58 a 60; 91 a 94; 281 a 283; e de *1920*, pp. 133 a 135. As pp. 361 a 363, de 1914, indicadas, são de estudo sobre o perispírito, por Allan Kardec, e não de correspondência póstuma.)

6 – As viagens espíritas de Allan Kardec: Anos de 1860, 1861, 1862, 1864, 1866 e 1867. – Amplos esclarecimentos doutrinários e práticos do Espiritismo, em reuniões na Fran-ça e países limítrofes. – O largo e profundo alcance de suas palavras. – O caráter do missionário

É provável que outras viagens, além das arroladas adiante, hajam sido objeto da programação que cumpriu, na visitação ao Movimento, com vistas à orientação e à constatação do andamento da difusão da Doutrina Espírita, em solo francês ou estrangeiro, como o fazia através dos livros, da "Revue Spirite", de companheiros domiciliados em vários pontos do mundo, de emissários de sua confiança, com os quais mantinha contactos em Paris, e de intenso e permanente intercâmbio epistolar.

Não faltava principalmente, nessas reuniões efetuadas fora dos limites da cidade de Paris, o alto sentido confraternizador, que, mais que as palavras e os escritos, prova à saciedade a força da fé racional, do espírito de caridade, da vivência da fraternidade verdadeira, da união e da paz nos corações, testificando plenamente que a presença do Consolador, no mundo, não era utópica, mas real.

Allan Kardec escreveu que as coisas ficariam concentradas num só homem, na fase inicial da sistematização doutrinária do Espiritismo, mas que, no futuro, outra seria a maneira ideal para o prosseguimento da obra. Aliás, o que figura na *Constituição do Espiritismo (texto aumentado, modificado e redigido definitivamente no primeiro trimestre de 1869*), nesse sentido, seguramente invalidaria os preparativos ditados pela idéia contida na comunicação de 17-1-1857, e em outras posteriores, sobre uma nova encarnação de Kardec, ligada a uma retomada do trabalho que seria interrompido pela desencarnação dele, no ano de 1869 (ele calculara, aproximadamente, *1870*). Mas, sobre isso falaremos em outro capítulo.

Realmente, a concentração de encargos foi surpreendente. A rigor, não se compreende como podia aquele grande homem, não obstante todas as qualidades que reunia – vinculadas a poderosíssima força de vontade e persistência –, manter-se todo o tempo firme e atuante, lúcido e compenetrado, sem esmorecer e sem atrasar etapa alguma da *obra de sua vida* – o Espiritismo. Consideremos, por outro lado, a época, a novidade do assunto, os pouquíssimos recursos, os meios de comunicação, a mentalidade e os costumes, os regimes vigentes no campo das idéias, do pensamento religioso, os interesses terra-a-terra dos dominadores nas esferas da política, do clero reacionário, da intolerância até mesmo da Imprensa, do cepticismo, do materialismo.

Ele conseguiu, no entanto, tempo, energias e recursos para tudo quanto lhe competia promover. E assim foi que as viagens passaram, a partir de 1860, a integrar sua vasta agenda de obrigações.

1860

Tendo a SPEE entrado em férias no mês de setembro, Allan Kardec aproveitou a oportunidade para, "no interesse do Espiritismo", visitar os espíritas de várias cidades francesas. Em todas recebeu cordial acolhimento, notadamente em Sens, Mâcon, Lião e Saint-Étienne. Por toda parte verificou, satisfeito, que se ocupavam da Doutrina Espírita de modo sério, compreendendo-lhe o alcance e as conseqüências futuras. Nas proximidades de Saint-Étienne, ele testemunhou o fenômeno da transfiguração, com uma mocinha que tomava, em certos momentos, a aparência completa de seu irmão, morto havia alguns anos.

Mas é principalmente em Lião, com espíritas numerosos em todas as classes, contando-se por centenas na classe operária, que o missionário se sentiu duplamente feliz, por ver ali instalado, de modo irreversível, o Espiritismo, e, também, pela alta compreensão que tinham dos verdadeiros objetivos da Doutrina.

Num banquete que os amigos de Lião ofereceram a Kardec, em 19 de setembro de 1860, o Sr. Guillaume expressa os sentimentos dos espíritas lioneses ao "zeloso propagador da Doutrina Espírita". Kardec publica, a contragosto, essa alocução na RS, rogando aos leitores só verem nas palavras do Sr. Guillaume uma homenagem prestada à Doutrina.

A resposta do Codificador aos correligionários de sua cidade natal ocupa pouco mais de sete páginas da RS (pp. 299/306). Declara haver encontrado em Lião apenas espíritas sinceros, que aceitam a Doutrina sob o seu verdadeiro ponto de vista, e isto despertara nele certa surpresa, ao que os Espíritos lhe disseram: "Por que te admiras disso? Lião foi a cidade dos mártires. A fé ali permanece viva; ela fornecerá apóstolos ao Espiritismo. Se Paris é a cabeça, Lião será o coração."

A seguir, relaciona três categorias de adeptos, e o interesse geral nos move a transcrevê-las aqui:

"Há os que se limitam a crer na realidade das manifestações, e que pesquisam, de preferência, os fenômenos. Para esses o Espiritismo é simplesmente uma série de fatos mais ou menos interessantes.

"Os segundos vêem no Espiritismo algo mais que fatos. Compreendem-lhe o alcance filosófico, admiram a moral que daí decorre, mas não na praticam: para eles a moral cristã é uma bela máxima, e é só.

"Os terceiros, enfim, não se contentam em admirar a moral: praticam-na, aceitando-lhe todas as conseqüências. Assaz convencidos de que a existência terrena é uma prova passageira, tratam de aproveitar utilmente esses curtos instantes para trilhar na via do progresso que os Espíritos lhes traçam, esforçando-se por fazer o bem e em reprimir seus maus pendores. Suas relações são sempre seguras, porque suas convicções os afastam de todo pensamento do mal. A caridade lhes é, em todas as coisas, a regra de conduta. São esses os *verdadeiros Espíritas*, ou melhor, os *Espíritas cristãos*." (RS, 1860, p. 300.)

O visitante dá aos confrades lioneses alguns conselhos quanto à formação de grupos, às divergências que possam surgir e ao critério para solucioná-las, quanto à ação dos Espíritos embusteiros, e bem assim à influência futura do Espiritismo na estrutura social, a qual já se delineava salutarmente junto às classes laboriosas, a inculcar-lhes, "pela *convicção*, idéias de ordem, de respeito à propriedade, fazendo-lhes compreender a fragilidade das utopias".

O discurso de Allan Kardec abrange outros aspectos da Doutrina, e nele se destaca o talento de conferencista. Não é, em trecho algum, vazio de idéias e falto de elevados objetivos.

1861

Cientes, pela RS de 1861, que a SPEE entraria em férias de 15 de agosto a 1º de outubro, os espíritas de Lião (mediante carta do Sr. C. Rey) e os de Bordéus (mediante carta de A. Sabò) se apressaram em convidar o mestre para honrar, com a sua presença, os confrades dessas cidades.

Kardec vai, em setembro, a Lião, visitando de passagem as cidades de Sens e Mâcon, onde recebeu simpática acolhida.

Chegando a Lião, constata ali o grande progresso do Espiritismo, principalmente na classe operária. Um ano antes existia apenas um centro de reunião: o de Brotteaux, dirigido pelo Sr. Dijoud e sua esposa. Agora havia em diferentes pontos da cidade (Guillotière, Perrache, Croix-Rousse, Vaise, Saint-Just, etc.) vários grupos formados, não se contando as reuniões particulares.

Ele declara, alto e bom som, que em parte alguma vira reuniões espíritas mais edificantes que as dos operários de Lião, no que respeita à ordem, ao recolhimento e à atenção que davam às instruções de seus guias espirituais, confirmando, ainda, o interesse deles pelo lado sério da Doutrina, apesar de serem, na maioria, homens iletrados e endurecidos nos mais rudes trabalhos.

Quando de sua visita ao humilde grupo de Saint-Just, dirigiram-lhe, ali, uma alocução de agradecimentos, transbordante de alegria espiritual, após o que lhe ofereceram modesta ceia, que aos olhos do convidado "tinha cem vezes mais valor que os mais esplêndidos repastos".

A 19 de setembro de 1861, os grupos espíritas lioneses proporcionaram a Kardec um banquete de confraternização, contando-se 160 convivas. Vários discursos se fizeram ouvir: dos Srs. Renaud, Dijoud, Courtet, do Prof. Bouillant, seguindo-se, afinal, o discurso do Codificador, que ocupa quase sete páginas da RS de 1861, pp. 296/303.

O convidado exprime sua grande felicidade em estar entre a família lionesa, lamentando a insuficiência de sua linguagem para dizer dos seus sentimentos de profunda e sincera gratidão pelos tocantes testemunhos de simpatia que recebia de todos, e pela espontânea cordialidade do acolhimento, muito rara nas recepções aparatosas. Alegrava-se por ver o Espiritismo propagar-se rapidamente nas classes operárias, junto às quais eram patentes os efeitos moralizadores e consoladores da nova Doutrina.

Como sempre o fazia, Allan Kardec aproveita a oportunidade para dar várias instruções, concernentes a diferentes aspectos doutrinários do Espiritismo, aconselhando e prevenindo, aqui e ali. "A moral que ensina é boa ou má? Eis toda a questão. Estudem-na e estarão informados. Ora, visto que é a moral do Evangelho desenvolvida e aplicada, condená-la será condenar o Evangelho.

"Tem feito bem ou mal? Estudai-o ainda, e vereis. Que tem feito? Impediu inúmeros suicídios, restabeleceu a paz e a concórdia em grande número de famílias, tornou mansos e pacientes homens violentos e coléricos, deu resignação àqueles em quem faltava, reconduziu a Deus os que o desconheciam, destruindo-lhes as idéias materialistas, verdadeira chaga social que aniquila a responsabilidade moral do homem. Eis o que ele tem feito, o que faz todos os dias, o que fará mais e mais, à proporção que se espalhar."

Quase ao fim do seu instrutivo discurso, declara que das carinhosas palavras a ele dirigidas só aceitava o dever que elas lhe impunham quanto ao que lhe restava fazer, e não os elogios.

Terminando, passa a ler uma longa epístola do Espírito de Erasto aos espíritas lioneses, recebida espontaneamente antes de sua partida de Paris.

Na RS de 1861, pp. 327/361, Kardec faz completo relatório de tudo quanto sucedeu na sua visita à cidade de Bordéus, atendendo a um apelo dos espíritas da mesma.

Ali, como em Lião, e em muitas outras cidades que visitou, viu a Doutrina encarada com o mais sério ponto de vista e em suas aplicações morais, podendo verificar, entre os operários, grande número de fervorosos adeptos. Observou, com alegria, a franca cordialidade entre espíritas de diferentes classes sociais, numa real compreensão do verdadeiro espírito de fraternidade. Encontrou numerosos e devotados médiuns. Testemunhos de simpatia, atenções e cortesias envolveram a pessoa do visitante, mas todas as homenagens ele as transferia à doutrina. À chegada dele ao seio da família do Sr. Sabò, o filho deste, de cinco anos e meio, recitou pequena saudação que emocionou o mestre.

Na reunião geral dos espíritas bordeleses, em 14 de outubro de 1861, para a instalação da Sociedade Espírita de Bordéus, o Sr. A. Sabò pronunciou o discurso de abertura, cujo final é um hino de vivo reconhecimento ao Codificador. O Dr. Bouché de Vitray, em longo discurso, faz várias considerações acerca do Espiritismo e sua rápida divulgação em todos os lugares, enaltece o missionarismo de Allan Kardec, "digno intérprete dos ministros do Senhor", descreve alguns curiosos fatos mediúnicos por ele testemunhados e conta a sua própria evolução, do semimaterialismo ao Espiritismo, acrescentando: "O reconhecimento me obriga, no dia de hoje, a inscrever nesta página o nome de um dos meus bons amigos, que me abriu os olhos à luz, o do Sr. Roustaing; distinto advogado, e sobretudo consciencioso, destinado a representar importante papel nos fastos do Espiritismo." (RS, 1861, p. 336.)

Seguiu-se o discurso de Kardec, reproduzido em mais de oito páginas da RS de 1861. Faz ver que o acolhimento cordial que lhe prestam é muito mais uma homenagem à Doutrina e aos bons Espíritos que a ele pessoalmente, "mero instrumento nas mãos da Providência". Dizendo, como já o havia feito várias vezes antes, que jamais se apresentou como criador do Espiritismo, honra que concede inteiramente aos Espíritos, a estes é que – no seu entender – se deveriam transferir os testemunhos de gratidão dos espíritas bordelenses. "Não aceito os elogios que vos dignastes conceder-me senão como encorajamento para eu prosseguir minha tarefa com perseverança."

Allan Kardec aponta as causas da força do Espiritismo; o contra-senso em que os adversários caem ao julgar a Doutrina Espírita contrária à religião; as duas ordens de inimigos externos do Espiritismo; a destruição do materialismo, "a maior chaga social", pelas provas espíritas. Satisfazendo ao pedido dos companheiros bordelenses, dá vários conselhos quanto à organização da Sociedade. "Se – que Deus o não permita – se levantassem dissidências entre vós, digo-o com pesar, eu me separaria abertamente daqueles que desertassem da bandeira da fraternidade, porque, aos meus olhos, eles não poderiam ser considerados como verdadeiros espíritas." (RS, 1861, p. 345.)

Deste discurso destacamos, ainda, o trecho a seguir:

"Se os inimigos de fora nada podem contra o Espiritismo, tal não acontece com os de dentro; refiro-me aos que são mais espíritas de nome que de fato, sem falar dos que só têm do Espiritismo a máscara. O lado mais belo do Espiritismo é o lado moral; é por suas conseqüências morais que ele triunfará, pois aí está a sua força, por aí é invulnerável. Está inscrito em sua bandeira: *Amor e Caridade*, e ante este paládio mais poderoso que o de Minerva, porque vem do Cristo, inclina-se a própria incredulidade. Que se pode opor a uma Doutrina que conduz os homens a se amarem como irmãos? Se não lhe admitem a causa, pelo menos respeitarão o efeito. Ora, o melhor meio de provar a realidade do efeito é aplicá-lo em nós mesmos; é mostrar aos inimigos da Doutrina, por nosso próprio exemplo, que ela realmente nos torna melhores." (RS, 1861, p. 343.)

Terminado o seu discurso, Kardec lê instrutiva mensagem que o Espírito de Erasto, "humilde servo de Deus", dedicou aos espíritas de Bordéus, mensagem recebida pelo médium Sr. d'Ambel, antes de o viageiro deixar Paris.

No dia seguinte, 15 de outubro, banqueteiam o visitante. Discursos e brindes dos Srs. Lacoste, Sabò, Desqueyroux (este, mecânico, em nome dos operários espíritas). Afinal, com a palavra, Allan Kardec, que considera sua primeira visita a Bordéus entre os mais felizes momentos de sua vida: "(...) nunca esquecerei, senhores, que este acolhimento me impõe uma grande tarefa, a de justificá-lo, o que espero fazer com a ajuda de Deus e dos bons Espíritos. Ele me impõe, além disso, grandes obrigações, não apenas para convosco, mas também para com os espíritas de todos os países, dos quais sois representantes, como membros da grande família; para com o Espiritismo em geral, que acabais de aclamar nessas duas reuniões solenes e que, não duvideis, ganhará com o entusiasmo de vossa importante cidade uma força nova para lutar contra os obstáculos que quererão opor à sua rota." (P. 356.)

Kardec, no seu discurso, refere-se a espirituoso artigo contra o Espiritismo, publicado em "Courrier de la Gironde", e propõe um brinde ao seu autor pela propaganda que fez da causa, sem o querer.

"Como Lião, Bordéus vem de plantar, orgulhosamente, a bandeira do Espiritismo, e o que vejo me é garantia de que não a deixará ser arrebatada. Bordéus e Lião! duas das maiores cidades da França: focos de luzes!" (P. 357.)

1862

Ao se aproximarem as férias da SPEE, em 1862, os espíritas de Lião e Bordéus tornaram a convidar Kardec a visitá-los, ao que ele agradeceu, bastante sensibilizado.

O convite de Lião, subscrito por 500 assinaturas, foi aceito com prazer. Todavia, o mestre solicitou que não houvesse banquete, e isso por várias razões: "Não quero que minha visita seja motivo para despesas que poderiam impedir a presença de alguns, privando-me do prazer de vos ver a todos reunidos. Os tempos estão duros; devem-se evitar, assim, despesas inúteis. O dinheiro que se gastaria no banquete será muito melhor empregado na ajuda àqueles que mais tarde dele necessitarem. Digo-vos com toda a sinceridade: o pensamento de que o que faríeis por mim nessa circunstância possa ser uma causa de privação para muitos, me furtaria todo o prazer da reunião. Não vou a Lião para mostrar-me nem para receber homenagens, mas para conversar convosco, consolar os aflitos, encorajar os fracos, ajudar-vos com meus conselhos tanto quanto estiver ao meu alcance. E o que de mais agradável podeis oferecer-me é o espetáculo de uma boa, franca e sólida união."

Tal pedido foi igualmente endereçado aos espíritas de Bordéus, aos quais frisou em certo trecho: "Crede firmemente que me sentirei mais honrado com uma franca e cordial acolhida, bem simples, do que com uma recepção cerimoniosa que não agrada ao meu caráter, nem aos meus hábitos, nem aos meus princípios."

Afora essas duas cidades, Kardec recebeu idênticos convites de outras, inclusive de Vienne (Dep. de Isère), lamentando, porém, não haver tempo para satisfazer a este último testemunho de simpatia.

Afora Morzine, ele também esteve, por ocasião de sua extensa viagem de 1862, no Departamento de Aube, onde se avistou com o jovem que em 1858, obsidiado, fora o pivô de fenômenos tiptológicos e que atraíra a atenção da imprensa. Kardec ouviu do pai e de testemunhas oculares a confirmação dos fatos que ele narrara na RS de janeiro de 1861. Quanto aos fenômenos materiais ou físicos, praticamente tinham cessado e só de raro em raro se manifestavam.

Vê-se, só aí, o cuidado que o mestre punha no estudo dos fatos, investigando-os até no local de origem.

"Várias pessoas, sobretudo na província, haviam pensado que as despesas dessas viagens eram custeadas pela Sociedade de Paris. Somos obrigados a rebater esse erro, sempre que se ofereça ocasião. Aqueles que ainda poderiam partilhá-lo, lembramos o que já dissemos noutra circunstância (RS, junho de 1862, p. 167), isto é, que a Sociedade se limita a cobrir suas despesas correntes e não tem reservas. Para que ela possa formar um capital, precisaria visar ao número (de membros); isto ela não faz e não quer fazer, porque não é o seu objetivo a especulação, e o número (de membros) nada acrescenta à importância dos seus trabalhos. (...) Dessa forma, ela não poderia acudir a semelhante despesa. Os gastos de viagem, assim como todos os gastos necessários às nossas relações com o Espiritismo, são cobertos por nossos recursos pessoais e nossas economias, acrescidos do produto de nossas obras, sem o qual nos seria impossível prover todos os encargos conseqüentes da tarefa que temos empreendido. Digo isto sem vaidade, unicamente para render homenagem à verdade e para edificação daqueles que julgam estarmos entesourando." (RS, 1862, p. 322.)

Na sua longa viagem de 1862, Kardec passou por Rochefort, cidade do Departamento de Charente-Inférieure, onde ia ver algumas pessoas amigas, não esperando demorar senão poucas horas. Acontece que ele foi descoberto pelos espíritas e com eles passou a noite num bate-papo edificante. Nesta reunião recebeu novo e insistente pedido de alto funcionário, o Sr. La Maison, e de várias notabilidades da cidade, exprimindo o desejo de novo encontro na noite seguinte. Kardec adiou a sua partida e compareceu a vasto salão na noite aprazada, onde pronunciou discurso que satisfizesse a todos os presentes, na suposição de que ali se achariam iniciados no Espiritismo e até mesmo pessoas hostis.

Explica, de princípio, que não veio saciar a curiosidade de ninguém, pois jamais convocou o público para assistir a experiências ou demonstrações, menos ainda para fazer exibições de Espíritos. "Há entre vós quem me conhece bastante para saber que nunca representei esse papel."

A alocução não agradou àqueles que esperavam uma sessão das do gênero do médium Dunglas Home. Entre eles estava um jornalista que, sob o pseudônimo de Tony, escreveu no hebdomadário de teatros, "Spectateur", em seu número de 12 de outubro, uma reportagem criticando o conferencista por ele não ter fornecido explicações claras para "facilitar a experimentação pelos profanos", ao passo que se estendera a falar de uma moral que nada tinha de novidade.

O tal jornalista apenas escondia a sua feroz hostilidade, que se patentearia nos artigos que se seguiram ao primeiro. Para ele, o Espiritismo é, agora, uma doença, uma coisa malsã, que enlouquece e até *mata* as criaturas, quando não é assunto chistoso (*drôlatique*).

Kardec faz alguns comentários na RS (1862, pp. 366/371), que rebatem todos os argumentos do jornalista, mas declara não pretender polemicar: "Não tenho tempo, e além disso vosso jornal é muito pequeno para admitir a crítica e a refutação."

VIAGEM ESPÍRITA EM 1862

(Complemento, segundo a obra "Viagem Espírita em 1862", 1ª ed. em língua portuguesa, trad. de Wallace Leal V. Rodrigues. Casa Editora O CLARIM, Matão, São Paulo, 1968.)

Nessa obra, Kardec informa, no capítulo das *Impressões gerais*, que na excursão de 1862 visitou mais de uma vintena de localidades, aí incluídas as cidades de Lião e Bordéus, num percurso de seiscentas e noventa e três léguas, com uma duração de sete semanas. Assistiu a mais de cinqüenta reuniões, nas quais recolheu uma série de episódios de interesse para o Espiritismo, fazendo observações acerca do que pôde ver e ouvir. Confirmou pessoalmente o grande progresso da Doutrina em todos os lugares por onde passou. Deu conselhos, instruções e orientações aos organizadores dos grupos espíritas, e seus discursos eram verdadeiros cursos de Espiritismo, em linguagem por assim dizer didática.

A acolhida que recebera fora tão simpática, tão benévola, "que só ela – escreveu o viajor – bastaria para nos compensar de todas as fadigas".

Para não incorrer no risco de passar por ingrato, ele expressa particular agradecimento aos espíritas de Provins, Troyes, Sens, Lião, Avignon, Montpellier, Cette (antigo nome da cidade Sète), Toulouse, Marmande, Albi, Sainte-Gemme, Bordéus, Royan, Meschers-sur-Gironde, Marennes, Rochefort, Saint-Pierre-d'Oléron, Saint-Jean-d'Angély, Angoulême, Tours e Orleães, bem assim a quantos se sacrificaram em viagens de dez e até vinte léguas para se reunirem a ele nas cidades onde se demorava.

Allan Kardec ficou estupefato ao verificar a explosão demográfica de espíritas em cidades como Lião e Bordéus, em apenas um ano após sua passagem por elas. Pôde igualmente verificar que em muitas localidades o Espiritismo penetrara graças às pregações que o atacavam, e cita, como exemplo, uma pequenina cidade no Departamento do Indre-et-Loire, na qual um pregador católico, na tentativa de fulminar o Espiritismo, despertou a curiosidade do povo para o conhecimento dessa tão falada doutrina, e seis meses mais tarde ali se organizava um grupo espírita.

O que ele considerou mais importante, em suas viagens, foi a seriedade com que se encarava o Espiritismo, buscando-se-lhe, em toda parte, "o lado filosófico, moral e instrutivo". Em Cette, soube que os espíritas dali nunca tinham visto qualquer manifestação mediúnica, devido à inexistência de médiuns. Não obstante só se aterem à filosofia, escreveu Kardec que era difícil "encontrar-se mais fervor e dedicação à causa espírita que ali".

Tendo estado em casas de diferentes famílias, notou que as crianças educadas nos princípios espíritas eram dóceis, ternas e responsáveis nos estudos, o que, entretanto, não as privava da natural alegria e da jovialidade.

Em nenhuma das localidades visitadas as reuniões espíritas sofreram a mais leve restrição por parte das autoridades civis, e ele chega mesmo a agradecer-lhes pela cortesia de que fora objeto em mais de uma circunstância.

A reunião geral mais importante deu-se em Lião. "Compunha-se, escreveu Kardec, de mais de seiscentos delegados de diferentes grupos e tudo transcorreu de maneira admirável."

Um fato não menos característico foi registrado: os adeptos confessavam abertamente suas convicções, e tinham coragem de opinião, enfrentando, principalmente em certas regiões, ameaças e perseguições.

Em Saint-Jean-d'Angély, deparou com excepcional médium mecânico. Era uma senhora que redigia longas e preciosas comunicações, enquanto lia ou conversava com os presentes, e isto sem nunca olhar para a sua própria mão. Às vezes sucedia que, distraída, não se apercebia de que a comunicação chegara ao fim.

Sob diversos aspectos, a longa viagem de Allan Kardec foi assaz satisfatória e, sobretudo, muito instrutiva, levando-o a pronunciar-se desta maneira:

"Em resumo, nossa viagem tinha dupla finalidade: oferecer orientações onde destas houvesse necessidade e, ao mesmo tempo, nos instruirmos a nós mesmos. Desejávamos ver as coisas com nossos próprios olhos, para julgar do estado real da Doutrina e *da maneira pela qual ela é compreendida*; estudar as causas locais favoráveis ou desfavoráveis ao seu progresso, sondar as opiniões, apreciar os efeitos da oposição e da crítica e conhecer o julgamento que se faz de certas obras. Estávamos desejosos, sobretudo, de apertar a mão dos nossos irmãos espíritas e de lhes exprimir pessoalmente a nossa sincera e viva simpatia, retribuindo tocantes provas de idênticos sentimentos que nos chegam, por suas cartas; dar, em nome da Sociedade de Paris, e em nosso próprio nome, em particular, um testemunho especial de gratidão e de admiração a esses pioneiros da obra espírita que, por sua iniciativa, seu zelo desinteressado e seu devotamento, constituem dela os primeiros e mais firmes sustentáculos, a esses que caminham sempre em frente, sem se inquietarem com as pedras que se lhes atiram, colocando o interesse da causa espírita à frente de seus interesses pessoais."

Entre os muitos discursos que o mestre pronunciou nas vinte e tantas cidades que visitou, ele apenas deu a público, na obra aqui mencionada, um que fez nas reuniões gerais dos espíritas de Lião, Bordéus e de algumas outras localidades. Tão longo foi esse discurso, que se tornou impossível estampá-lo na RS; daí tê-lo incluído no seu livro "Voyage spirite en 1862". Constitui preciosa peça de variado matiz doutrinário, em que, por vezes, são focados assuntos pessoais de interesse geral.

(Consultada a edição em língua francesa publicada na Bélgica (Farciennes, Rue Le Campinaire, 34) pela "Union Spirite Kardeciste Belge", s.d.)

1864

Cedendo a insistentes solicitações, Allan Kardec visitou em setembro de 1864, durante as férias da Sociedade Espírita de Paris, os espíritas de Bruxelas e Antuérpia, na Bélgica, trazendo, segundo ele, "a mais favorável impressão do desenvolvimento da Doutrina nesse país".

Comemorando a viagem de Kardec à Bélgica, a Sociedade Espírita de Bruxelas fundou um leito de criança na creche de Saint Josse Tennoode. O mestre declara sentir-se mais honrado com essa obra de beneficência, criada em memória de sua visita, do que com as mais brilhantes recepções que não aproveitam a ninguém e não deixam nenhuma lembrança útil (RS, 1864, p. 307).

Durante sua estada em Antuérpia, visitou uma exposição de pintura nacional, onde figuravam, com muita honra, dois quadros do Sr. Wintz, membro da Sociedade Espírita de Paris, bem assim um quadro de gênero, intitulado *Cena familiar de campônios espíritas*. Três pessoas, em costume flamengo, estão sentadas em torno de enorme cepo, sobre o qual põem as mãos, na atitude daqueles que fazem mover as mesas. Outras personagens, homens, mulheres e crianças, estão diversamente grupados, uns atentos, outros com sorriso céptico. Allan

Kardec escreve: "Esta pintura, que tem seu mérito como execução, é original e verdadeira. Se excetuarmos o quadro *medianímico* que figurava na exposição de artes de Constantinopla (RS, julho de 1863, p. 209), é a primeira vez que o Espiritismo figura tão claramente confessado nas obras de arte. É um começo." (RS, 1864, p. 320.)

Visitou, ainda, de passagem, o grupo espírita de Douai, um grupo familiar, "onde a doutrina espírita evangélica é praticada em toda a sua pureza". "Em resumo" – escreveu ele –, "nossa viagem à Bélgica foi fértil em ensinamentos no interesse do Espiritismo, pelos documentos que recolhemos, e que trarão benefícios em tempo oportuno." (P. 308.)

Em Antuérpia, o Codificador pronunciou uma alocução a que deu o título: "O Espiritismo é uma ciência positiva". Como sempre o fez, torna a frisar que se aceita os testemunhos de simpatia é porque os considera dirigidos muito menos ao homem do que à Doutrina, da qual, diz ele, "sou apenas humilde representante". "Ademais" – prossegue –, "se as viagens que faço, de tempos a tempos, aos centros espíritas só resultassem em satisfação pessoal, eu as consideraria inúteis e delas me absteria; mas, além de contribuírem para estreitar os laços de fraternidade entre os adeptos, têm também a vantagem de me fornecer assuntos de observação e de estudos, jamais destituídos de valor para a Doutrina." (P. 322.)

Mais adiante, esclarece de novo:

"Sendo sério o fim dessas visitas, e exclusivamente no interesse da Doutrina, de forma alguma vou à procura de ovações, que não são nem do meu gosto nem do meu caráter. (...) Nessas excursões não vou pregar aos incrédulos; jamais convoco o público para catequizá-lo; numa palavra, não vou fazer propaganda. Só me dirijo às reuniões de adeptos, nas quais os meus conselhos são desejados e podem ser úteis; eu os dou voluntariamente àqueles que crêem necessitá-los; abstenho-me com os que se julgam bastante esclarecidos para dispensá-los. Só me dirijo aos homens de boa vontade." (P. 324.)

Na sua alocução, estende-se acerca do caráter do Espiritismo e seus reais objetivos e, quase ao término de sua exposição, reafirma a sua verdadeira posição no Espiritismo:

"Tal é, em resumo, o ponto de vista em que é preciso encarar o Espiritismo. Nessa circunstância, qual foi o meu papel? Nem o de inventor, nem o de criador. Vi, observei, estudei os fatos com cuidado e perseverança; coordenei-os e deles deduzi as conseqüências: eis toda a parte que me cabe. O que fiz, outro poderia tê-lo feito em meu lugar. Em tudo isso, fui simples instrumento dos desígnios da Providência, e rendo graças a Deus e aos bons Espíritos por se dignarem servir-se de mim. É tarefa que aceitei com alegria e da qual me esforço em me tornar digno, rogando a Deus me conceda as forças necessárias para desempenhá-la segundo sua santa vontade. Essa tarefa, entretanto, é pesada, mais pesada do que possam imaginar; e se ela tem para mim algum mérito, é porque tenho a consciência de não haver recuado diante de nenhum obstáculo e de nenhum sacrifício; será a obra de minha vida até meu último dia, pois que, diante de objetivo tão importante, todos os interesses materiais e pessoais se apagam como pontos ante o infinito." (Pp. 327//328.)

Ainda em 1864, nas férias (ag./set.), visitou também o cantão de Berna, na Suíça, tendo passado alguns dias na propriedade do Sr. de W..., membro da Sociedade Espírita de Paris. Ali conheceu um camponês das cercanias que gozava da faculdade de descobrir fontes de água e de ver no fundo de um copo as respostas às perguntas que se lhe faziam, inclusive imagens de pessoas e de lugares. Kardec experimentou com ele e obteve coisas notáveis, tendo arrolado o fenômeno entre os chamados de segunda vista, dupla vista, ou sonambulismo desperto. (RS, 1864, pp. 289/300.)

Segundo Henri Sausse, Kardec iniciou a viagem à Suíça em 20 de agosto de 1864. Diz esse biógrafo, a págs. 53 de sua "Biographie d'Allan Kardec", ed. 1910, que o mestre visitou, no cantão de Berna, as cidades de Berna, Neuchâtel, Zimmerwald, Interlaken (entre os lagos de Thun e de Brienz), os vales de Grindelwald e de Lauterbrunnen, e a região de Berner Oberland. Diz, ainda, Sausse que Kardec foi a Friburgo, no cantão do mesmo nome, e depois, pelo lago Léman, às cidades de Lausanne, Vevey e Genebra, da qual retornou, em 4 de setembro, a Paris, para daí partir imediatamente, rumo à Bélgica.

1866

Quando o Codificador, por ocasião das férias da Sociedade de Paris, realizava uma viagem, foi-lhe remetida uma comunicação recebida em Paris, a 1º de setembro, e assinada pela Viúva F..., um de seus protetores invisíveis. Entre outras coisas, o Espírito lhe deu os seguintes conselhos:

"Meu amigo, enquanto puderdes, repousai espírito e cérebro fatigados pelo trabalho; acumulai forças materiais, porque cedo tereis muito a despender. Os acontecimentos que, daqui por diante, vão suceder-se com rapidez convocar-vos-ão à luta; sede firme de corpo e espírito, a fim de estardes em condições de lutar com vantagem. Será então necessário trabalhar sem descanso. Mas, como já vos disseram, não levareis sozinho o fardo; auxiliares sérios aparecerão quando chegar o tempo. Ouvi, pois, os conselhos do bom doutor Demeure, e guardai-vos de toda fadiga inútil ou prematura. Quanto ao mais, aí estaremos para vos aconselhar e advertir.

"Desconfiai dos dois partidos extremos que agitam o Espiritismo, seja para ligá-lo ao passado, seja para precipitar-lhe o curso antes do tempo. Temperai os ardores nocivos, e não vos deixeis deter pelas tergiversações dos timoratos, ou, o que é mais perigoso, mas infelizmente muito verdadeiro, pelas sugestões dos emissários inimigos.

"Caminhai de passo firme e seguro, como tendes feito até aqui, sem vos inquietardes com o que se diz à direita ou à esquerda; seguindo a inspiração de vossos guias e de vossa razão, não correreis o risco de lançar o carro do Espiritismo fora do trilho." (RS, 1866, pp. 310/311.)

1867

Por ocasião do Pentecostes de 1867, Kardec esteve no banquete realizado pela Sociedade Espírita de Bordéus, para o qual havia sido insistentemente convidado. Mais um ágape de confraternização do que propriamente banquete, ali estavam espíritas de Toulouse, Marmande, Villeneuve, Libourne, Niort, Blaye e até Carcassonne. Todas as classes sociais se confundiam num mesmo amplexo de sentimentos.

A autoridade local portou-se com benevolência e cortesia, relativamente a essa reunião, e tudo transcorreu em ordem e em paz.

Kardec assistiu a duas sessões na referida Sociedade: uma consagrada ao tratamento de doentes, e outra aos estudos filosóficos, ficando muito satisfeito com os bons resultados obtidos.

"Sendo limitado o tempo de nossa ausência de Paris, pela obrigação de aí retornar em dia fixo, não pudemos, para nosso grande pesar, ir aos diferentes centros para os quais fomos convidados; só pudemos parar alguns instantes em Tours e em Orleães, que se achavam em nossa rota." (RS, 1867, p. 195.)

Embora Kardec faça referência a uma visita a Tours, em 1867, de rápida duração, o biógrafo de Léon Denis, Gaston Luce ("Léon Denis, L'Apôtre du Spiritisme", Éditions Jean Meyer - B.P.S. -, Paris, 1928, pp. 27/28), registra o seguinte:

"Encontrava-se ele - Léon Denis - em seus trabalhos de experimentações, quando importante acontecimento se verificou em sua vida. Allan Kardec viera passar alguns dias na pacata cidade de Tours, com seus amigos; todos os espíritas turenses foram convidados a recebê-lo e saudá-lo!

"Vejamos como Denis nos relata essa visita:

- "Alugáramos para recebê-lo e ouvi-lo, uma sala à Rua Paul Louis Courrier, e pedíramos a necessária autorização à Prefeitura, pois, no Império, severa lei proibia qualquer reunião de mais de vinte pessoas. Acontece que no momento fixado, para essa assembléia, fomos informados de que o nosso pedido fora indeferido. Encarregaram-me, então, de permanecer no local, a fim de avisar os convidados de que deveriam dirigir-se a Spirito-Villa, casa do Sr. Rebodin, Rua Santier, onde a reunião se realizaria, no jardim. Éramos, aproximadamente, trezentos[5] ouvintes em pé, apertados de encontro às árvores. Sob a claridade das estrelas, a voz doce e grave de Allan Kardec

[5]Segundo o relatório de viagem de Kardec (RS, julho de 1867, p. 195), a reunião de Tours contaria com cerca de cento e cinqüenta pessoas, da cidade e cercanias; mas, devido à precipitação com que foi organizada, apenas dois terços puderam comparecer. Quanto à limitação do número de pessoas, em reunião não autorizada, tratava-se, como é óbvio, de restrição aplicável só nos casos de recintos fechados. (*Nota dos Autores.*)

se fazia ouvir; podia-se ver a sua fisionomia, iluminada que estava por pequena lâmpada colocada sobre uma mesa, ao centro do jardim, assumindo aspecto impressionante. Falava-nos sobre a obsessão, quando várias perguntas lhe foram feitas, às quais respondia sempre bondosamente. Terminada a reunião, todos levaram inefável recordação desse memorável encontro.

"No dia seguinte, voltei a Spirito-Villa, a fim de visitar o mestre; encontrei-o trepado em uma escada, ao pé de grande cerejeira, colhendo frutos que jogava à Madame Allan Kardec, cena bucólica que o distraía de suas graves preocupações."

Observou, nessa curta excursão, a diminuição gradual e quase geral das prevenções contra as idéias espíritas e seus adeptos, acrescentando: "As localidades onde, como em Illiers, no Departamento de Eure-et-Loir, amotinam os garotos para correr os espíritas a pedradas, são exceções cada vez mais raras." (P. 195.)

Ao que parece, Kardec não mais viajou, talvez por falta de oportunidade ou de tempo, sendo por nós desconhecido qualquer registro nesse sentido, nos anos que ainda lhe restaram de vida terrena.

7 – "Projeto de Comunidade Espírita por Allan Kardec" (fragmento de escrito póstumo remontando a 1862)

Lemos há pouco que Kardec dispunha de planos a serem executados ou – em não havendo recursos nem tempo – legados à posteridade. Já nos reportamos, também, à "Organização do Espiritismo", trabalho de sua lavra e publicado na RS de 1861, do qual extraímos vários parágrafos, recomendando fosse oportunamente relido integralmente, pela sua importância.

Entre o que pensou fazer, está consignado na RS um documento elucidativo, publicado há menos de cem anos, que nos serviu de epígrafe a este item. Enquadrado em matéria elaborada por Francisco Thiesen, com pesquisa ligada a *Port-Royal*, devidamente ilustrada, foi estampado em "Reformador" de 1978, de cujas páginas tudo extraímos:

O escrito subordinado ao título acima e adiante transcrito, encontrado entre os papéis do Codificador após a sua desencarnação em 1869, foi dado à publicidade no ano de 1907, quando a "Revue Spirite", desde o mês de janeiro, cuidava de comemorar o cinqüentenário de fundação do referido "Journal d'Études Psychologiques" (subtítulo da citada RS), lançado por Allan Kardec em 1858, o qual só em dezembro daquele ano somaria meio século de circulação ininterrupta.

O projeto em questão é bem pouco conhecido.

Em 1868, ampliada a sua antevisão da organização do Espiritismo, no futuro, daria Allan Kardec ao seu pensamento uma nova dimensão, como se vê na RS desse ano, ao divulgar o extenso trabalho que denominou de *Constituição Transitória do Espiritismo*, inserido no volume "Obras Póstumas", em 1890, por P.-G. Leymarie, sem a palavra *transitória* e enriquecido com os comentários do Codificador, até então inéditos. Outras considerações kardequianas figuram no "Projeto – 1868", integrante do mesmo livro de "Obras Póstumas", preliminarmente ensaiadas no fragmento do manuscrito agora reeditado por "Reformador".

O documento tem valor histórico muito grande, não devendo, portanto, continuar ignorado pela maioria dos

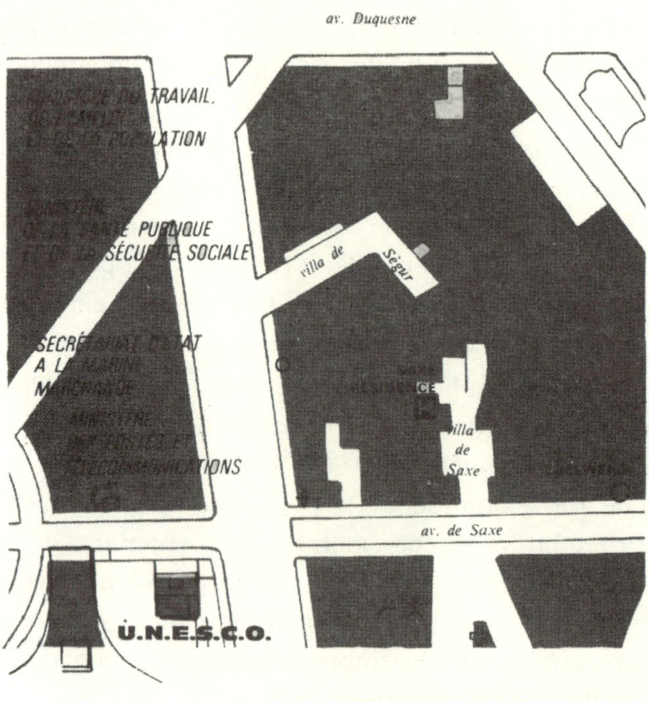

A *Villa de Ségur*, formando um "L", nasce no nº 39 da *Av. de Ségur.*

espíritas. Para melhor compreender-se o sentido do "Projeto de Comunidade Espírita", consultamos enciclopédias e dicionários bastante acreditados (quais "Larousse du XXe Siècle", "Dictionnaire Encyclopédique Quillet", "Enciclopédia e Dicionário Internacional", da W. M. Jackson, Inc., e a "Grande Enciclopédia Portuguesa-Brasileira"), extraindo os elementos elucidativos essenciais dos verbetes que tratam de *Port-Royal*[6], colocando-os como nota, no final, nota, aliás, suficientemente ampla para evidenciar que, se a formação humanística de Allan Kardec se impregnara das idéias progressistas e generosas de Pestalozzi, o qual, por sua vez, se familiarizara com o pensamento de J.-J. Rousseau, não se deve afastar *in totum* a hipótese de uma proveitosa incursão sua pelos ricos domínios da pedagogia de que foram expoentes os célebres mestres de *Port-Royal*.

---

[6]PORT-ROYAL, abadia fundada no século XIII, próximo de Chevreuse (Sena e Oise), a 25 km de Paris. A grande celebridade lhe sobreveio sobretudo como centro principal do Jansenismo, influenciando no século XVII, de maneira acentuada, a vida político-religiosa e literário-científica da nação francesa. Em 1637 foram abertas as chamadas *pequenas escolas*, regidas pelos solitários, os quais se opunham ao sistema pedagógico dos jesuítas. A história de Port-Royal registra muitas lutas, contendas entre jansenistas e jesuítas, com intervenções de papas e reis. Tudo por causa das escolazinhas, edificadas em torno da abadia e comportando, cada uma, 50 alunos, no máximo. Grandes mestres e quase todos os escritores franceses da época foram influenciados ou participaram do movimento orientado por Port-Royal, desaparecido no final do século XVIII mediante um decreto do rei, determinando a completa destruição daquele "centro de rebeldia".

"O grande mérito dos solitários de Port-Royal consistiu em saberem dar às questões dialéticas uma ductilidade até então desconhecida e que permitiu fossem do domínio comum as regras e processos do pensamento lógico. Os solitários Arnauld e Nicole publicaram, em 1662, em Paris, 'A Lógica *ou a Arte de Pensar*', daí a chamada *Lógica de Port-Royal*, em face da obra que trata, nas suas

Entretanto, o que de mais importante revela o documento é a disposição de Allan Kardec – sempre confirmada a partir do instante em que num cântico aceita incondicionalmente a missão para a qual foi escolhido – de doar-se por inteiro "à obra de sua vida", a esta transferindo até mesmo os seus bens terrenos, de modo irrestrito, a fim de dotar o Movimento dos meios mínimos indispensáveis à difusão incessante e universal da Doutrina dos Espíritos.

O responsável pela sistematização do Espiritismo, considerando a reunião de pessoas, por ele idealizada, como "uma grande família, unida pelos laços da verdadeira fraternidade e pela comunhão de crenças e princípios", imaginou a formação de um *lar*, edificado sobre bases firmes e capaz de irradiar, perpetuando-se depois dele, as luzes espirituais do Consolador prometido por Jesus.

Mas os desígnios do Alto, se confirmavam o plano, em parte, porque antevisto sem uma completa nitidez de contornos, só mais tarde e noutro lugar o concretizariam. Não seria criada uma obra com as características

---

quatro partes, respectivamente das idéias, do juízo, do raciocínio e do método."

Os jansenistas teriam adquirido "direito à imortalidade pela forma por que compreenderam e ministraram a educação. Testesmunharam viva solicitude e cuidadosa dedicação pela educação da juventude". "Deram às suas classes o nome de escolazinhas, não por serem escolas elementares, mas porque, sob esse título modesto, esperavam não fazer sombra aos colégios da Universidade. Os alunos faziam nelas estudos completos, desde os primeiros elementos da leitura até à filosofia. Arrasado Port-Royal, dispersos, expulsos ou encarcerados os seus mestres, os processos didáticos, os métodos dos solitários, não morreram." "Nada há de mais estimável que o bom-senso e a justeza de espírito no discernimento do verdadeiro e do falso, diz Nicole, um dos mais fervorosos discípulos. É preciso, acrescenta, tornar o entendimento delicado para reconhecer os raciocínios um tanto ocultos ou obscuros, a não se satisfazer jamais enquanto não penetrar até ao fundo de uma coisa..."

de um *Port-Royl* amonástico, um tipo de fundação constituída através de doação particular de patrimônios e rendas específicos para o fim alvitrado, mas uma organização que, realizando o seu sonho de Espírito iluminado, zelasse pela pureza doutrinária, pela observância integral dos princípios do Espiritismo e das diretrizes da sua prática, à luz do Evangelho do Cristo.

Seria o bastante, para tal efeito, que servidores corajosos, levando em consideração os interesses da Causa, se entregassem, intensivamente, a expensas próprias, às árduas tarefas de impulsionar os empreendimentos do Espiritismo. Seguindo esta orientação, muito fizeram outrora, na França, homens como Leymarie e Léon Denis, Gabriel Delanne e Jean Meyer, enquanto a Casa-Máter do Espiritismo, na Pátria do Evangelho, contou com a abnegação de Bezerra de Menezes e Leopoldo Cirne, Guillon

---

A "Grande Enciclopédia Portuguesa-Brasileira" (volume XXIII) diz, outrossim: "Para se fazer idéia da assombrosa atividade pedagógica dos solitários, devem mencionar-se ainda as numerosas traduções de *Guyot*, as "Regras para a Educação das Crianças", de Constel, etc. Os mestres de Port-Royal possuíam, sem contestação, as grandes qualidades precisas ao educador: o alor, a sinceridade das convicções, a caridade, o respeito pela pessoa humana, a devoção profunda e infatigável. Foram admiráveis humanistas, não os humanistas da forma como os jesuítas primitivos, mas os humanistas da razão, do juízo. Juízo são e consciência reta, tal parece ter sido o seu ideal pedagógico. *Luiz Burnier* traduz assim a sua opinião sobre esses pedagogos e pedagogistas: "A partir de Port-Royal, os métodos receberam vários aperfeiçoamentos, mas a base estava lá. Port-Royal simplifica o estudo, sem lhe tirar, no entanto, as suas salutares dificuldades; esforça-se por o tornar mais interessante, sem o haver reduzido a um jogo pueril; não entende que deva confiar-se à memória o que pode primeiro ser adquirido pela inteligência; não admite senão idéias claras e distintas; poucos preceitos e muitos exercícios; o conhecimento das coisas e não somente o das palavras; logo, o desenvolvimento das faculdades da alma por meio do estudo... Lançou no mundo idéias que não mais feneceram, princípios fecundos de que só é preciso tirar as conseqüências."

Ribeiro e Wantuil de Freitas, todos inspirados no comportamento do próprio Codificador.

"PROJETO DE COMUNIDADE ESPÍRITA
POR ALLAN KARDEC"

(Fragmento de escrito póstumo remontando a 1862)

As bases do Espiritismo estão sem dúvida pousadas, mas ele precisa ser completado por numerosos trabalhos que não podem ser tarefa de um homem só. Para evitar de futuro falsas interpretações, aplicações errôneas, dissidências em suma, mister se faz que todos os princípios sejam elucidados de modo que não deixem qualquer equívoco, que – tanto quanto possível – não dêem margem a controvérsias, necessário se tornando que as obras complementares sejam feitas com critério uniforme visando um único fim.

Suponhamos pois, para realizar essa tarefa, uma reunião de homens capazes, laboriosos e animados pelo zelo de uma fé viva, trabalhando em comum, cada qual em sua especialidade, submetendo seus trabalhos à sanção de todos e os discutindo em conjunto, chegando assim, incontestavelmente, à cumeeira do edifício que se está elevando e cujos alicerces estão fundamentados. A autoridade dos princípios ficaria, assim, fortalecida pela própria autoridade do grande número deles, homens, pela seriedade do caráter de cada um e pela consideração que a harmonia entre todos imporia.

Para atingir esse resultado uma condição é essencial, qual seja, independência e libertação das preocupações da vida material. Tal condição pode ser encontrada em uma espécie de comunidade que proporcionaria a cada membro os lazeres indispensáveis a permitir uma ocupação proveitosa nos trabalhos essenciais, ao abrigo de importunos e curiosos. É a uma reunião desse gênero que tenciono consagrar ulteriormente a minha propriedade, que se tornaria assim o *Port-Royal* do Espiritismo, mas sem caráter monástico. Tratar-se-ia de uma grande família, unida pelos laços da verdadeira fraternidade e pela comunhão de crenças e princípios, sendo as relações mútuas determinadas em regulamento com preceitos calcados sobre a prática rigorosa da abnegação, da caridade e da moral espírita.

Sem entrar nos pormenores da organização, eu direi que o número dos membros da comunidade seria limitado a doze, sem contar o chefe. Sendo minha propriedade consagrada à obra, todos nela residiriam gratuitamente.

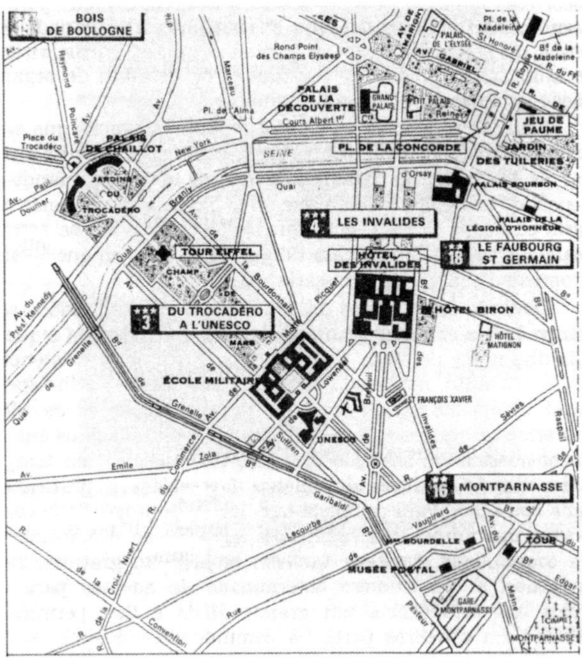

PRINCIPALES CURIOSITÉS

L'index alphabétique p. 237 donne le numéro de page de leur description

A *Villa de Ségur* está assinalada com um *x*, nas proximidades da UNESCO

Aí se encontrariam reunidos todos os elementos necessários aos estudos: biblioteca, documentos de toda a sorte, sala de conferências, etc.; cada qual teria aí as suas atribuições e o trabalho seria repartido segundo as especialidades.

A "Revue Spirite", hoje de minha propriedade pessoal, tornar-se-ia propriedade e obra de uma coletividade e poderia ter grande desenvolvimento. Formar-se-iam oradores encarregados de propagar externamente o ensinamento espírita ou de visitar outros centros. Alguns teriam por missão levar socorros aos infelizes. Certos dias seriam reservados para o atendimento a estranhos que chegassem à comunidade em busca de instrução. A esses proveitos muitos outros viriam se ajuntar, não menores, resultantes de detalhes de organização, já aliás previstos e elaborados.

Esse simples apanhado mostra a importância que não deixaria de adquirir um centro dessa natureza e permite antever as luzes que se irradiariam de tal lar, perpetuando-se depois de mim, em razão mesmo das bases sobre as quais estaria edificado. Penso, pois, que, se algum dia ele se tornar realidade, os espíritos teriam tido razão ao dizerem que minha propriedade lhes era necessária.

Devendo os membros da comunidade dedicar todo o seu tempo à obra comum, a morada gratuita não bastaria a quem não dispusesse de meios com que prover à própria existência. Seria, portanto, necessário assegurar aos obreiros a indispensável independência, livrando-os das preocupações da vida material. Admitindo de preferência na comunidade os que se encontrassem em situação precária, estar-se-ia, a um tempo, aproveitando as luzes dos menos favorecidos e praticando uma boa ação. Para completá-la, podendo a propriedade comportar um número de habitações superior ao dos membros da comunidade, dar-se-ia também alojamento gratuito, tão-somente, a um número determinado de adeptos para os quais isso constituiria um grande alívio e lhes permitiria prestar um concurso parcial à comunidade.

Uma das conseqüências desse projeto seria a de dar ao Espiritismo direção permanente pela perpetuidade da obra, assentada em bases sólidas, independentes de questões pessoais, e, bem assim, de assegurar a unidade futura da Doutrina, reunindo, conseqüentemente, sob uma só bandeira e em *sociedade espírita universal*, por

Caravana da FEB, em Paris, junto ao nº 39 da *Av. Ségur*, onde começa a *Villa* em que Allan Kardec iria residir a 31-3-1869 e onde, em 1862, pensava situar a *Comunidade Espírita.*

profissão de fé comum, os adeptos do mundo inteiro, entre os quais se estabelecerão, pela força das coisas, os laços de mútua confraternidade.

A execução desse projeto está subordinada a uma condição essencial: a de dispor de recursos suficientes, porque, para assegurar a perpetuidade da obra, não bastariam recursos eventuais e temporários, mas rendimentos fixos que seriam tornados inalienáveis e pertenceriam à sociedade.

Para se fazer a coisa de maneira completa, esses rendimentos teriam de ser de certo vulto. Poder-se-ia, por uma disposição transitória, obter parte desses proventos, com recursos mais restritos. Conforme fosse a cotidade dos rendimentos, poderíamos limitar-nos a constituir uma sociedade simples, composta por um número de membros proporcional aos recursos, morando cada um deles em seu próprio lar, sem morada comunitária, mas aos quais seria assegurado um tratamento que lhes permitisse dedicar regularmente, todos os dias, parte de seu tempo aos diferentes afazeres da comunidade.

ALLAN KARDEC."

(Tradução de Ivo de Magalhães, do artigo publicado na RS de 1º de janeiro de 1907, nº 1, às pp. 9 a 11.)

É na RS de dezembro de 1868, pp. 369/394, que o Codificador escreve seu trabalho sobre a "Constituição *Transitória* do Espiritismo", trabalho que está quase todo no final de "Obras Póstumas".

Ao relacionar as atribuições da comissão central, ele especifica, logo após, o pessoal administrativo, e conclui:

"Até o presente, tivemos que nos bastar, quase sozinho, nesse programa; assim, algumas de suas partes foram negligenciadas ou apenas puderam ser esboçadas, e as que são mais especialmente da nossa competência tiveram de sofrer inevitáveis atrasos, pela necessidade de nos ocuparmos de tantas coisas, já que o tempo e as forças têm limites, e que uma só delas absorveria o tempo de um homem." (P. 388.)

Não satisfeito absolutamente com esse trabalho de dezembro de 1868, Kardec reformularia-o em 1869, calcado em anotações e experiências, para melhor complementar o apresentado poucos meses antes. Terá sido sua derradeira obra, na qual não se acham ausentes os sinais de poderosas intuições ou mesmo de clarividência, tal a antecipação com que estabeleceu as linhas de reais edificações futuras, que superaram, estas últimas, a sua própria e melhor expectativa, ao menos em vários pontos do magnífico conjunto.

8 – "O Espiritismo Independente"

Em seu tempo, Allan Kardec não foi poupado um momento sequer, fosse pelos adversários da Doutrina Espírita, fosse pelos que viam nele o operário do progresso, vitorioso em todas as batalhas da guerra contra a ignorância e o obscurantismo, a maldade e as falsas religiões, tanto quanto pelos que se diziam espíritas e intentavam armar-lhe ciladas, fomentando controvérsias, dissidências e polêmicas improdutivas. Quantos não quiseram arvorar-se em arautos da separatividade e do caos doutrinário, no Movimento nascente?

Todavia, o atento missionário não negligenciara as responsabilidades do posto; não se permitira o repouso, que não fosse forçado pelo esgotamento extremo de suas energias físicas; não vacilara nos pronunciamentos oportunos e cheios de grandeza dalma. Não consentiria que no Espiritismo se erigissem – como nos movimentos da Reforma aconteceu –, por falta de vigilância ou por imprudência ou omissão, as grandes divisões debilitadoras que pudessem fracionar a Doutrina do Consolador prometido por Jesus. No que lhe competia fazer, mantê-lo-ia em toda a sua grandiosa compleição e integridade.

É o que se conclui da lúcida e irrespondível peça a seguir reproduzida:

"Uma carta que nos foi escrita há tempos falava do projeto de dar a uma publicação periódica o título de "Journal du Spiritisme Indépendant". Evidentemente sendo esta idéia o corolário da do *Espiritismo sem os Espíritos*, vamos tentar pôr a questão no verdadeiro terreno.

Para começar, que é o Espiritismo independente? Independente de quê? Uma outra carta o diz claramente: é o Espiritismo liberto, não só da tutela dos Espíritos, mas de toda direção ou supremacia pessoal, de toda subordinação às instruções de um chefe, cuja opinião não pode fazer lei, desde que não é infalível.

Allan Kardec, óleo existente na FEERJ-SC.

Isto é a coisa mais fácil do mundo: existe de fato, uma vez que o Espiritismo, proclamando a absoluta liberdade de consciência, não admite nenhum constrangimento em matéria de crença, e que jamais contestou a ninguém o direito de crer à sua maneira em matéria de Espiritismo, como em qualquer outra coisa. Deste ponto de vista nós mesmos nos achamos perfeitamente independente, e entendemos aproveitar esta independência. Se há subordinação, ela é, pois, inteiramente voluntária; mais ainda, não é subordinação a um homem, mas a uma idéia, que se adota porque convém, que sobrevive ao homem se é justa, que cai com ele, ou antes dele, se é falsa.

Para que alguém se liberte das idéias alheias, há de ter idéias próprias; deve, como é natural, procurar fazer com que elas prevaleçam, pois fora disso deverá guardá-las para si. Por isso, se proclama, sustenta e defende tais idéias, é porque crê sejam elas a expressão da verdade, admitindo-se-lhe a boa-fé e não o só desejo de derrubar o que existe. O objetivo é o de aliciar o maior número possível de partidários; e eis que aquele que não admite chefe se faz chefe de seita, buscando subordinar os outros às suas próprias idéias. Aquele que diz, por exemplo: "Não devemos mais receber instruções dos Espíritos", não emite um princípio absoluto? Não exerce uma pressão sobre os que as querem, desviando-os de as receber? Se funda uma reunião nesta base, deve excluir os partidários das comunicações, porque, se estes últimos constituíssem maioria, a tornariam em lei. Se os admite e recusa atender aos seus desejos, atenta contra a liberdade, que têm, de a reclamar. Se inscrever em seu programa: "Aqui não se dá a palavra aos Espíritos", então os que desejam ouvi-los respeitarão a ordem e não se apresentarão.

Sempre dissemos que uma condição essencial de toda reunião espírita é a homogeneidade, sem o que haverá dissensão. Quem fundasse uma na base da rejeição das comunicações estaria no seu direito; se aí só admitir os que pensam como ele, faz bem, mas não tem o direito de dizer que, porque não o quer, ninguém o deve querer. Certo, está livre de agir como o entender; mas se quer a liberdade para si, deve querê-la para os outros. Desde que defende suas idéias e critica as dos outros, se for conseqüente consigo mesmo, não deve achar mau que os outros defendam as próprias e critiquem as dele.

Em geral sempre esquecem que, acima da autoridade de um homem, há outra à qual quem quer que se faça representante de uma idéia não pode subtrair-se: é a de todo o mundo. A opinião geral é a suprema jurisdição, que sanciona ou derruba o edifício dos sistemas; ninguém pode livrar-se da subordinação que ela impõe. Esta lei não é menos onipotente no Espiritismo. Quem quer que fira o sentimento da maioria e a abandone deve esperar ser por ela abandonado. Aí está a causa do insucesso de certas teorias e de certas publicações, abstração feita do mérito intrínseco destas últimas, sobre o qual por vezes não se tem ilusão.

Não se deve perder de vista que o Espiritismo não está enfeudado num indivíduo, nem nalguns indivíduos, nem num círculo, nem mesmo numa cidade, mas que seus representantes estão no mundo inteiro e que entre eles há uma opinião dominante e profundamente acreditada; julgar-se forte contra todos, porque se tem o apoio de sua roda, é expor-se a grandes decepções.

Há duas partes no Espiritismo: a dos fatos materiais e a de suas conseqüências morais. A primeira é necessária como prova da existência dos Espíritos; assim foi por ela que os Espíritos começaram; a segunda, que dela decorre, é a única que pode levar à transformação da humanidade pelo melhoramento individual. O melhoramento é, pois, o objetivo essencial do Espiritismo. É para ele que deve tender todo espírita sério. Tendo deduzido essas conseqüências das instruções dos Espíritos, definimos os deveres que impõe esta crença; o primeiro inscrevemos na bandeira do Espiritismo: *"Fora da Caridade não há salvação"*, máxima aclamada, em seu aparecimento, como o sol do futuro, que em breve fez a volta ao mundo, tornando-se a palavra de ligação de todos quantos vêem no Espiritismo algo mais que um fato material. Por toda parte foi acolhida como o símbolo da fraternidade universal, como uma garantia de segurança nas relações sociais, como a aurora de uma nova era, onde devem extinguir-se os ódios e as dissensões. Compreende-se tão bem a sua importância, que já se lhe colhem os frutos; entre os que a tornaram uma regra de conduta reina a simpatia e a confiança, que fazem o encanto da vida social; em todo espírita de coração vê-se um irmão com o qual se sente felicidade de encontrar, porque se sabe que aquele que pratica a caridade não pode fazer nem querer o mal.

Foi, então, por nossa autoridade privada que promulgamos esta máxima? E quando o tivéssemos feito, quem poderia encontrá-la má? Mas não; ela decorre do ensino dos Espíritos, os quais a colheram nos do Cristo, onde ela está escrita com todas as letras, como pedra angular do edifício cristão, mas onde ficou enterrada durante dezoito séculos. O egoísmo dos homens cuidava em não fazê-la sair do esquecimento e pô-la em plena luz, porque teria sido pronunciar sua própria condenação; preferiram buscar sua própria salvação em práticas mais cômodas e menos aborrecidas. Entretanto, todo o mundo havia lido e relido o Evangelho e, com pouquíssimas exceções, ninguém tinha visto esta grande verdade, relegada a segundo plano. Ora, eis que, pelo ensino dos Espíritos, ela foi subitamente conhecida e compreendida por todos. Quantas outras verdades encerra o Evangelho e que surgirão a seu tempo! ("O Evangelho segundo o Espiritismo", cap. XV.)

Inscrevendo no frontispício do Espiritismo a suprema lei do Cristo, nós abrimos o caminho para o *Espiritismo cristão*; assim, dedicamo-nos a desenvolver os seus princípios, bem como os caracteres do verdadeiro espírita, sob esse ponto de vista.

Se outros puderem fazer melhor que nós, não iremos contra, porque jamais dissemos: "Fora de nós não há verdade." Nossas instruções, pois, são para os que as acham boas; são aceitas livremente e sem constrangimento; traçamos uma rota e a segue quem quer; damos conselhos aos que no-los pedem e não aos que julgam deles não precisar; não damos ordens a ninguém, pois não temos qualidade para tanto.

Quanto à supremacia, ela é toda moral e está na adesão dos que partilham de nossa maneira de ver; não estamos investido, mesmo por aqueles, de nenhum poder oficial, não solicitamos nem reivindicamos nenhum privilégio; não nos conferimos nenhum título e o único que tomaríamos com os partidários de nossas idéias é o de irmão em crença. Se nos consideram como seu chefe, é por força da posição que nos dão os nossos trabalhos, e não em virtude de uma decisão qualquer. Nossa posição é aquela que qualquer um poderia tomar antes de nós; nosso direito, o que tem todo o mundo de trabalhar como entende e de correr o risco do julgamento do público.

De que autoridade incômoda entendem libertar-se os que querem o Espiritismo independente, desde que nem há poder constituído nem hierarquia fechando a porta a quem quer que seja, de vez que não temos sobre eles nenhuma jurisdição e que se lhes agrada afastar-se de nossa rota ninguém poderá constrangê-los a aí entrar? Algum dia nos fizemos passar por profeta ou messias? Levariam eles a sério os títulos de sumo-sacerdote, de soberano pontífice, mesmo de papa, com que a crítica houve por bem nos gratificar? Não só jamais os tomamos, mas os espíritas jamais no-los deram. – Há ascendente em nossos escritos? O campo lhes está aberto, como a nós, para conciliar as simpatias do público. Se há pressão, ela não vem de nós, mas da opinião geral, que põe o seu veto naquilo que lhe não convém e porque ela própria sofre o ascendente do ensino geral dos Espíritos. É, pois, a estes últimos que, em definitivo, se deve atribuir o estado de coisas, e é talvez mesmo o que faz que não mais os queiram escutar. – Há instruções que nós damos? Mas ninguém é forçado a se submeter a elas. – Devem lamentar-se de nossa censura? Jamais citamos pessoas, a não ser quando devemos elogiar, e nossas instruções são dadas sob forma geral, como desenvolvimento de nossos princípios, para uso de todos. Aliás, se são más, se nossas teorias são falsas, em que isto os pode ofuscar? O ridículo, se ridículo há, será para nós. Têm eles de tal modo sabidos os interesses do Espiritismo, que temem vê-los periclitar em nossas mãos? – Somos muito absoluto em nossas idéias? Somos um cabeça-dura com quem nada se pode fazer? Ah! meu Deus! cada um tem os seus pequenos defeitos; nós temos o de não pensar ora branco, ora preto; temos uma linha traçada e dela não nos desviamos para agradar a ninguém. É provável que sejamos assim até o fim.

É sorte nossa que nos invejem? Onde estão os castelos, as equipagens e os nossos lacaios? Certo, se tivéssemos a fortuna que nos atribuem, não seria dormindo que ela teria vindo e muita gente amontoa milhões num labor menos rude. – Que fazemos do dinheiro que ganhamos? Como não pedimos contas a ninguém, a ninguém temos que as dar; o que é certo é que não serve para os nossos prazeres. Quanto a empregar ou sustentar agentes e espiões, devolvemos a calúnia à sua fonte.

Temos que nos ocupar de coisas mais importantes do que saber o que faz este ou aquele. Se fazem o bem, não devem temer qualquer investigação; se fazem o mal, é lá com eles. Se há os que ambicionam a nossa posição, é no interesse do Espiritismo ou no seu próprio? Que a tomem, pois, com *todos os seus encargos*, e provavelmente não acharão que seja uma sinecura tão agradável quanto supõem. Se acham que conduzimos mal o barco, quem os impedia de tomar o leme antes de nós? E quem os impede ainda hoje? – Lamentam-se de nossas intrigas para fazermos partidários? Nós esperamos que venham a nós e não vamos procurar ninguém; nem corremos atrás dos que nos deixam, porque sabemos que não podem entravar a marcha das coisas; sua personalidade se apaga diante do conjunto. Por outro lado, não somos bastante vão para crer que seja por nossa pessoa que se ligam a nós; evidentemente, é pela idéia de que somos o representante. É, pois, a esta idéia que reportamos os testemunhos de simpatia que têm a bondade de nos dar.

Em resumo, o Espiritismo independente seria aos nossos olhos uma insensatez, porque a independência existe de fato e de direito e não há disciplina imposta a ninguém. O campo de exploração está aberto a todos; o juiz supremo do torneio é o público; a palma é para quem a sabe conquistar. Tanto pior para os que caem antes de atingir a meta.

Falar dessas opiniões divergentes que, em definitivo, se reduzem a algumas individualidades, e em parte alguma formam corpo, não será talvez, perguntarão algumas pessoas, ligar a isto muita importância, amedrontar os adeptos, fazendo-os crer em cisões mais profundas do que realmente o são? Não é, também, fornecer armas aos inimigos do Espiritismo?

É precisamente para prevenir esses inconvenientes que disto falamos. Uma explicação clara e categórica, que reduz a questão ao seu justo valor, é bem mais própria a assegurar do que a espantar os adeptos. Eles sabem a que se ater e aí encontram ocasião dos argumentos para a réplica. Quanto aos adversários, já exploraram o fato muitas vezes, e é por isto, porque exageram o seu alcance, que é útil mostrá-lo qual ele é. Para mais ampla resposta, recomendamos o artigo da "Revista" de outubro de 1865, página 297 e, mais especialmente, a página 307."

("Revue Spirite", 1866, pp. 111/116. Usamos a tradução de Júlio Abreu Filho - "Revista Espírita", ano 1866 - EDICEL, São Paulo, SP, s. d. - em quase toda a transcrição do texto de Allan Kardec.)

Capítulo II

Intolerância e perseguições

"(...) a negativa não constitui prova (...) sendo real o fato, pouco importa contrarie ele todas as leis conhecidas, circunstância que só provaria uma coisa: que ele decorre de uma lei desconhecida e os negadores não podem alimentar a pretensão de conhecerem todas as leis da Natureza."

(*Allan Kardec*, "O Livro dos Médiuns" – Segunda Parte, capítulo IV – *Da Teoria das Manifestações Físicas* – nº 78.)

"É bom que mais tarde se saiba de que armas se serviram para combater o Espiritismo."

(*Allan Kardec*, RS, 1863, p. 276.)

1 – Críticas gerais às idéias novas. – Falam do que ignoram. – Dar tempo às idéias, como aos frutos, para amadurecerem. – Os adversários revelam o grau de importância do Espiritismo. – Sua influência sobre a ordem social. – Adesão do juiz Bonnamy. – Duas espécies de crítica. – Acreditar em alguma coisa ou a incredulidade? – "Julgar Rossini, censurar Rafael"... – Quem é o crítico sério? – Privilégio das injúrias e controvérsias sem objetivo. – Os que virão por si mesmos. – Livre-pensamento e livre-consciência: "machine à croire". – A ponta da corda... – Uma nova fé cega substituindo outra fé cega? – O "Poder do Ridículo"

Em todos os campos do conhecimento, desde que o mundo é mundo, as idéias novas sempre foram reprimidas, ou odiosamente contestadas, como se o progresso fosse um crime.

Geralmente, os religiosos, filósofos e cientistas ditavam as leis e as "verdades" que deviam ser tidas como definitivas, reveladas ou anunciadas por eles, em suas épocas, e em função de seus rígidos postulados não poderiam ser suplantadas por maior saber.

Não devia ser diferente – e não foi – com relação ao Espiritismo. Só que, desta vez, lançavam-se à arena gladiadores dotados de *armamento moderno*, conseguido justamente por força das condições liberais e progressistas, por força das grandes conquistas da inteligência e da cultura do século XIX, na Europa, mormente na França.

Em certas regiões francesas, mais diretamente influenciadas pelo obscurantismo do clero espanhol, e na Espanha, com mais forte razão, as aguerridas hordas do Romanismo impunham pelejas desabridas, contínuas e maciças contra o nascente movimento do Consolador. As forças da Treva faziam soprar forte o vento da adversidade na Crosta Planetária – como ainda hoje sucede, em obediência a diferentes métodos –, quase impedindo o Codificador e os adeptos mais acreditados do Espiritismo ao direito mesmo de respirar livremente.

Entretanto, havia uma Vanguarda de Luz, no Plano Invisível, incentivando os trabalhadores terrestres, em plena carne; havia, também, um punhado de obreiros decididos, quais sentinelas avançadas do movimento, abrindo picadas nos cipoais e clareiras no solo impedido pela massa de interesses inconfessáveis, ou armando tendas nos desertos morais e espirituais dos corações. Não faltavam, por outro lado, os que cuidavam dos flancos ou protegiam as retaguardas. Se havia invigilantes, que consentiam infiltrações, não escasseavam os grupos de atendimento e manutenção da disciplina e da ordem no empreendimento.

Mas, em tudo, Kardec era quase sempre "o capitão e o alferes", como ele próprio o diria, uma vez, num desabafo. Fora bem entregue a responsabilidade do cometimento grandioso pelo Alto, quando elegeu o "Apóstolo da Fé Raciocinada"!

"O Espiritismo não é da alçada da Ciência", advertira o Codificador, em "O Livro dos Espíritos", *Introdução* (VII). Ela não ditaria regra alguma. A metodologia levaria em conta a vontade independente e livre dos seres, estivessem eles encarnados ou não, mas sem desprezar a contribuição verdadeiramente científica que os homens de ciência e o dos conhecimentos podiam oferecer ao Espiritismo. Nada de tutelas e comandos acadêmicos: "A Ciência, propriamente dita, é, (...) como ciência, incompetente para se pronunciar na questão do Espiritismo: não tem que se ocupar com isso e qualquer que seja o seu julgamento, favorável ou não, nenhum peso poderá ter. O Espiritismo é o resultado de uma convicção pessoal, que os sábios, como indivíduos, podem adquirir, abstração feita da qualidade de sábios." (Ob. cit.)

Às religiões e escolas filosóficas, que se arvorassem em orientadoras ou definidoras da Doutrina dos Espíritos, Kardec respondia à altura em que planava seu descortino e luminoso pensamento, firme e resoluto, de par com uma enorme bondade e não menor paciência e mansidão. Um mestre-escola, como chegaram a reconhecer só por ironia e menosprezo alguns de seus opositores, mas que sabia dar lições de Sabedoria e de Amor aos doutos das Academias, e aos sacerdotes da Igreja Romana e dos templos de todas as confissões religiosas. Os exemplos dele, diante de provas duríssimas, foram o sustentáculo da obra entre os homens e a segurança maior de sua rápida divulgação pelo mundo, sob o amparo de uma plêiade de luminares que o acompanhavam em ambos os planos ou dimensões da Vida.

Com estas palavras, simplesmente levamos os leitores ao *Portal* que conduz a acontecimentos inesquecíveis. Recordemo-los, pois.

***

Em carta a Allan Kardec, datada de Bruxelas, 15 de junho de 1858, o Sr. Jobard, diretor do Museu Real da Indústria, da capital belga, homem muito ilustrado e adepto novo das teorias espíritas, assim se referiu ao autor de "O Livro dos Espíritos": "Bem que seríeis alçado ao nível de Sócrates e Platão pela moral e pela filosofia estética." Jobard havia antes publicado suas idéias a respeito dos fenômenos que em meados do século XIX invadiram a Europa. Diz ele que, apoiado em Babinet, sábio membro da Academia das Ciências de Paris, acreditava então existirem ali apenas fenômenos físicos ou charlatanices indignas da atenção dos sábios. Foram as explicações lidas na obra de Kardec, profundas, lógicas e exatas, que levaram Jobard a abjurar publicamente suas antigas concepções.

"Os adversários falam do Espiritismo como os cegos falam das cores – são de Kardec as palavras –, sem conhecimento de causa, sem exame sério e aprofundado, e unicamente baseados numa primeira impressão. Seus argumentos se limitam à negação pura e simples, visto que não respeitamos como argumentos os dichotes facetos; por mais espirituosas que sejam, as zombarias não constituem razões." (RS, 1858, p. 239.) E aditava:

"Nenhuma idéia nova, por mais bela e justa que seja, se implanta instantaneamente no espírito das massas, e aquela que não encontrasse oposição seria um fenômeno totalmente insólito. Por que o Espiritismo faria exceção à regra geral? Às idéias, tal como aos frutos, é preciso dar tempo para amadurecerem; mas a leviandade humana faz que as julguem antes da maturidade, ou sem se darem ao trabalho de sondar-lhes as qualidades íntimas." (RS, 1858, p. 239.)

Em diferentes ocasiões, ante fatos novos e oposições a idéias, esclarecia e dava perfeita colocação às questões (RS, 1859, p. 146):

"Quando um fato se apresenta, não nos contentamos com uma única observação; queremos vê-lo sob todos os aspectos, sob todas as faces, e, antes de aceitar uma teoria, examinamos se ela explica todas as particularidades, se nenhum fato desconhecido virá contradizê-la; em suma, se resolve todas as questões: eis o preço da verdade." "A oposição que se faz a uma idéia está sempre na razão de sua importância. Se o Espiritismo fosse uma utopia, dele não se ocupariam mais do que de tantas outras teorias. O encarniçamento da luta é o indício certo de que o tomaram a sério. Mas, se há luta entre o Espiritismo e o clero, a História dirá quais foram os agressores. Os ataques e as calúnias de que tem sido alvo forçaram-no a devolver as armas que lhe lançaram e a mostrar os lados vulneráveis de seus adversários." (RS, 1864, p. 198.)

Desde 1858 ele lembrava que a influência mais alta do Espiritismo seria sobre a ordem social, abrindo para a Humanidade uma era de felicidade geral.

Em 1865, transcreve carta de adesão à nova doutrina, espontaneamente escrita em 21 de novembro pelo Sr. Bonnamy, juiz de instrução. É bela peça, em que seu autor começa falando de sua iniciação na Doutrina pela leitura atenta de "O Livro dos Espíritos", obra que o levou à convicção: "Com efeito, a doutrina que daí decorre dá a solução mais lógica, mais satisfatória para a razão, de todas as questões que tão seriamente preocuparam os pensadores de todas as épocas, no sentido de definir as condições da existência do homem na Terra, de explicar as vicissitudes que pesam sobre a Humanidade e de lhes determinar os fins últimos. Essa admirável doutrina é incontestavelmente a sanção da moral mais pura e mais fecunda, a exaltação demonstrada da justiça, da bondade de Deus e da sublime obra da criação, assim como *a base mais segura, mais firme da ordem social.*" (P. 81.)

"Eu gozaria egoisticamente – reconhecia Kardec – de singular privilégio se houvesse ficado ao abrigo da crítica. Não nos colocamos em evidência sem nos expormos às setas daqueles que não pensam como nós. Há, porém, duas espécies de crítica: uma é malevolente, acerba, envenenada, na qual a inveja se trai a cada palavra; a outra tem por objetivo a busca sincera da verdade através de processos inteiramente diferentes. A primeira só merece o desdém: nunca me apoquentei com ela. Só a segunda é discutível." (RS, 1859, p. 179.)

Por volta de 1859, um sacerdote (cujo nome não foi citado por Allan Kardec), a quem lhe pediram a opinião sobre o Espiritismo, assim respondeu: "O Espiritismo leva à crença em alguma coisa; ora, eu prefiro aqueles que acreditam em alguma coisa aos que em nada crêem, porque estes últimos nem mesmo crêem na necessidade do bem." (RS, 1859, p. 313.) "É prudente não nos pronunciarmos com muita leviandade a respeito de coisas que não conhecemos. Imitemos a sábia reserva do sábio Arago, que dizia, a propósito do Magnetismo animal: "Eu não poderia aprovar o mistério de que se cercam os sábios sérios que hoje vão assistir a experiências de sonambulismo. A *dúvida* é prova de modéstia, e raramente prejudica o progresso das ciências. O mesmo não se poderia dizer da *incredulidade. Aquele que, fora das matemáticas puras, pronuncia a palavra IMPOSSÍVEL, falta com a prudência.* A reserva é um dever, sobretudo quando se trata do organismo animal." [Notícia sobre Bailly] (RS, 1859, p. 314.)

D.-F.-J. Arago
(1786-1853)

"Em lógica elementar – escrevia um ano depois –, para discutir uma coisa é preciso conhecê-la, visto que a opinião de um crítico só tem valor quando ele fala com perfeito conhecimento de causa. Só então a sua opinião, ainda que errônea, pode ser levada em consideração. Mas, que importância tem ela acerca de um assunto que ele ignora? O verdadeiro crítico deve dar provas, não somente de erudição, mas também de *profundo saber* com respeito ao objeto em exame, de julgamento são e de imparcialidade a toda prova, sem o que o primeiro menestrel que surgisse poderia arrogar-se o direito de julgar Rossini, e um "rapin"[7] o de censurar Rafael." (RS, 1860,

[7] Assim chamado, na gíria dos pintores franceses, o jovem aluno de pintura. (*Nota de F. Thiesen.*)

pp. 269/270.) "O Espiritismo só pode considerar como crítico sério aquele que houvesse tudo visto, tudo estudado, com a paciência e a perseverança de um observador consciencioso; que soubesse sobre esse assunto tanto quanto o mais esclarecido adepto; que não tivesse extraído seus conhecimentos dos romances da ciência; a quem não poderiam opor *nenhum fato* do seu desconhecimento, nenhum argumento que ele não tivesse meditado; que refutasse, não por negações, mas por meio de outros argumentos mais peremptórios; que pudesse, enfim, atribuir uma causa mais lógica aos fatos averiguados. Tal crítico está ainda por aparecer." (RS, 1860, p. 271.)

Ao abrir o primeiro número da RS de 1860, o Codificador escreveu (RS, 1860, pp. 1/2):

"Deixando aos nossos contraditores o triste privilégio das injúrias e das alusões ofensivas, não os seguiremos no terreno de uma controvérsia sem objetivo; dizemos sem objetivo, porque ela não os conduziria à convicção, sendo perda de tempo discutir com pessoas que desconhecem as primícias do que falam. Só nos cabe dizer-lhes: Estudai primeiro, e veremos em seguida. Temos outras coisas a fazer do que falar àqueles que não querem ouvir. Por outro lado, que importa, afinal, a opinião contrária de tal ou qual pessoa? Será essa opinião de tão grande importância que possa entravar a marcha natural das coisas? As maiores descobertas encontraram os mais rudes adversários, o que não as fez perecer. Deixamos, pois, a incredulidade murmurar em torno de nós, e nada nos desviará da rota que nos é traçada pela gravidade mesma do assunto em pauta."

"Não impomos nossas idéias a ninguém – não deixava jamais de repetir. Os que as adotam é porque as julgam justas; os que vêm a nós é porque pensam achar (na Sociedade Parisiense de Estudos Espíritas) ocasião de aprender, mas isto não subtende *afiliação*, pois que não formamos *nem seita, nem partido*. Reunimo-nos para o estudo do Espiritismo, como outros para o estudo da Frenologia, da História e de outras ciências. E como nossas reuniões não se assentam sobre nenhum interesse material, pouco nos importa que outras se formem ao nosso lado. Seria, na verdade, atribuir-nos idéias bem mesquinhas, bem estreitas, bem pueris, se cressem que veríamos essas reuniões com olhos ciumentos; e aqueles que pensassem em criar-nos *rivalidades*, mostrariam, precisamente por esse fato, quão pouco compreendem o verdadeiro espírito da Doutrina. Lamentaríamos apenas uma coisa: o de nos conhecerem tão mal, a ponto de nos julgarem acessível ao ignóbil sentimento da inveja." (RS, 1860, p. 100.)

"O Espiritismo – sublinhava o Codificador – não deve ser imposto; se vêm a ele é porque dele necessitam, e porque dá o que as outras filosofias não dão. Convém mesmo não entrar em nenhuma explicação com os incrédulos obstinados: seria dar-lhes muita importância e fazê-los crer que se depende deles. Os esforços que se fazem para atraí-los, afastam-nos, e, por amor-próprio, se obstinam em sua posição. Eis por que é inútil perder tempo com eles; quando a necessidade se fizer sentir, virão por si mesmos. Enquanto se aguarda, deve-se deixá-los tranqüilos, a se comprazerem no seu cepticismo, que, credeo bem, muitas vezes lhes pesa mais do que dão a perceber; porque, por mais que o digam, a idéia do nada após a morte tem algo de mais assustador, de mais cruciante do que a própria morte." (RS; 1861, p. 371.)

Allan Kardec escreve longo e esclarecedor trabalho na RS de fevereiro de 1867, sobre "livre-pensamento" e "livre-consciência", assunto que dera origem, em outubro de 1866, a dois jornais distintos, cada qual com um dos títulos acima.

Transcrevamos apenas alguns trechos:

"Toda opinião raciocinada, que não é nem imposta, nem cegamente encadeada à de outrem, mas que é voluntariamente adotada em virtude do exercício do julgamento pessoal, é um pensamento livre, quer seja religioso, político ou filosófico.

"O livre-pensamento, em sua acepção mais lata, significa: livre-exame, liberdade de consciência, fé raciocinada. Ele simboliza a emancipação intelectual, a independência moral, complemento da independência física. Não aceita escravos do pensamento, tanto quanto escravos do corpo, pois o que caracteriza o livre-pensador é que ele pensa por si mesmo e não pelos outros; em outros termos: é senhor de sua opinião. Pode, então, haver livres-pensadores em todas as opiniões e em todas as crenças. Nesse sentido, o livre-pensamento eleva a dignidade do homem; dele faz um ser ativo, inteligente, em lugar de uma *máquina de crer* (*machine à croire*).

"No sentido exclusivo que alguns lhe dão, em vez de emancipar o espírito, restringe-lhe a atividade, fazendo-o escravo da matéria. Os fanáticos da incredulidade fazem num sentido o que os fanáticos da fé cega fazem em outro. Estes então dizem: Para estar de acordo com Deus, é preciso crer em tudo o que cremos; fora de nossa fé não há salvação. Os outros dizem: Para estar de acordo com a razão, é preciso pensar como nós, só crer naquilo que cremos; fora dos limites que traçamos à crença, não há liberdade nem bom-senso, doutrina formulada por este paradoxo: Vosso espírito só é livre com a condição de não crer no que quer, o que equivale a dizer para o indivíduo: És o mais livre de todos os homens, com a condição de não ir mais longe que o fim da corda à qual te prendemos." (P. 39.)

"É o Espiritismo, como alguns julgam, uma nova fé cega substituindo outra fé cega? ou, em outras palavras: uma nova escravização do pensamento sob nova forma? Para o crer, só mesmo lhe ignorando os primeiros elementos. Com efeito, o Espiritismo estabelece, em princípio, que antes de crer faz-se necessário compreender; ora, para compreender, deve-se fazer uso do discernimento. Eis por que ele procura dar a si mesmo explicação de tudo antes de admitir alguma coisa, a saber: o porquê e o como de cada coisa. Assim, os espíritas são mais cépticos do que muitos outros, a propósito dos fenômenos que ultrapassam o círculo das observações habituais. Não repousa em nenhuma teoria preconcebida e hipotética, mas na experiência e na observação dos fatos." (P. 40.)

Sob o título – "Poder do ridículo", Allan Kardec tece uma série de considerações a respeito desta frase que leu num jornal: "Na França o ridículo sempre mata", para chegar à conclusão de que ela só seria totalmente completa, se assim enunciada: "Na França, o ridículo sempre mata *o que é ridículo.*" "Isto explica – diz ele – porque o ridículo, derramado em profusão sobre o Espiritismo, não o matou." (RS, 1869, pp. 40/44.)

2 – Intrigas, provocações e desafios. – Homem sem ambições. – O triunfo da Verdade, venha de onde vier. – Elevação do homem com o esquecimento das ofensas. – Emprego de fundos. – "Caixa do Espiritismo". – "Os milhões do Sr. Allan Kardec". – Desceu a escada da riqueza, quando podia muito bem tê-la subido. – "O orçamento do Espiritismo". – Jamais viveu a expensas de quem quer que fosse. – "O Espiritismo foi a obra de minha vida". – Os recursos de Kardec na divulgação do Espiritismo. – "Partirei quando Deus chamar-me!" – Os verdadeiros fins da Sociedade de Paris. – Não sabem o que dizem...

Com a matéria apresentada no item anterior, pareceria esgotado o assunto das críticas contumazes, virulentas. Mas, não foi assim. Importava que Kardec não fosse poupado, sequer, nos assuntos de sua vida pessoal, privada. Um escândalo que envolvesse dinheiro, riquezas, bem que serviria para ferir fundo os propósitos que o animavam, da implantação por tantos indesejada de uma Doutrina como a do Consolador prometido por Jesus.

Portanto, as acusações partiram de toda parte, de sacerdotes e de vários indivíduos e organizações contrariados, sem faltarem os chamados "espíritas" de *contrabando*, que mais prejudicavam quando parecia que serviriam à Causa. Houve verdadeiros traidores, criaturas perturbadas e de intenções as mais sórdidas e torpes no movimento nascente, na própria Sociedade de Paris (SPEE), ombreando com Kardec. Os "Judas do Espiritismo", como ele os denominou certa vez; os "desertores".

Todavia, tais coisas foram o sinete da grandiosidade do que estava sendo realizado para os séculos e milênios do porvir. Os inconseqüentes, os apressados, os indolentes, os inconformados com o êxito constante de Allan Kardec, que, por isso, era invejado e maltratado, não desviavam olhos cúpidos do posto do grande seareiro, sem suspeitarem o que de sacrifícios, canseiras, renúncias e abnegações ele permanentemente devia testemunhar na sua abençoada missão.

A Igreja de Roma, que se omitira, que historicamente se excluíra e cuja pretensa autoridade papalina rejeitara as oportunidades de regeneração que o Senhor bastas vezes lhe oferecera, que faliria completamente ao sancionar as decisões do Concílio de 1869/1870, inconformada, desesperada, sabia no Espiritismo a solução grandiloqüente de toda a problemática do gênero humano, sempre sonhada, buscada, tentada, por muitos, sem resultados satisfatórios. Os Espíritos do Senhor haviam interferido no processo evolutivo dos povos e fizeram que fossem fincados os alicerces inamovíveis de uma nova Revelação, com base na qual o desenvolvimento do homem e do orbe tomaria novos rumos e dimensões, em demanda de outra e dignificante civilização. Era a morte da *Era da Matéria*, que já se pressentia, entrevendo-se o surgimento da *Era do Espírito*, de um *Mundo Novo*, à luz do Evangelho do Cristo.

***

Cristalinos são estes conceitos do Codificador, recolhidos de seus escritos de 1859:

"Se aqueles que nos atacam ostensiva ou sub-repticiamente julgam perturbar-nos, perdem seu tempo; se pensam tolher-nos o passo, igualmente se enganam, pois nada pedimos, e a nada aspiramos senão ser útil, no limite das forças que Deus nos concedeu. Por modesta que seja a nossa posição, contentamo-nos com aquilo que, para muitos, seria a mediocridade; não ambicionamos posto, fortuna, ou honrarias; nem procuramos o mundo e seus prazeres; o que não podemos ter não nos causa nenhuma queixa; vemos essas coisas com a mais completa indiferença. Como não está nos nossos gostos, conseqüentemente não invejamos nenhuma das pessoas que possuem tais vantagens, se vantagens há – o que aos nossos olhos é uma interrogação –, pois que os pueris prazeres deste mundo não asseguram melhor lugar no outro; longe disso. Nossa vida é toda de labor e de estudo, e até os instantes de repouso os consagramos ao trabalho. Não há nisso o que possa causar inveja. Trazemos, como tantos outros, nossa pedra ao edifício que se levanta, mas coraríamos se disso fizéssemos um só degrau para alcançar seja lá o que for. Que outros tragam mais pedras do que nós, que outros trabalhem tanto quanto e melhor que nós, isso nos trará sincera alegria. O que desejamos, antes de tudo, é o triunfo da verdade, venha de onde vier, pois não temos a pretensão de possuir a luz, com exclusividade." (RS, 1859, p. 65.)

"Bem sabíamos que ao arvorar abertamente a bandeira das idéias de que nos fizemos um dos propagadores, arrostando os preconceitos, atrairíamos inimigos, sempre prontos a despedir dardos envenenados contra quem quer que levante a cabeça e entre em evidência. Mas há entre eles e nós esta diferença: não queremos para eles o mal que nos procuram fazer, porque temos em conta a fraqueza humana, e é somente nesse ponto que cremos ser-lhes superior. O homem se avilta pela inveja, pelo ódio, pela rivalidade e por todas as paixões mesquinhas; eleva-se com o esquecimento das ofensas. Eis aí a moral espírita." (RS, 1859, pp. 67/68.)

Por ocasião da renovação do ano social, em 1º de abril de 1862, Allan Kardec faz o seu habitual discurso. Dele extraímos (RS, 1862, pp. 168/170) precioso esclarecimento, que destrói insinuações maldosas de certos críticos. Tentemos resumi-lo:

Kardec havia recebido em 1860 um donativo de 10.000 francos, a ser empregado, de qualquer forma, no interesse do Espiritismo. Podendo agir como quisesse, julgou conveniente aplicar essa quantia no desenvolvimento da SPEE, que ainda nem tinha sede própria. Novecentos e oitenta francos foram gastos na compra de móveis e em despesas de instalação e outras, na nova sede, rua Saint-Anne, 59 (passagem Saint-Anne). O restante do mobiliário, cujo valor era três ou quatro vezes mais, fora doado pelo próprio Kardec, retirado de sua casa.

Ele dá ciência disso aos membros da SPEE e o faz também publicamente, destacando que, a não ser o aluguel, todas as demais despesas, como as de viagens e uma porção de gastos necessários ao Espiritismo, e que não ficavam por menos de 2.000 francos anuais, estavam a seu cargo pessoal, e "essa quantia não é tão sem importância num orçamento restrito que só se salda à custa de ordem, de economia e até de privações".

Diz mais: "Sei que sirvo a uma causa junto à qual a vida material nada é, e à qual estou pronto a sacrificar a minha." "Se lamento uma coisa, é a exigüidade dos meus recursos, que não me permitem fazer mais; porque com suficientes meios de execução, empregados com oportunidade, com ordem e em coisas verdadeiramente úteis, avançaríamos meio século no estabelecimento definitivo da doutrina."

O donativo acima referido fora enviado por uma senhora, que de antemão recusava tomar conhecimento do emprego que a ele, donativo, se daria. Kardec, na ocasião, pela RS, 1860, p. 70, respondera:

"Se a doadora não reclama, no que lhe concerne, nenhum balanço do emprego dos fundos, considero, para minha própria satisfação, que esse emprego seja submetido a verificação. O donativo formará o primeiro fundo de uma *Caixa especial*, que nada de comum terá com meus negócios particulares, e que será objeto de uma contabilidade distinta, com o nome de *Caixa do Espiritismo.*

"Esta Caixa crescerá, posteriormente, com os fundos que lhe chegarem de outras fontes, e se destinará exclusivamente às necessidades da Doutrina e ao desenvolvimento dos estudos espíritas.

"Um dos meus primeiros cuidados será a criação de *biblioteca especializada*, e prover, como já o disse, o que falta materialmente à Sociedade para a regularidade de seus trabalhos.

"Pedi a vários dos nossos colegas se dignassem aceitar a fiscalização dessa Caixa e verificar, em épocas que depois serão determinadas, o útil emprego dos fundos. "Esta comissão está composta dos Srs. Solichon, Thiry, Levent, Mialhe, Kratzoff e Sra. Parisse."

Na RS de 1862, pp. 179/183, num artigo intitulado "Eis como escrevem a história!" (*Voilà comment on écrit l'histoire!*), e subintitulado – "Os milhões de Allan Kardec" (*Les millions M. Allan Kardec*), o mestre responde a um eclesiástico de grande cidade comercial (Lião, provavelmente), o qual propalava existir uma fabulosa fortuna amealhada por Allan Kardec, mediante o Espiritismo. Chegava o padre V... ao disparate de dizer que aquele pisava, em sua casa, os mais belos tapetes de Aubusson, tinha carruagem puxada por quatro cavalos e gastava principescamente em Paris. Assoalhava o padre que toda a fortuna de Kardec lhe vinha da Inglaterra (?) e que ele vendia caro os manuscritos de suas obras, cobrando ainda, sobre elas, uma percentagem. E outras coisas mais, absurdas, verdadeiras sandices, eram zurradas pelo padre, o que levou Kardec a responder-lhe, mais em atenção aos que, não sendo espíritas, poderiam ser ludibriados pela história ultraleviana dos "milhões".

Ele começa fazendo blague com essa "revelação", declarando que ele mesmo estava longe de suspeitar da existência de tão bela fortuna. Infelizmente, diante do relatório que apresentara à SPEE, pouco antes de receber a comunicação sobre os "milhões", tudo ficava reduzido a uma realidade bem menos dourada.

Como o padre disse havê-lo conhecido pobre em Lião, o Codificador afirma jamais ter morado em Lião, e, portanto, ninguém ali o poderia ter conhecido pobre.

Quanto à carruagem de quatro cavalos, ele apenas tomava um fiacre puxado por sendeiros, cinco ou seis vezes por ano, a fim de economizar. Suas viagens se faziam por trem.

Com a vida principesca que o padre lhe presenteou, Kardec teria mesa regalada. "Que diria o padre se visse minhas refeições mais faustosas, nas quais recebo os amigos? Achá-las-ia bem mais magras que a magra de certos dignitários da Igreja, que provavelmente as repeliriam para a mais austera Quaresma."

Referindo-se à venda de seus manuscritos, o mestre escreve que isto entra no domínio privado, onde não reconhece a quem quer que seja o direito de se imiscuir. "Sempre honrei os meus negócios, não importa a que preço de sacrifícios e privações; não devo nada a ninguém, ao passo que muitos me devem, sem o que eu teria mais do dobro do que me resta. *Em lugar de subir a escada da riqueza, eu a desci.*" (Grifos nossos.)

A fim de contentar os curiosos, diz que se tivesse vendido seus manuscritos nada mais faria que usar do direito que todo trabalhador tem de vender o produto do seu trabalho; "mas, não vendi nenhum: há mesmo os que dei pura e simplesmente no interesse da causa, e que vendem como querem sem que me caiba um soldo". Mais adiante, para dar uma idéia de seus "grandes lucros", revela que a primeira edição de "O Livro dos Espíritos" foi feita por sua conta e risco total, pois não encontrara editor que dela quisesse encarregar-se. Esgotada a edição e feitas as contas, ela lhe rendeu apenas cerca de quinhentos francos. Para fazer face às despesas de todas as publicações posteriores e livrar-se dos problemas relativos à venda, ele então cedeu por algum tempo às editoras o direito de publicação, mediante direito autoral calculado a tantos cêntimos por exemplar vendido, ficando ainda obrigado a abrir uma conta com os editores para a compra de livros sob desconto.

Kardec acrescenta que não tem de dar conta da quantia que ganhou na venda de suas obras, nem do seu emprego, assistindo-lhe o direito de dispor dela como bem lhe parecesse. Que ficassem, porém, tranqüilos quanto à boa destinação desse dinheiro.

Assim, para menosprezar o Codificador e desacreditar o Espiritismo, o padre V... lançara mão de ridículos expedientes e, o que é mais grave, de calúnias sem-nome. Kardec faz-lhe então saber que "o Espiritismo não é e não pode ser um meio de enriquecer; que repudia toda especulação de que pudesse ser objeto; que ensina a fazer pouco caso do temporal, a contentar-se com o necessário e a não buscar as alegrias supérfluas, que não são o caminho do céu (...). Se tivesse a fortuna que me atribuem, e se, sobretudo, a devesse ao Espiritismo, eu seria perjuro aos meus princípios caso a empregasse na satisfação do orgulho e na posse de prazeres mundanos, em vez de pô-la ao serviço da causa cuja defesa abracei".

Sob o título "O orçamento do Espiritismo, ou exploração da credulidade humana", o Sr. Leblanc de Prébois, antigo oficial reformado, ex-representante do povo na Assembléia Constituinte de 1848, publicou em Argel uma brochura de calúnias, injúrias, invenções e ofensas pessoais, na qual, procurando provar que o fim do Espiritismo é uma gigantesca especulação, alinhava uma série de cálculos absurdos, de que resultaram, para Kardec, rendimentos fabulosos que deixavam bem para trás os "milhões" com que certo padre de Lião (conforme já demos a conhecer) generosamente o gratificara.

Kardec fez questão de reproduzir textualmente, na RS de junho de 1863, o irrisório inventário, com as conclusões do seu autor. Os cálculos deste se baseiam em dados inteiramente falsos ou irreais que davam para Kardec um lucro anual líquido de 250.000 francos, "sem contar o da venda do *Livro dos Espíritos e dos Médiuns*". A seguir, o ex-membro da Assembléia Constituinte leva a imaginação a altos vôos e afirma que em breve a renda do "Sr. Allan Kardec, proprietário da *Revue* e soberano pontífice", seria de 38 milhões! "E se a Europa se deixar infestar, não será mais por milhões que a renda se avaliará, mas sim por bilhões."

Chamando a atenção das autoridades para o perigo que a pregação do Espiritismo representa para a própria estabilidade do Governo, provando, à sua maneira, que, "para fazer vingar a especulação do Espiritismo ou das mesas girantes, o Sr. Allan Kardec prega uma doutrina cuja tendência é a *destruição da Fé, da Esperança e da Caridade*", o autor da brochura assim terminava:

"Que há, pois, no Espiritismo? Nada mais que um especulador e papalvos. E no dia em que a autoridade temporal aliar-se à autoridade moral e se limitar apenas a interditar as publicações espíritas, essa imoral especulação cairá para não mais se levantar."

Allan Kardec mostra que essa brochura ultrapassou de muito todas as diatribes publicadas até aquele dia. "Certamente não nos daremos ao trabalho de combater cálculos que se refutam por seu próprio exagero, mas que provam uma coisa: o pavor que causa aos adversários a rápida propagação do Espiritismo, a ponto de fazê-los dizer as maiores inconseqüências."

Aos leitores em geral, informa que a Sociedade Espírita de Paris não retribui nenhum de seus funcionários, nem presidentes, vice-presidentes ou secretários; que ela não se serve de médium pago, tendo-se sempre levantado contra a exploração da faculdade mediúnica; que jamais percebeu um cêntimo dos visitantes, admitidos apenas em pequeno número; que, a não ser os membros titulares e os associados livres, nenhum espírita lhe é tributário; que os membros honorários não pagam cota alguma; que não existe entre ela e as demais sociedades espíritas nem filiação nem solidariedade material de espécie alguma; que o produto das cotizações jamais passa pelas mãos do presidente; que toda despesa, por mínima que seja, não pode ser feita sem o parecer da comissão; enfim, que *seu orçamento de 1862 foi saldado com um encaixe de 429 fr. 40 cênt.*

Mais adiante, declara: "Nossos adversários não podiam fazer nada melhor para se desacreditarem a si mesmos, mostrando a que tristes expedientes se reduziram para nos atacar e a que ponto o êxito das novas idéias os assusta, poderíamos dizer, os faz perder a cabeça."

É pena que o espaço não nos permita transcrever todos os magníficos comentários de Kardec, publicados na RS de junho de 1863, pp. 179/181, e nos quais se patenteia a calma e a superioridade moral do missionário.

Na RS de junho de 1865 é publicado o relatório que Allan Kardec apresentou à Sociedade Espírita de Paris, a propósito da Caixa do Espiritismo, em 5 de maio do mesmo ano.

Lamenta, de início, que as circunstâncias o obriguem a falar dele mesmo, o que não é do seu feitio.

Após relembrar fatos passados, inclusive os "milhões" que cálculos hiperbólicos graciosamente lhe deram, afirma:

"(...) jamais pedi nada a ninguém, ninguém jamais me deu algo para mim pessoalmente; nenhuma coleta de um *ceitil sequer* veio prover minhas necessidades; numa palavra, não vivo *a expensas de ninguém*, pois, quanto às quantias que voluntariamente me foram confiadas no interesse do Espiritismo, nenhuma parcela foi desviada em meu proveito." (RS, 1865, p. 163.)

Quanto à venda de suas obras espíritas, diz que não é com livros filosóficos que se juntam milhões em cinco ou seis anos, ainda mais que sobre as vendas só recebia os direitos de autor, não excedendo alguns cêntimos por exemplar. Não sendo suas obras de sua propriedade exclusiva, obrigava-se a comprá-las da editora e a pagá-las como livreiro. Só sobre a "Revue Spirite" tinha plenos direitos. O lucro obtido com essas publicações, excluindo vários gastos normais, falta de pagamento das obras que revendia, distribuições gratuitas no interesse da Doutrina, não chegava a grande coisa. Esse pequeno lucro, fruto do trabalho do autor, era multiplicado um sem-número de vezes por adversários. Kardec, para eles, nadava em milhões, gozando uma vida de príncipe. E a isso respondeu (p.164):

"Quem quer que tenha visto, outrora, o interior de nossa moradia, e o veja hoje, pode atestar que nada mudou em nossa maneira de viver, desde que me ocupei do Espiritismo; ela é agora tão simples quanto o foi no passado, visto que uma vida suntuosa não vai com os nossos gostos. É, então, evidente que meus lucros, por maiores que sejam, não concorrem para nos proporcionar os prazeres do luxo. Como não temos filhos, não é para eles que entesouramos; nossos herdeiros indiretos são, em sua maioria, bem mais ricos que nós : seria parvoíce se me esgotasse no trabalho em proveito deles. Teria eu, então, a mania de entesourar pelo simples prazer de contemplar o dinheiro? Penso que meu caráter e meus hábitos jamais dariam lugar a essa suposição. As pessoas que me atribuem tais idéias conhecem muito pouco os meus princípios em matéria de Espiritismo, pois que me julgam preso aos bens da Terra."

Mais adiante (p.164): "Sempre tivemos que viver muito modestamente, é verdade, mas, o que teria sido pouco para certas pessoas, nos bastava, graças aos nossos gostos e hábitos de ordem e economia. À nossa pequena renda vinha juntar-se, como suplemento, o produto das obras que publiquei antes do Espiritismo, e o de um modesto emprego que tive de abandonar quando os trabalhos da Doutrina absorveram todo o meu tempo."

Conta, ainda, que, se não fora o Espiritismo tê-lo lançado a novos rumos, ele poderia viver tranqüilamente na propriedade que possuía. A obra espírita o chamava a postos, muito embora seu desejo era não se pôr em evidência, mas ficar desconhecido. Teve, então, que renunciar aos seus gostos de insulamento e tomar as rédeas do movimento. "Sentia que não tinha tempo a perder, e não o perdi, nem em visitas inúteis, nem em cerimônias ociosas. O Espiritismo foi a obra de minha vida. Dei-lhe todo o meu tempo, sacrifiquei-lhe meu repouso, minha saúde, porque diante de mim o futuro estava escrito em caracteres irrecusáveis. Eu o fiz de *motu proprio*, e minha mulher, que não é nem mais ambiciosa, nem mais interessada do que eu, aderiu plenamente aos meus intentos e me secundou na minha laboriosa tarefa, como o faz ainda, através de um trabalho freqüentemente acima de suas forças, sacrificando, sem pesar, os prazeres e as distrações do mundo aos quais sua posição de família havia habituado."

Allan Kardec explica que sua nova posição criou-lhe múltiplas despesas que seus recursos normais não podiam prover. A necessidade de morar em dois lugares diferentes, com mobiliário em dobro, sem contar uma porção de despesas miúdas e indispensáveis; as perdas resultantes de interesses materiais deixados de lado, por falta absoluta de tempo; os inúmeros gastos especiais motivados pela sua posição, entre os quais se incluía o porte de cartas, que então ascendia a mais de oitocentos francos anuais, as despesas com viagens, com empregados, e outras menores, tudo isso o fazia desembolsar em 1865, mais do triplo que despendia antes do Espiritismo.

"Não é uma queixa que formulo, pois são voluntárias minhas ocupações atuais; é um fato que consigno, em resposta àqueles que pretendem que tudo é proveito para mim no Espiritismo." (P. 165.)

Se não fora o suprimento de recursos que o produto de suas obras lhe proporcionava, bem pouco poderia ter feito para o êxito da Doutrina. "Digo-o com satisfação, foi com o meu próprio trabalho, com o fruto de minhas vigílias, que provi, em sua maior parte pelo menos, às necessidades materiais da instalação da Doutrina. Trouxe, assim, larga contribuição à Caixa do Espiritismo." (P. 166.)

Com o pensamento no futuro e visando a facilitar a tarefa do seu sucessor, Kardec começa a organizar uma fundação em sua propriedade particular, na Vila Ségur. Dizendo ser ainda cedo para maiores detalhes, informa que já vem aplicando uma parte de sua renda em melhorar a propriedade, mas, a despeito de suas economias, achava que os recursos pessoais não lhe permitiriam dar a essa fundação o complemento que, ainda em vida, desejara ver.

"Foi necessária a pertinácia de certas diatribes, para que eu me decidisse, embora a contragosto, a quebrar o silêncio acerca de alguns fatos que me concernem." (P. 167.) E acrescentava, pouco mais adiante: "A única coisa que no momento me importava era que ficásseis edificados com relação ao destino dos fundos que a Providência faz que passem pelas minhas mãos, qualquer que seja a proveniência deles. Não me considero mais do que um depositário, até mesmo do que ganho, com mais forte razão dos fundos que me são confiados e dos quais prestarei rigorosa conta. Eu me resumo, dizendo: Por mim, deles não tenho necessidade; equivale a dizer que deles não faço proveito próprio." (P. 167.)

A seguir, fala acerca da caixa de beneficência, que se formou sem nenhuma premeditação, e dos auxílios já por ela prestados.

Ante o alargamento dos horizontes do Espiritismo, faz sentir a falta de certas providências, inclusive para atender às necessidades correntes do Espiritismo, sem os riscos de auxílios eventuais, como ele, Kardec, era obrigado a fazê-lo. De fato, na época, a maior parte dos recursos postos na divulgação do Espiritismo decorriam do seu trabalho.

Não tendo os "milhões" que os adversários malevolamente lhe deram, e que lhe permitiriam realizar muita coisa em prol do futuro da Doutrina, escrevia, entre resignado e confiante: "Sei que, de um modo ou de outro, os Espíritos que dirigem o movimento proverão a todas as necessidades em tempo hábil. Eis por que de forma alguma me inquieto, e me ocupo com o que, para mim, é essencial: o acabamento dos trabalhos que me restam por terminar. Feito isto, partirei quando a Deus aprouver chamar-me." (P. 168.)

***

Explicando que a SPEE deseja esclarecer-se a si mesma, não pretendendo de modo algum erigir-se em árbitro absoluto das doutrinas que professa, Kardec submete aos diversos grupos espíritas, que com ela se correspondiam, questões e problemas duvidosos ou que ainda não tivessem sido resolvidos. Ele o faria através de correspondência particular ou da "Revue Spirite". Já no número de janeiro de 1862 são apresentadas, de maneira simples, seis proposições, seguidas, cada uma, de perguntas por ele formuladas.

Está visto que o ensejo oferecido por Allan Kardec não foi aproveitado pelos habituais murmuradores, de resto, pouco afeitos ao trabalho que lhes não valha as "gratificantes" evidências pessoais.

Pelo menos, o Codificador tentou uma *abertura*, que, decididamente, no nosso fraco entender, não tinha o menor fundamento útil, pois ele próprio deveria decidir, à luz das intuições que lhe povoavam o espírito, quaisquer "questões ou problemas", a exclusivo risco seu, uma vez exercitados os ensaios de sempre e acautelando-se no excelente critério que se traçou.

No discurso de abertura do sétimo ano social da Sociedade Espírita de Paris, em 1º de abril de 1864, Kardec volta a repetir que a Sociedade não visa a entesourar, daí por que lhe é indiferente o número de membros. O sinal de sua prosperidade não está no sentido material, está "totalmente na progressão de seus estudos, na consideração que granjeou, no ascendente moral que exerce exteriormente, enfim, no número de adeptos que se ligam aos princípios que ela professa, sem que, para isso, dela façam parte". (RS, 1864, p. 141.)

"A posição da Sociedade de Paris é, pois, exclusivamente moral, e ela jamais ambicionou outra. Alguns dos nossos antagonistas, que sustentam serem todos os espíritas seus tributários; que ela se enriquece à custa deles, ardilosamente obtendo dinheiro em seu proveito; que computam seus supostos rendimentos pelo número de adeptos, – provam, ou grande má-fé, ou a mais absoluta ignorância daquilo que falam." (RS, 1864, p. 145.)

3 – Ataques ao Espiritismo: perseguições à Doutrina e seus adeptos. – "Une religion nouvelle à Paris", do Pe. François Chesnel. – Ação de Jobert de Lamballe na Academia das Ciências de Paris. – Oscar Comettant e seu folhetim. – As críticas ignorantes. – O Sr. L. Figuier e a "História do Maravilhoso". – Comentários de Kardec. – "Seria preciso atacar o Espiritismo pelas raízes, não pelos galhos". – "Vossas palavras não são apenas levianas, mas imprudentes". – Kardec dá uma aula de Espiritismo, de moral e de ética ao Sr. C. M., da "Gazette de Lyon". – Georges Gandy, em "La Bibliographie Catholique", em 1860. – Injúrias à parte moral do Espiritismo. – Críticas pueris de Émile Deschanel, no "Journal des Débats". – Falsos membros da SPEE. – A "estupidez" do Espiritismo, na conferência do Sr. Trousseau. – O Pe. Lapeyre, jesuíta, e seus virulentos sermões, em Bordéus. – Ataques generalizados por pregadores católicos. – Opiniões que se contradizem. – De novo o argumento loucura. – Cruzada contra o Espiritismo. – A calúnia quase epidêmica. – O bispo de Argel. – Suicídio incriminado ao Espiritismo. – Enquadrar os espíritas como infratores e falsários. – "Du Spiritisme", a brochura do Rev. P. Nampon: Kardec manda lê-la e compará-la com os textos verdadeiros

DAS OBRAS DELE. – A ARTE CÊNICA É CONVOCADA A ATACAR O ESPIRITISMO. – AS IMITAÇÕES NADA PROVAM. – "OS RELIGIOSOS SÃO OS QUE MAIS INJURIAM". – PRESSÕES EM ARGEL. – A DATA DE 18 DE AGOSTO DE 1863. – A VEZ DE STRASBOURG: O "DEMÔNIO" NA OBRA DE SEDUÇÃO. – "O ESPIRITISMO NÃO SE IMPÕE; ACEITA-SE". – MODERAÇÃO NAS PALAVRAS. – PADRES A. BARRICAND, DE LIÃO, E DELAPORTE, DE BORDÉUS, EM SEUS CURSOS DE ESPIRITISMO. – O BISPO DE LANGRES; O MONSENHOR PANTALEÓN NAVARRO, DE BARCELONA. – O ACONTECIMENTO IMPORTANTE COM O CAPELÃO DO REI DA HOLANDA. – ESPIÕES DE S. PETERSBURGO. – MANOBRAS SURDAS: NOVA TÁTICA DOS INIMIGOS. – OS JUDAS DO ESPIRITISMO. – "NOVO E DEFINITIVO ENTERRO DO ESPIRITISMO". – "TOUJOURS LES SPIRITES!", DE JULES CLARETIE. – REFUTAÇÃO DO ASPECTO RELIGIOSO, PELO PE. POUSSIN, DE NICE. – "O ESPIRITISMO NÃO TEME A LUZ". – OS ADVERSÁRIOS E A MARCHA DO ESPIRITISMO. – LIVROS ESPÍRITAS DE KARDEC NO INDEX (1º DE MAIO DE 1864, DATA HISTÓRICA NOS ANAIS DO ESPIRITISMO). – O QUE É (OU ERA) O INDEX. – PERSEGUIÇÕES E VIOLÊNCIAS AOS ADEPTOS, EM CONSTANTINA (ÁFRICA) E OUTRAS LOCALIDADES. – PERSEGUIÇÕES NOS QUARTÉIS. – DENÚNCIAS FALSAS. – O SENADO FRANCÊS, A IMPRENSA E O "PARTIDO ESPÍRITA". – "EL CRITERIO ESPIRITISTA", DE MADRID, É PROIBIDO. – O AUTO-DE-FÉ, DE BARCELONA (9-10-1861).

Aos procedimentos dos que adversaram a Doutrina dos Espíritos somam-se os acontecimentos que, em seguimento, são expostos, vários deles – aí, sim! – de autêntica loucura ou irracionalidade. Altíssimo era o preço a ser pago pela conquista do direito à liberdade religiosa, da prática do amor ao próximo e do culto a Deus no *Altar da Consciência*. Servir os semelhantes, como fez o Cristo na Palestina, pareceu aos endurecidos de coração um insulto ou agressão inqualificável. Internalizar o conhecimento e a Religião, levando a Humanidade a prescindir dos templos de pedra e do sacerdócio organizado e profissional, equivaleria a reconhecer, com o próprio Senhor, que *Deus é Espírito*, como está no Evangelho, na sublime lição à Samaritana.

A luta foi cruenta e sem quartel; e ainda não terminou, a despeito das aparências das *águas mansas*, no mar humano. Outros planos vibratórios existem, como sabemos, em que pululam os "aborrecidos da luz", ainda renitentes, revoltados, endurecidos, rebeldes ao Sublime Pastor, que não cessaram até hoje as perseguições tão antigas e tão tenebrosas. Os confrontos se fazem em todos os momentos, e não são poucas as praças de batalha em que ainda encenam e trombeteiam desesperados conflitos, dirigidos por inteligentes forças negativas, extremamente nocivas e venenosas, dando conta dos últimos estertores dos que não querem *morrer para renascer e progredir continuamente.*

Leiamos e meditemos, maduramente, sobre as páginas seguintes, enviando aos espiritistas que outrora participaram diretamente das refregas o nosso pensamento agradecido e as nossas preces de louvor a Deus e ao Cristo.

***

Em 13 de abril de 1859, "L'Univers", jornal de caráter católico, publicou com o título – "Une religion nouvelle à Paris" um artigo do padre François Chesnel sobre o Espiritismo. Allan Kardec responde ao padre, por se tratar de uma diatribe em linguagem moderada e conveniente, e o faz magistralmente num escrito bem mais extenso que o do sacerdote. A resposta saiu na RS de maio e no "L'Univers" de 28 de maio, número que também publicou a réplica do padre. Este reedita os argumentos do primeiro artigo, "menos a urbanidade da forma". O mestre dá-lhe breve resposta, não o fazendo mais porque seria repetir o quanto já tinha dito, o que lhe parecia perfeitamente inútil.

Na sessão de 18 de abril de 1859, o Dr. Jobert de Lamballe comunica à Academia das Ciências de Paris o caso de uma mocinha que deslocava o tendão do curto-perônio lateral direito, com a produção de ruídos, ao retomar ele à goteira óssea de onde tinha saído. Exatamente como já haviam dito os Drs. Shiff e Rayer, o Dr. Jobert procurou explicar, por esse meio, as batidas dos Espíritos, afirmando que os charlatães é que usavam esse processo "para explorar a credulidade pública". Concordaram com ele os colegas Velpeau e Jules Cloquet.

Essas explicações ridículas e burlescas, como as classificou A. Escande, inteligente jornalista da época, tidas até mesmo como "infantis" pelo sábio Prof. Charles Richet, foram amplamente comentadas por Allan Kardec, que demonstrou, através de cerrada e sólida argumentação, a fragilidade da tese fisiológica aplicada aos fenômenos tiptológicos do Espiritismo. É curioso observar que ele, embora respeitoso, por várias vezes usou da graça e da ironia em sua refutação, o que não era do seu hábito. É que aquelas tolices "científicas" conduziam naturalmente a um tratamento menos sério e pouco cerimonioso, a que o próprio mestre não pôde fugir. (RS, 1859, pp. 141/149.)

No "Le Siècle" de 27 de outubro de 1859, o Sr. Oscar Comettant escrevia, em folhetim, longo artigo com o objetivo de ridicularizar o Espiritismo. Foi, segundo alguns espíritas da época, "a primeira vez que se publicara artigo tão importante sobre o Espiritismo, num grande jornal". Como não foi escrito em termos grosseiros, Kardec deu-lhe pronta resposta na RS de 1859:

"Para criticar é preciso poder opor raciocínio a raciocínio, prova a prova, e é isto possível sem o conhecimento profundo do assunto tratado? Que pensaríeis daquele que pretendesse criticar um quadro, sem possuir, ao menos teoricamente, as regras do desenho e da pintura? discutir o mérito de uma ópera sem conhecer música? Sabeis a conseqüência de uma crítica ignorante? É tornar-se ela ridícula e acusar falta de senso. Quanto mais elevada a posição do crítico, quanto maior a sua evidência, tanto mais seu interesse lhe exige circunspecção, para não se expor a desmentidos, sempre fáceis de dar a qualquer um que fale daquilo que não conhece. Daí porque os ataques contra o Espiritismo têm sido de tão pouco alcance, favorecendo-lhe o desenvolvimento, em lugar de detê-lo. Esses ataques são propaganda; provocam o exame, e o exame só nos pode ser favorável, visto nos dirigirmos à razão. Não há um artigo, entre os publicados contra a Doutrina, que não nos tenha valido um aumento de assinantes e na venda de livros." (RS, 1860, pp. 3/4.)

Em 1860, o Codificador faz com notável senso crítico uma apreciação sumária da obra "Histoire du Merveilleux dans les temps modernes", em quatro volumes, de autoria do conhecido escritor e vulgarizador de Ciências e de História, Louis Figuier (1819-1894), doutor em Medicina e professor da Escola de Farmácia de Montpellier e depois da de Paris. Como é sabido, L. Figuier meteu-se, anteriormente (1856), a contrariar as idéias de Claude Bernard sobre a função glicogênica do fígado, entrando em ruidosa polêmica que terminou com o triunfo do imortal fisiologista. No ano seguinte, Figuier abandonou para sempre o ensino e a experimentação, consagrando-se a extensa obra de vulgarização científica, que atingiu a não menos de 80 volumes. Talvez porque abandonara a experimentação, ele não a aplicou no estudo do Espiritismo: "nada aprofundou, *de visu*, com a sagacidade e a paciência e a independência de idéias do observador consciencioso", contentando-se, continua Kardec, "com relatos mais ou menos fantásticos por ele encontrados em certas obras que não brilham pela imparcialidade".

Guillaume-Louis Figuier
(1819-1894)

Em dezessete páginas e meia da RS, o mestre analisa com elevado descortino de vistas a obra que os adversários do Espiritismo aplaudiram efusivamente e que, segundo eles, lhe daria o xeque-mate. No princípio, supôs que estaria diante de um adversário realmente sério, portador de argumentos peremptórios, que comportassem uma refutação séria. Mas logo se lhe desfez no espírito essa impressão, embora reconhecesse em Figuier um escritor que "não se arrasta na lama das injúrias grosseiras e dos personalismos, únicos argumentos dos críticos de baixa espécie".

Nos primeiros volumes, consagrados a fatos não propriamente espíritas, o autor procura provar, com testemunhos autênticos, que a intriga, as paixões humanas e o charlatanismo desempenharam ali grande papel. Kardec declara que ninguém contesta essa evidência, máxime os espíritas. O que ele contesta é a critica eivada de preconceitos e levada a ver o erro ou o mal onde muitas vezes não existe, por deficiência de um exame atento e imparcial.

Quanto à crença nas mesas girantes e falantes, Figuier a tem como um "desvario" do século XIX, tudo saindo da mesma fonte: a superstição, a crença no maravilhoso.

Porque Figuier assistiu a uma sessão apenas, ele se julgou no direito de falar com conhecimento de causa. Kardec comenta: "Dir-se-á suficientemente esclarecido, porque assistiu a uma sessão? Não duvidamos, é certo, de sua perspicácia, mas, por maior que seja, impossível admitir que ele possa conhecer e, sobretudo, compreender o Espiritismo em uma sessão, tanto quanto não aprendeu Física com uma lição apenas; se o Sr. Figuier pudesse fazê-lo, arrolaríamos o fato entre os mais maravilhosos. Quando ele houver estudado o Espiritismo com o mesmo cuidado que se aplica no estudo de qualquer ciência, quando lhe houver consagrado um tempo moral necessário, quando houver assistido a *alguns milhares* de experiências, quando der a explicação de todos os fatos sem exceção, quando tiver comparado todas as teorias, somente então poderá fazer uma crítica judiciosa. Até lá, seu julgamento não passa de opinião pessoal, sem nenhum peso a favor ou contra." (RS, 1860, p. 276.)

"O maravilhoso" – prossegue, adiante, Kardec – "é a idéia fixa do Sr. Figuier; é o seu pesadelo. Ele o vê por toda parte onde haja alguma coisa que não compreende. Mas ao menos poderá ele, o sábio, dizer como germina e se reproduz o menor dos grãos? Qual a força que faz a flor voltar-se para a luz? O que, na terra, atrai as raízes para um terreno propício, mesmo através dos obstáculos mais duros? Estranha aberração do espírito humano, que tudo crê saber e nada sabe, que espezinha maravilhas sem-número, e nega um poder sobre-humano!" (RS, 1860, p. 280.)

Do relato crítico que faz de inúmeros fatos que parecem fugir à lei comum, Figuier chega "à convicção da *não-existência de agentes sobrenaturais*, e à certeza de que todos os prodígios, que em diversas épocas têm excitado a surpresa ou a admiração dos homens, se explicam *com o conhecimento tão-só de nossa organização fisiológica*. A *negação* do maravilhoso, tal a conclusão a tirar deste livro, que poderia chamar-se o *maravilhoso explicado*". Estas palavras são de Allan Kardec, que lamenta não ter o escritor sabido ou querido separar o princípio e o abuso do princípio, o fato real do fato fraudulento, e comenta: "É querer cortar uma árvore sã, porque deu fruto bichado."

Logo que saiu o quarto volume de "Histoire du Merveilleux", em 1860, consagrado às mesas girantes e aos médiuns, Kardec leu-o atentamente e – diz ele – "o que se destacou com mais evidência para nós, foi o ter o autor tratado de um assunto que absolutamente desconhece". (RS, 1860, p. 369.)

Três quartos desse volume contêm histórias que não dizem respeito aos temas preestabelecidos, o que faz, di-lo Kardec, "que o principal ali se torne o acessório". Ainda assim, o mestre aconselha os espíritas a lerem essa parte da obra, escrita com "verdadeiro luxo de detalhes e de erudição". Figuier esforça-se em provar que o absurdo impera, nascido do amor do homem pelo maravilhoso. Longe de rejeitar todos os fatos, admite perfeitamente as mesas girantes e os médiuns, mas arrola grande parte à conta de trapaçaria e prestidigitação. Alguns fenômenos espíritas testemunhados e comprovados por pessoas idôneas, ele os procura explicar com as hipóteses antiespíritas então em voga, tudo querendo submeter às leis da Física e da Fisiologia. Quanto à teoria explicativa de Figuier para os movimentos das mesas girantes, a qual resume, no fundo, a que ele dá para quase todos os outros fenômenos mediúnicos, assim se externou Allan Kardec: "Sua teoria, como a lanterna mágica da fábula, peca por um ponto capital: ela se perde num dédalo de explicações que requereriam novas explicações para serem compreendidas." "Em nossa opinião, ao Sr. Figuier, por mais sábio que seja, falta a primeira qualidade de um crítico: a de conhecer *a fundo* a coisa de que fala, condição ainda mais necessária quando se quer explicá-la."

Kardec não vê como a teoria fisiológica de Figuier se aplicaria a uma série de fenômenos espíritas, e acrescenta: "e há muitas outras coisas que ela não explica."

"Para combater a doutrina espírita com eficácia" – comentou –, "o Sr. Figuier só tem um meio, e é com prazer que lho indicamos. Não se destrói uma árvore cortando-lhe os ramos, e sim as raízes. É preciso, assim, atacar o Espiritismo pela raiz e não pelos ramos, que renascem à medida que os cortamos. Ora, as raízes do Espiritismo, desse *desvario* do século dezenove, para nos servirmos da expressão de Figuier, são a alma e seus atributos. Que ele então prove que a alma não existe e não pode existir, porque sem *almas* não há mais *Espíritos*. Quando houver provado isso, o Espiritismo não mais terá razão de ser e nós nos confessaremos vencidos."

Sem temer a menor influência da obra de Figuier sobre os espíritas, o mestre voltou a indicar-lhes a leitura dela, certo de que seriam por eles imediatamente reconhecidos os pontos vulneráveis. E quanto aos demais leitores, "teria o efeito de todas as críticas: o de provocar a curiosidade".

Este livro não comporta a transcrição de toda a extraordinária argumentação de Kardec. Vale a pena, entretanto, estampar-lhe o parágrafo final da extensa resposta:

"O Sr. Figuier termina o seu 'Tratado do Maravilhoso' com uma curta notícia sobre 'O Livro dos Espíritos'. Naturalmente, o julga do seu ponto de vista: 'A filosofia, diz ele, é ali cediça, e a *moral soporífera.*' Sem dúvida, ele teria apreciado mais uma moral galhofeira e excitante. Mas, que fazer? É moral para uso da alma; de resto, ela terá sempre uma vantagem: a de fazê-lo dormir. É para ele uma receita em caso de insônia."

Em 2 de agosto de 1860, a "Gazette de Lyon" publicou o artigo "Uma sessão com os Espíritos", assinado por C. M. Este começa a denominar os espíritas de alucinados, não tendo o Espiritismo outro resultado que o de produzir a loucura naqueles que dele se ocupam. Menospreza a "Revue Spirite", dizendo que tanto as perguntas aos Espíritos, quanto as suas respostas, são ineptas. Em seguida, passa a descrever uma sessão espírita a que assistiu numa humilde oficina de tecelões lioneses, utilizando-se de epítetos incivis, descorteses, bem assim de puras invencionices, verdadeiras calúnias tendentes a falsear a opinião pública sobre o princípio e as conseqüências das crenças espíritas.

Durante a sua estada em Lião, Kardec dirigiu ao redator da "Gazette de Lyon" esmagadora resposta ao dito artigo, pedindo fosse ali publicada, o que o referido jornal negou. "Não tenho por hábito responder às diatribes. Se apenas se tratasse de mim, eu nada teria dito;

mas, a propósito de uma crença que me orgulho de professar, porque é crença eminentemente cristã, achincalhais pessoas honestas e laboriosas, posto que iletradas, esquecidos de que o próprio Jesus era operário" – assim escreveu Kardec, que toma a defesa dos humildes operários lioneses contra a investida injuriosa do tal C. M. ("Senhor, vossas palavras não são apenas levianas – emprego este vocábulo por contemplação –, são imprudentes") e lhe dá uma aula de Espiritismo, de moral e de ética. (RS, 1860, p. 296.)

Em "La Bibliographie Catholique", de setembro de 1860, o Sr. Georges Gandy, redator católico, ataca o Espiritismo com raiva e fúria, em nome da religião ameaçada. "Pois quê! – exclama Kardec – a religião ameaçada pelo a que chamais utopia! Tendes então pouquíssima fé na sua força; crede-a, assim, bem vulnerável, ao temerdes que as idéias de alguns sonhadores a minem pela base."

Pela primeira vez, conforme acentua o Codificador, a parte moral do Espiritismo é alvo de um rosário de injúrias. O escritor católico tenta levar ao ridículo as máximas admitidas pelo mais elementar bom-senso. Cita grande número de passagens de "O Livro dos Espíritos", truncando-as, desnaturando-as no sentido, aqui e ali, a fim de poder servir aos seus propósitos. "Com tal processo" – comenta Kardec –, "seria fácil tornar ridículas as mais belas páginas dos nossos melhores escritores."

Como bom católico, o Sr. Gandy põe aos cuidados dos demônios essas "manifestações ímpias", permitidas por Deus junto àqueles que lhe violam a lei. A doutrina espírita é para ele "obra de Satã", ao que responde o Codificador: "(...) se ela é, como dizeis, obra de Satã, não pode prevalecer contra a obra de Deus, a menos que supusésseis Deus menos poderoso que Satã, o que seria um tanto ou quanto ímpio."

A refutação ao Sr. Gandy, que pode ser lida na RS de 1861, p. 8, é uma peça que não perdeu, até hoje, a atualidade de seus vigorosos argumentos.

E.-A.-E.-M. Deschanel
(1819-1904)

Émile Deschanel (1819-1904), literato, crítico e, mais tarde, político francês, foi professor de conferências de literatura grega na Escola Normal, de Paris, e de Retórica em três liceus parisienses, sendo destituído de suas funções em 1850. Desde então colaborou ativamente em diversos jornais e escreveu várias obras. Em 1859, foi redator do "journal des Débats" e do "National". Seu filho Paul Deschanel foi presidente da República francesa.

É no importante "Journal des Débats" que Émile publicou virulenta crítica contra o Espiritismo, exposta em vinte e quatro colunas do folhetim, nos números de 15 e 29 de novembro de 1860.

Allan Kardec não se apressa em responder ao artigo que ele considerou como o "de mais malevolente, de menos científico, de mais longo, sobretudo", e o faz somente em 25 de fevereiro de 1861, por uma carta endereçada ao Sr. Deschanel, e, em março, por um escrito de nove páginas estampado na RS. Kardec pedira a inserção de sua carta no "Journal des Débats", o que era estritamente legal, mas não foi atendido: "Não lhe pedíamos uma retratação, à qual seu amor-próprio ter-se-ia recusado, mas simplesmente a inserção do nosso protesto; e decerto não abusávamos do direito de resposta, pois que, em troca das vinte e quatro colunas, só lhe pedíamos de trinta a quarenta linhas." (RS, 1861, p. 99.)

Ele mostra que as objeções do Sr. Deschanel são pueris, que sua ignorância ou má-fé é tal que chega a colocar a doutrina espírita "fundada sobre o mais grosseiro materialismo" (!). Entre os muitos erros, este era o mais grave, e recebeu pronta resposta. Longe de prejudicar a causa do Espiritismo, afirma Allan Kardec que o redator do "Journal des Débats" prestou, mesmo, belo serviço, pois atraiu a atenção de pessoas que nunca ouviram falar dessa doutrina e o desejo de conhecê-la. Ele acha supérfluo estender-se na discussão, uma a uma, das asserções do Sr. Deschanel, que não passavam de variantes do mesmo tema já por ele tratadas em refutações anteriores, mas isto não o impediu de articular umas tantas verdades esclarecedoras em torno de diferentes opiniões pessoais do escritor. (RS, 1861, pp. 65/75.)

Já em 1862, mesmo antes, começaram a surgir em várias partes da Europa, como na Rússia, por exemplo, prestidigitadores dizendo-se membros da SPEE e anunciando saraus fantásticos nos teatros. Outros, para melhor impressionarem o público, diziam-se médiuns americanos, embora não fossem nem médiuns nem americanos, mas tão-somente hábeis escamoteadores que tinham como intuito principal desacreditar o Espiritismo.

Numa conferência do Dr. Armand Trousseau, professor da Faculdade de Medicina de Paris, realizada na

"Associação politécnica para o ensino gratuito dos operários", em 18 e 25 de maio de 1862, o ilustre acadêmico, que não acreditava nos Espíritos nem no diabo, admira-se que gente de posição confirme os fatos espíritas, e procura provar que "les gens d'esprit sont bêtes". Referindo-se aos fenômenos espíritas, deblaterou: "Essa estupidez que não tem nome, essa estupidez que o homem mais grosseiro teria vergonha de aceitar, foi aceita por pessoas esclarecidas, mais, talvez, pelas classes elevadas da sociedade de Paris." (RS, 1862, pp. 225/231.)

Em outubro de 1862, o padre Lapeyre, da Companhia de Jesus, pronuncia dois virulentos sermões contra o Espiritismo, na capela Margaux, em Bordéus.

Armand Trousseau
(1801-1867)

Segundo o pregador, os Espíritos podem comunicar-se com os homens, mas os bons só o fazem na Igreja. Todos quantos se manifestam fora da Igreja são maus. Para ele, "O Livro dos Espíritos" prega o comunismo, a divisão dos bens, a igualdade entre todos os homens e sobretudo entre o homem e a mulher, a igualdade entre o homem e seu Deus; arrasta o homem ao materialismo e aos prazeres sensuais, etc., etc. Em tiradas oratórias de grande efeito, mas em estilo camelô, chama *infames* aos livros espíritas, que ao seu ver foram ditados pelo hábil e astuto príncipe das trevas, e pede aos fiéis lhe tragam esses livros para queimá-los em praça pública.

Em 2 de dezembro de 1862, o bispo do Texas (E.U.A.) pregou na igreja de Saint-Nizier, em Lião, contra o Espiritismo. Além de negar os fenômenos, considerou a doutrina atentatória aos laços de família, à propriedade, à constituição da sociedade e, como tal, a denunciava às autoridades competentes.

No dia 14, na mesma cidade de Lião, renovavam-se os ataques, por outro pregador, agora na igreja de Saint-Jean, com um auditório de cerca de três mil pessoas. Este novo orador não negou a realidade dos fenômenos, apenas os imputou aos Espíritos maus. "O Espiritismo" – disse ele – "vem destruir a família, aviltar a mulher, pregar o suicídio, o adultério e o aborto, preconizar o comunismo, dissolver a sociedade." E convidou os paroquianos a entregar os livros espíritas a determinadas senhoras, a fim de serem queimados.

Allan Kardec aprecia todos esses sermões na RS, 1863, pp. 41/51, e diz fazê-lo "para mostrar a que argumentos estão reduzidos os adversários do Espiritismo para atacá-lo". "Com efeito" – continua –, "é preciso estar muito privado de boas razões para recorrer a uma calúnia como aquela que o representa pregando a desunião da família, o adultério, o aborto, o comunismo, a derrubada da ordem social. Temos necessidade de refutar semelhantes asserções? Não, pois basta remeter ao estudo da Doutrina, à leitura do que ela ensina, e é o que se faz em toda parte."

Adiante, Kardec considera que as opiniões acima, de alguns membros do clero, são pessoais, não esposadas por muitos padres, sendo do seu conhecimento a existência daqueles que até deploram tais desvios. Como essas opiniões individuais se contradizem entre si, não podem fazer lei. "Assim, enquanto um declara que todos os Espíritos manifestantes são necessariamente maus, pois que desobedecem a Deus comunicando-se, outro reconhece que há bons e maus Espíritos, mas somente os bons vão à igreja, e os maus, ao povo. Um acusa o Espiritismo de aviltar a mulher, outro o censura por elevá-la ao nível dos direitos do homem; um pretende que ele 'arrasta os homens ao materialismo e aos prazeres sensuais', outro, o padre Marouzeau, reconhece que ele destrói o materialismo."

Kardec acha, afinal, que tudo isso serve à causa do Espiritismo, pois o que se vê é o aumento de adeptos, para desespero dos adversários.

Em 8 de janeiro de 1863, o folhetim da "Presse" publicou o artigo intitulado "Ciências", extraído do "Salut Public de Lyon", e também reproduzido por "Gironde", de Bordéus.

O artigo se refere a um trabalho que o Sr. Philibert Burlet, interno dos hospitais de Lião, lera recentemente na Sociedade de Ciências Médicas dessa cidade, descrevendo seis casos de loucura, dita aguda, por ele mesmo observados no hospital de Antiquaille, casos esses que relacionou às práticas espíritas. E o Sr. Burlet, sem mais nem menos, concluiu, do alto de sua autoridade de interno, que "o Espiritismo pode tomar lugar na linha das causas mais fecundas de alienação mental".

Ponto por ponto, Kardec (RS, 1863, pp. 53/59) responde ao artigo que procurava levantar as autoridades e a opinião pública contra o Espiritismo. Demonstra que a doutrina espírita, longe de constituir-se em causa de aumento dos casos de loucura, é, antes, causa atenuante, que contribui para diminuir o número de casos devidos às causas ordinárias mais comuns. Resta saber, diz ele, se todo alienado que fala de Espíritos deve sua loucura ao Espiritismo, pois houve vários casos em que ficou provado que ou os doentes haviam tido pouco ou nenhum conhecimento de Espiritismo, ou que já tinham tido, muito antes, acessos de loucura, não se falando dos casos de obsessão ou subjugação, que se confundem com a loucura.

RS, março, 1863 – "Neste momento, processa-se uma verdadeira cruzada contra o Espiritismo, como nos fora anunciado. De diversos lados nos chamam a atenção para escritos, discursos e até mesmo atos de violência e de intolerância. Todos os espíritas devem rejubilar-se com isso, pois é prova evidente de que o Espiritismo. não é uma quimera. Fariam tanto alvoroço por causa de uma mosca que voa?" (P. 69.)

"A calúnia é, sem contradita, arma perigosa e pérfida, mas tem dois gumes e fere sempre aquele que dela se serve. Recorrer à mentira para se defender é a mais forte prova de quem não tem boas razões a dar, porque, se as tivesse, certamente as faria valer. Dizei que uma coisa é má, se tal é vossa opinião; gritai-o dos telhados, se vos parece bem: cabe ao público julgar se estais em erro ou com a verdade. Mas, desfigurá-la para apoiar vossos sentimentos, desnaturá-la, é indigno de todo homem que se respeita. Nas críticas de obras dramáticas e literárias, é comum verem-se apreciações bem opostas. Um crítico elogia excessivamente o que outro mete a ridículo: é direito seu. Que pensar, porém, daquele que, para sustentar sua reprovação, fizesse o autor dizer o que não disse, e falsamente lhe atribuísse maus versos para provar que sua poesia é detestável?

"Assim é com os detratores do Espiritismo: por suas calúnias demonstram a fraqueza de sua própria causa e a desacreditam dando a perceber a que deploráveis extremos são obrigados a recorrer para sustentá-la. Que peso pode ter uma opinião fundada sobre erros manifestos? De duas, uma: ou os erros são voluntários, e então está patente a má-fé; ou eles são involuntários, e o autor prova a sua inconseqüência falando do que não sabe. Quer num, quer noutro caso, perde todo o direito à confiança." (RS, 1863, pp. 71/72.)

Em 1863, pela primeira vez o clero da África se manifestou sobre o Espiritismo. Deve-se ao monsenhor bispo de Argel uma instrução pastoral, para a quaresma de 1863, na qual o Espiritismo é tratado como obra do demônio e como a renovação do paganismo anterior a Moisés (!). Alguns excertos dessa pastoral foram estampados no "Akhbar", jornal de Argel, de 10 de fevereiro de 1863. (RS, 1863, p. 95.)

Em Tours suicidou-se um casal de velhos, e logo vários jornais incriminaram o Espiritismo como causa do lamentável fato, pois descobriram que o casal excêntrico se entregava ultimamente a evocações de Espíritos. Depois do rebuliço, ficou confirmado, inclusive por uma carta da mulher suicida, que o casal fora levado ao ato extremo pelo desespero na expectativa ante a miséria, ficando esclarecido que por três vezes, e antes que tratassem de Espiritismo, já tinham tentado o suicídio.

Diante de tudo isso, Kardec comenta: "O ardor dos adversários em recolher e, sobretudo, em desnaturar os fatos que crêem poder comprometer o Espiritismo, é verdadeiramente incrível, a ponto de, em breve, não mais haver um acidente sequer de que não o façam responsável." (RS, 1863, p. 121.)

Novas prédicas contra o Espiritismo voltaram a cair dos púlpitos das igrejas, com frases iguais a tantas outras, variantes do mesmo pensamento. Apelava-se agora para os magistrados, para a polícia correcional da Corte imperial, para o Supremo Tribunal em matéria criminal (*Cour d'assises*), de molde a enquadrar os espíritas como infratores e falsários. A coisa chegava a tal ponto, que raiava pelo ridículo. Assim é que deram até a idéia de postar um agente de polícia à entrada de cada grupo, a fim de interditar as reuniões espíritas (!).

Allan Kardec responde a todas essas investidas com aquela sua lógica e sabedoria de sempre, mas nem de leve se impressiona com essas ameaças, certo de que elas só resultariam numa coisa: o aumento do número de espíritas. (RS, 1863, pp. 142/148.)

Em 1863 saiu à luz, em Lião, a brochura "Du Spiritisme", sermão que o Rev. P. Nampon, da Companhia de Jesus, pregara na igreja primaz de São João Batista, na presença de Sua Eminência o cardeal-arcebispo de Lião, nos dias 14 e 21 de dezembro de 1862. O padre lançou uma série de injúrias aos espíritas, e ao analisar "O Livro dos Espíritos", contra o qual concentrou toda a sua cólera, procurou, em cada citação dessa obra, truncar e desnaturar as frases com o propósito malsão de realçar "o horror que deve inspirar essa abominável doutrina". Além disso, usou do processo, bastante comum, de citar pequenos trechos, isolados e incompletos, com os quais formava falsa interpretação. Quanto a isto, Kardec escreveu: "É assim que, apanhando-se retalhos de frase de um autor, se poderia 'enforcá-lo'; os mais sagrados autores não escapariam a essa dissecação."

Na conclusão de sua brochura, o Rev. P. Nampon escreve: "Em geral, nada é mais abjeto, mais degradante, mais vazio de fundo e de atrativo na forma que essas tais publicações, cujo êxito fabuloso é um dos sintomas mais alarmantes de nossa época. Destruí-as pois; nada tereis a perder."

Kardec lamenta o furor com que o atacam, ao qual – diz ele – "só faltam as grandes execuções da Idade Média". Após responder a várias diatribes do orador da igreja de São João Batista, apõe uma nota em que recomenda a todos a leitura da brochura do Rev. P. Nampon, fornecendo até os endereços dos locais em que era vendida, tanto em Lião, quanto em Paris, mas pede que também leiam em "O Livro dos Espíritos" e em "O Livro dos Médiuns" os textos *completos*, citados abreviadamente ou alterados na referida brochura. (RS, 1863, pp. 169/175.)

Em 1863, o "Théâtre du Chatêlet" e a Sala Robin, no Boulevard du Temple, ambos em Paris, levavam à cena peças fantásticas, fazendo aparecer no palco espectros e fantasmas impalpáveis, com o objetivo declarado de combater o Espiritismo. O Sr. Robin pretendia demolir também a Bíblia, afirmando que a aparição de Samuel a Saul se deu pelo mesmo processo que o seu (RS, 1863, p. 246), ao que Kardec aduz: "Nesse pé, sem dúvida foi também por meio de algum *truque* que Jesus apareceu a seus discípulos."

O Codificador lembra que o casal Girroodd, prestidigitadores americanos (do Canadá), simulara no palco certas manifestações espíritas, com a pretensão de matar os médiuns, e que, por isso, receberam adesões, estampadas em seus prospectos de propaganda, de vários padres e bispos espiritófobos.

"A arte cênica" – escreveu Kardec – "é a arte de imitação por excelência, desde o *poulet de carton* até às mais sublimes virtudes, mas não se segue daí que não se deva crer nos pintos verdadeiros nem nas virtudes. Esse novo gênero de espetáculo, por sua extravagância, vai aguçar a curiosidade pública, e se repetirá em todos os teatros, pois que dará dinheiro. Talvez faça falar do Espiritismo mais ainda que os sermões, precisamente por causa da analogia que os jornais se esforçarão em estabelecer."

"(...) pelo fato de se poder imitar uma coisa, não se segue que a coisa inexista; os falsos diamantes em nada tiram o valor dos diamantes puros; as flores artificiais não impedem que haja flores naturais. Pretender provar que certos fenômenos não existem porque se pode imitá--los, seria o mesmo que alguém, fabricando vinho da Champagne com água de Seltz pretendesse provar com isso que o champanha e o vinho espumoso de Aï só existem na imaginação. Jamais imitação foi mais engenhosa, mais hábil e mais espirituosa que a da dupla vista pelo Sr. Robert Houdin, e, entretanto, de nenhum modo desacreditou o sonambulismo; ao contrário, após terem visto a pintura, quiseram ver o original."

Allan Kardec deixa bem demonstrado que todas as imitações, através de truques cênicos, por mais perfeitas que sejam, não podem trazer nenhum prejúizo ao Espiritismo. São-lhe, ao revés, até úteis.

"Examinando os diversos ataques dirigidos contra o Espiritismo, ressai daí um ensinamento grave e triste ao mesmo tempo: os que vêm do partido céptico ou materialista se caracterizam pela negação, pela zombaria mais ou menos espirituosa, por gracejos geralmente tolos e sem graça, ao passo que – é lamentável dizê-lo – nos ataques do partido religioso é onde se acham as mais grosseiras injúrias, os ultrajes pessoais, as calúnias; é do púlpito que caem as palavras mais ofensivas; é em nome da Igreja que foi publicado o ignóbil e mentiroso panfleto acerca do pretenso orçamento do Espiritismo. Dei algumas amostras na 'Revue', e não disse tudo por deferência, e porque sei que todos os membros do clero estão longe de aprovar semelhantes coisas. É bom, entretanto, que mais tarde se saiba de que armas se serviram para combater o Espiritismo." (RS, 1863, pp. 275/276.)

O bispo de Argel publicou, em 1863, uma brochura destinada aos senhores padres de sua diocese, sob este título: "Lettre circulaire et ordonnance sur la superstition dite Spiritisme".

Allan Kardec cita várias passagens na RS desse mesmo ano, acompanhando-as de refutações serenas e racionais, embora o bispo dissesse que o Espiritismo reduz a nada a responsabilidade moral e abra "caminho a todas as desordens, a todas as imoralidades".

Como tantos outros, também o Sr. bispo apresentou como aceitas pelo Espiritismo certas doutrinas que na verdade nunca o foram. Isto fez que o Codificador se manifestasse assim: "Quando deixarão de levar o Espiritismo a dizer o contrário daquilo que realmente diz?"

A carta pastoral, analisada nas pp. 336/346, termina com três artigos, no primeiro dos quais o bispo *ordena*: "A prática do Espiritismo ou a invocação dos mortos é interdita a todos e a cada um na diocese de Argel."

Allan Kardec inicia sua crítica, dizendo: "É a primeira ordenação lançada com o propósito de interditar oficialmente o Espiritismo numa localidade. Ela é de 18 de agosto de 1863; esta data ficará assinalada nos anais do Espiritismo, como a de 9 de outubro de 1861, dia para sempre memorável do auto-de-fé de Barcelona, ordenado pelo bispo dessa cidade. Como os ataques, as críticas, os sermões nada produziram de satisfatório, quiseram dar um golpe pela excomunhão oficial." (P. 345.)

A pastoral do prelado produziu efeito contrário. Cresceu em Argel o número de espíritas, e formaram-se novos grupos, conforme várias cartas escritas a Kardec.

De uma pastoral do bispo de Strasbourg, o mestre cita na RS (1864, pp. 83/84) uma passagem concernente ao Espiritismo, em que o demônio – assinala o bispo –, "para eternizar sua conspiração contra Deus e os homens", prossegue na sua obra de sedução através das manifestações espíritas.

Allan Kardec diz já haver discutido essa teoria clerical, achando supérfluo repetir-se. Lembra aos seus correligionários que se abstenham de recriminações aos antagonistas que ficarem no terreno da discussão teológica, "porque a liberdade de opinião deve haver tanto para eles quanto para nós". E continua:

"O Espiritismo não se impõe: aceita-se; dá suas razões e não acha mau que as combatam, desde que o façam com armas leais, e se permita ao bom-senso público pronunciar-se. Se ele repousar sobre a verdade, triunfará, suceda o que suceder; se seus argumentos forem falsos, a violência não os tornará melhores. O Espiritismo não quer que nele acreditem sob palavra; quer o livre exame. Faz-se a sua propaganda dizendo: Vede o pró e o contra; julgai o que melhor satisfizer ao vosso juízo, o que melhor responder às vossas esperanças e aspirações, o que mais vos tocar o coração, e decidi com conhecimento de causa."

O mestre aconselha, ainda, os espíritas a serem moderados na palavra, a fim de não incorrerem na inconveniência das palavras, tão do gosto dos adversários. Declara-se, em nome dos princípios do Espiritismo e no interesse da causa, inimigo de toda polêmica agressiva e inconveniente, venha de onde vier. (RS, 1864, p. 84.)

Na RS de maio de 1864, pp. 152/155, Allan Kardec notícia que o clero tinha agora novo processo de ataque ao Espiritismo, sob a forma de cursos públicos. Cita o padre A. Barricand, deão da Faculdade de Teologia de Lião, que começara no *Petit-Collège* uma série de lições públicas sobre, ou melhor, contra o Magnetismo e o Espiritismo; o padre Delaporte, professor da Faculdade de Teologia de Bordéus, igualmente com um curso de Espiritismo, isto é, contra o Espiritismo.

Kardec declara que eles estão no seu direito de discutir os princípios da Doutrina Espírita. "O que está fora do direito de discussão, são os ataques pessoais e, sobretudo, as alusões injuriosas e malevolentes; é quando, pelas necessidades da causa, um adversário desnatura os fatos e os princípios que quer combater, as palavras e os atos daqueles que os defendem. Semelhantes processos são sempre uma prova de fraqueza e dão testemunho da pouca confiança que têm nos argumentos tirados da coisa mesma." (P. 152.)

O bispo de Langres, cidade do Departamento de Haute-Marne, numa carta pastoral aos fiéis, alinha uma série de conspirações das mais odiosas, perigosas e "mais satanicamente organizadas contra a fé católica": o protestantismo, as sociedades secretas, os filósofos racionalistas e anticristãos, o materialismo, as *sociedades espíritas*, etc., etc.

Por ocasião dessa pastoral, foi incluído num catecismo da diocese de Langres uma instrução acerca do Espiritismo, como assunto a ser tratado pelos alunos. A instrução começava assim: "O Espiritismo é obra do diabo, que o inventou. Abandonar-se ao Espiritismo é pôr-se em contacto direto com o demônio. Superstição diabólica! Deus permite, às vezes, essas coisas para reavivar a fé dos fiéis. O demônio faz-se de bom, faz-se de santo; cita palavras da Santa Escritura." E por aí vai, nesse diapasão, enxertando erros, mentiras, histórias engendradas, calúnias, em tudo fazendo sobressair a figura quase onipotente de Satã.

Kardec refuta a instrução acima (RS, 1864, pp. 180/185), achando que tudo isso serve para divulgar ainda mais o Espiritismo. "Os sermões" – conclui ele – "atuam sobre a geração que se vai; essas instruções dispõem a geração que chega. Assim, faríamos muito mal em nos mostrarmos descontentes com elas." (P. 185.)

Allan Kardec (RS, 1864, pp. 205/211) comunica aos seus leitores acerca da campanha que certo jornal de Constantinopla empreendera contra o Espiritismo e seus adeptos nessa cidade. Toma conhecimento das respostas "dignas e moderadas" que os espíritas dali deram ao jornal, salientando o devotamento do Sr. B. Repos Filho, presidente da Sociedade Espírita de Constantinopla.

Na RS de setembro de 1864, pp. 264/276, Kardec reproduz, por extenso, em tradução para o francês, toda uma pastoral de S. Em.ª monsenhor Pantaleón Monserra y Navarro, bispo de Barcelona, cavaleiro grã-cruz da Ordem Americana de Isabel, a Católica, do Conselho de Sua Majestade, etc.

Datada de Mataro, a 27 de julho de 1864, ela se bate contra o Espiritismo, contra Kardec e "O Livro dos Espíritos", então traduzido na língua castelhana.

O mestre responde, ponto por ponto, a todas as argumentações do bispo de Barcelona, que, de boa ou má-fé, alinha uma série de inverdades sob a capa de Espiritismo. Tudo para ele são superstições anticristãs, são fábulas vãs, e só a Igreja, "legítima e infalível", está de posse de toda a verdade.

É pena não nos podermos alongar em transcrições da pastoral, mas eis aqui uma amostra: "Foi assim que se chegou a criar uma religião que, renovando os desregramentos e as aberrações do paganismo, ameaça conduzir a sociedade ávida do maravilhoso à loucura, à extravagância e ao cinismo mais imundo (*y al cinismo mas inmundo*)."

Kardec dá-lhe esta resposta: "Eis mais um príncipe da Igreja que proclama, em ato oficial, ser o Espiritismo uma religião que se cria. É aqui o caso de repetir o que já dissemos a esse respeito: Se algum dia o Espiritismo tornar-se uma religião, é a Igreja quem, primeiro, deu essa idéia. Em todo o caso, essa nova religião, suposto que venha a sê-lo, afastar-se-á do paganismo pelo fato capital de que ela não admite um inferno localizado, com penas materiais, enquanto o inferno da Igreja, com suas chamas, seus tridentes, suas caldeiras, suas lâminas de navalhas, seus pregos pontiagudos que estraçalham os danados, e seus diabos que atiçam o fogo, é uma cópia ampliada do Tártaro." (RS, 1864, p. 267.) Ao término de sua pastoral, o bispo Pantaleón condena "O Livro dos Espíritos", cuja leitura proíbe a todos os diocesanos, sem exceção, e ordena que os fiéis entreguem aos padres os exemplares que lhes caírem nas mãos, a fim de que sejam a ele, bispo, remetidos "com toda a segurança possível".

O missionário da III Revelação duvida do êxito dessa proibição, ainda que na Espanha, e admira-se de que "pessoas instruídas ainda não compreendam a natureza e a força da idéia, crendo que podem barrar-lhe o caminho, como se barra um pacote de mercadorias na fronteira".

De Montauban comunicaram a Kardec que o pregador protestante, Sr. Rewile, capelão do rei da Holanda, num discurso perante duas mil pessoas, se afirmara claramente partidário das idéias novas, o que levou os fanáticos a tachá-lo de *anticristo.* Sem mencionar a palavra Espiritismo, o pregador disse em certo trecho: "Por que então resistir mais tempo a esses nobres impulsos da alma e atribuir ao demônio os novos sinais dos tempos modernos? Por que não ver aí, antes, as inspirações dos mensageiros celestes de um Deus de amor e de caridade, a anunciar-nos a renovação da Humanidade?" (RS, 1865, p. 101.)

O Sr. Rewile teria posteriormente abordado, com êxito, em duas conferências ante os alunos da Faculdade, a questão das manifestações, respondendo vitoriosamente a todas as objeções.

O Codificador observa (p. 102) que, conforme tinham dito os Espíritos, o Espiritismo iria ter defensores nas próprias fileiras dos adversários. "Um tal discurso na boca de um ministro da religião, e pronunciado do alto do púlpito, é acontecimento importante." E ele prevê que as idéias espíritas não tardariam a arrebanhar campeões confessos na alta ciência, na literatura, na imprensa. "Está dito que tudo deve cumprir-se" – concluía Kardec. E, de fato, tudo se cumpriu!

Sob o título "Os dois espiões", Kardec dá conta a que ponto chegam os adversários no combate ao Espiritismo. (RS, 1865, pp. 179/187.)

Em S. Petersburgo, o jornal religioso "Doukhownaïa Beceda" estampa o relato que dois jovens de Moscou (mais tarde identificados como filhos de alto funcionário eclesiástico russo) fizeram de sua visita à Sociedade Espírita de Paris. Allan Kardec explica que eles se apresentaram ali, em novembro de 1864, "sob as aparências de homens da melhor sociedade, dizendo-se muito simpáticos ao Espiritismo, e que foram recebidos com as atenções devidas à sua qualidade de estrangeiros. Nada absolutamente, em suas palavras ou em suas maneiras, traía a intenção que os animava. Era preciso que assim fosse, a fim de representarem o seu papel e cumprirem a missão de que estavam encarregados". Nunca se levou tão longe a calúnia, declarou Kardec, nem mesmo entre os adversários na França, cujos relatos, em matéria de Espiritismo, não primam pela exatidão.

Abusando da confiança que tinham procurado inspirar, introduzindo-se sob falsas aparências, chegaram a participar de uma das sessões particulares, com a presença do Codificador. O relatório por eles apresentado, "desfigurado e ultrajante", com cínicas e grosseiras injúrias, situa-os "abaixo dos espiões, porque os espiões, pelo menos, dão conta exata do que viram".

Kardec transcreveu vários trechos das cartas dos dois emissários do clero ortodoxo russo, atendo-se mais aos "erros materiais", o bastante para evidenciar a nenhuma fé que, sobre o resto, merecia o relatório deles.

Com inteligência e maldade, deixaram supor que se cobra a entrada nas sessões da Sociedade Espírita de Paris: "Dizem que ele toma cem francos por sessão." Ao que Kardec responde: "(...) mais de seis mil ouvintes, que foram admitidos nas sessões da Sociedade Espírita de Paris, desde a sua fundação, em 1º de abril de 1858, podem dizer se alguma vez um só deles pagou qualquer coisa como retribuição obrigatória ou *facultativa*; se até mesmo foi imposto, a quem quer que seja, como condição de admissão, a compra de um livro sequer ou a assinatura da 'Revue'."

Allan Kardec expõe (RS, 1865, pp. 187/191) a nova tática a que recorrem os inimigos do Espiritismo: a das manobras surdas. "Muitas vezes já tentaram, e ainda o farão, comprometer a Doutrina, compelindo-a por uma via perigosa ou ridícula, a fim de desacreditá-la. Hoje, é semeando sub-repticiamente a divisão, é lançando os fatos da discórdia que esperam introduzir a dúvida e a incerteza nos espíritos, provocar fraquezas verdadeiras ou simuladas e estabelecer a desordem entre os adeptos. Mas não são adversários confessos que agiriam assim. O Espiritismo, cujos princípios têm tantos pontos de semelhança com os do Cristianismo, igualmente tem seus Judas, para que ele tenha a glória de sair triunfante dessa nova provação." (RS, 1865, p. 188.)

Ao contrário dos adversários, ele não ocultava ao público os fatos que escritores e jornalistas opunham contra o Espiritismo, todos estes se gabando de lhe darem o golpe de misericórdia. Em seu artigo – "Novo e definitivo enterro do Espiritismo" (RS, 1866, p. 58), dá a conhecer aos seus leitores toda a fanfarronada do célebre ator inglês Sothem, que dizia obter, "sem que os Espíritos do outro mundo aí tivessem alguma participação", todo e qualquer fenômeno espírita, desafiando os Home e os espíritas do mundo inteiro a fazer alguma manifestação que ele não pudesse superar. Com isto, diziam, fora dado "o último golpe no Espiritismo".

Kardec não se impressionou. Fez várias considerações inteligentes e concluiu assim:

"O Espiritismo teve por adversários homens de real valor, de saber e inteligência, que contra ele empregaram, sem êxito, todo o arsenal da argumentação. Veremos se o ator Sothem se sairá melhor que os outros no propósito de enterrá-lo. Ele o estaria há muito tempo se repousasse nos absurdos que falsamente lhe atribuem. Se, então, depois de haverem matado a charlatanice e desacreditado as práticas ridículas, o Espiritismo ainda existe, é porque há nele algo de mais sério que não puderam atingir." (Pp. 60/61.)

Jules Claretie, famoso cronista, romancista e autor dramático, escreve no "Événement", de 26 de agosto de 1866, longo artigo intitulado "Toujours les Spirites!", no qual tenta pôr a ridículo as manifestações espíritas. Kardec faz apreciação do artigo e pouco se estende, porque, diz ele, "seria trabalho inútil refutar coisas que se refutam por si mesmas". (RS, 1867, pp. 24/26.)

A.-A. Claretie (*dit* Jules)
(1840-1913)

Em pouco mais de treze páginas da RS de janeiro de 1868, Allan Kardec faz a crítica da obra do padre Poussin, professor no Seminário de Nice: "Le Spiritisme devant l'histoire et devant l'Église, son origine, sa nature, sa certitude, ses dangers".

Com sua lealdade costumeira, Kardec assim inicia:

"Esta obra é uma refutação do Espiritismo do ponto de vista religioso. É, sem dúvida, uma das mais completas e mais bem-feitas que conhecemos. É escrita com moderação e conveniência, e não se suja com os epítetos grosseiros a que nos habituaram a maior parte dos controversistas do mesmo partido. Nela, nada de discursos furibundos, nada de alusões ultrajantes: é o princípio mesmo que é discutido. Pode-se não estar de acordo com o autor, achar que as conclusões que ele tira de suas premissas sejam de uma lógica contestável; dizer que, após haver ele demonstrado, por exemplo, com documentos nas mãos, que o Sol brilha de dia, é sem razão concluir que o deva fazer de noite, mas não se lhe censurará a falta de urbanidade na forma." (Pp. 5 e 6.)

"O padre Poussin não contesta nenhum dos fenômenos espíritas; virtualmente lhes prova a existência mediante fatos autênticos que cita, por ele colhidos, aqui e ali, na história sagrada e na história pagã." "Entretanto, o Sr. Poussin conclui que os mesmos fatos são miraculosos e de origem divina, em certos casos, e diabólicos em outros." (Pp. 6 e 7.)

"O Sr. padre Poussin reconhece duas coisas: 1º, que o Espiritismo envolve, como numa imensa rede, a sociedade inteira; 2º, que prestou à Igreja o serviço de deitar por terra as teorias materialistas do século XVIII." (P. 10.)

"O Sr. padre Poussin escreveu seu livro com o propósito – diz ele – de premunir os fiéis contra os perigos que sua fé pode correr, pelo estudo do Espiritismo. É testemunhar pouca confiança na solidez das bases sobre as quais esta fé está assentada, já que ela pode ser abalada tão facilmente." (P. 14.)

Após vários comentários à obra, Kardec declara: "O Espiritismo não teme a luz; ele a reclama em suas doutrinas, porque quer ser aceito livremente e pela razão. Longe de temer, para a fé dos espíritas, a leitura das obras que o combatem, o Espiritismo diz: Lede tudo, pró e contra, e escolhei com conhecimento de causa. É por isso que assinalamos à atenção dos espíritas a obra do padre Poussin." (P. 14.)

"Quando uma coisa é verdadeira e o tempo de sua eclosão é chegado, ela caminha, suceda o que suceder. O poder de ação do Espiritismo é atestado por sua expansão persistente, malgrado os poucos esforços que faz para se espalhar. É fato indubitável que *os adversários do Espiritismo consumiram mil vezes mais forças para abatê-lo, sem o conseguir, do que seus partidários empregaram para propagá-lo*. Ele avança, por assim dizer, sozinho, semelhante a um curso dágua que se infiltra pelas terras, abre caminho à direita se o retêm à esquerda, e pouco a pouco mina as rochas mais duras e acaba por abater montanhas.

"Um fato notório é que, *em seu conjunto*, a marcha do Espiritismo não sofreu nenhuma interrupção. Ela pode ser entravada, comprimida, retardada em algumas localidades, por influências contrárias; mas, como dissemos, a corrente, barrada num ponto, abre passagem por cem outros; em vez de fluir volumosa, divide-se numa porção de filetes." (RS, 1867, p. 3.)

"A data de 1º de maio de 1864" – escrevia o Codificador (RS, 1864, p. 191) – "ficará assinalada nos anais do Espiritismo como a de 9 de outubro de 1861; ela lembrará a decisão da sagrada congregação do *Index*, concernente às nossas obras sobre Espiritismo. Se uma coisa surpreendeu os espíritas, é que tal decisão não tenha sido tomada mais cedo."

Kardec diz que essa medida da Igreja, uma das que já esperava, só traria bons efeitos, e, segundo notícias por ele recebidas, a maioria das livrarias se apressaram em dar maior evidência às obras proibidas.

Informa, ainda, que, segundo o jornal "Le Monde", de Paris, de 22 de junho de 1866, a obra "La Pluralité des existences de l'âme", de Pezzani, acabava de ser colocada no *Index* pelas autoridades eclesiásticas de Roma. "Esta medida" – comentou – "terá inevitavelmente, como conseqüência, chamar a atenção para a questão e provocar-lhe o exame." (RS, 1866, pp. 214/215.)

Para aqueles que não sabem, damos a seguir um histórico muito resumido do a que chamam *Index librorum prohibitorum* (índice dos livros proibidos) pela Igreja Católica Romana. A "Grande Enciclopédia Delta Larousse" (volume 6) e o "Dictionnaire Universel des Noms Propres – Petit Robert" (volume 2) divergem em alguns pontos.

Mas, o essencial é que posteriormente a um primeiro catálogo geral publicado por ordem de Paulo IV em 1559, mais tarde suspenso por excessivamente severo, uma comissão designada pelo Concílio Tridentino (1562), formada por dezoito bispos, cuidou de sua preparação. Em 1564, Pio IV fazia publicar o *Index* do concílio de Trento. A *Sagrada Congregação do Índice* foi criada por Pio V, em 1571, e reformada por Gregório XIII em 1572. Segundo a "Delta Larousse" (Rio, 1970), "constava de um prefeito e vários cardeais, cujo número dependia da vontade do papa. Até 1908 só se julgavam os livros denunciados. Como o *Santo Ofício* também tinha direito de censurar livros, por ser este um dos meios de defender a fé, Bento XV aboliu, em 1917, a Congregação, passando as atividades desta para o *Santo Ofício*. A última edição do Índice foi publicada em 1930, sob a autoridade de Pio XI". No entanto, o mencionado "Petit Robert" (edição de 1975) declara que ele teve 32 edições oficiais de 1564 a 1948, sendo em 1966 decidido pela *Congregação para a doutrina da fé* que ele não mais seria reeditado. Segundo escreve a "Enciclopédia Luso-Brasileira de Cultura" (VERBO), volume 10, "abolida a inquisição em 1821, as referências no *Index Librorum Prohibitorum* passaram a constar, oficialmente, só do *Índice Romano da Congregação do Santo Ofício* e de raros documentos episcopais". O "Petit Robert" esclarece que "são proibidos, de maneira geral, as versões não autorizadas das Escrituras, os livros condenados anteriormente à criação do Índice, os livros dos heréticos que tratam de religião, as obras que expõem doutrinas opostas ao catolicismo (racionalistas, materialistas, deístas, ateístas, marxistas), as publicações imorais ou obscenas, etc. Acham-se entre os autores, dos quais uma ou mais obras foram postas no Índice, os seguintes (só reproduzimos alguns nomes da amostragem do dicionário "Petit Robert"): Abélard, d'Alembert, A. Arnauld, Bacon, Bayle, Boccace, G. Bruno, Calvin, Cardan, Condillac, Condorcet, B. Constant, Dante, Descartes, Diderot, Erasmo, Fénelon, Fourier, Galileu, Heine, Helvetius, Hobbes, V. Hugo, Hume, Hus, Jansenius, Kant, La Fontaine, Lamartine, Lamennais, Locke, Lutero, Melanchthon, Mercator, Milton, Montaigne, Montesquieu, Pascal, Quesnel, Quinet, Rabelais, Rousseau, Saint-Cyran, Sainte-Beuve, Spinoza, Voltaire, Wyclif, Zwingli".

Decididamente não poderia faltar num elenco destes o nome fulgurante de Allan Kardec e os de outros espiritistas notáveis.

Formou-se, em 1862, em Constantina (Argélia) a "Sociedade africana de estudos espíritas", sob os auspícios da SPEE. Ali os adeptos foram tristemente perseguidos pelo clero católico, pelos sacerdotes muçulmanos e pelos materialistas e cépticos. Allan Kardec e o Espírito de Santo Agostinho os animam e os orientam por entre os espinhos.

"Como a zombaria se enfraqueceu contra a couraça do Espiritismo, mais servindo para propagá-lo do que para desacreditá-lo, seus inimigos ensaiam outro meio que, dizemo-lo com antecedência, não dará melhor resultado e provavelmente ainda fará mais prosélitos. Esse meio é a perseguição." Assim escrevia o Codificador em setembro de 1862, e passava a relacionar algumas violências sofridas pelos espíritas: Criaturas que foram ameaçadas de terem cortados seus meios de trabalho; adeptos marcados pela animadversão pública, que lançava sobre eles os moleques de rua; professores demitidos e reduzidos à miséria; reuniões impedidas sob o falso pretexto de que a lei proibia agrupamentos de mais de cinco pessoas; acusação de que se reuniam para conspirar contra o Governo, como sucedeu em várias localidades do departamento de Tarn-et-Garonne; utilização de toda influência - inclusive a calúnia - para arruinar os negócios administrados por espíritas; injúrias assacadas aos lares espíritas, atirando filhos contra pais; etc. Tal era o novo panorama antiespírita da época, tudo previsto pelos Espíritos. Contudo, como de outras inúmeras vezes, esses processos escusos resultaram em maior propaganda e, sem o querer, serviram à causa do Espiritismo. O tiro saíra pela culatra!

Na RS de junho, 1864, pp. 191/192, Kardec denuncia, com grande destemor, que sempre o caracterizou em seus pronunciamentos, a perseguição que oficiais superiores faziam, em certos regimentos, a subordinados espíritas, chegando ao ponto de formalmente proibirem que se ocupassem de Espiritismo. "Conhecemos um oficial que foi riscado do quadro de propostas para a Legião de Honra, e outros que foram impedidos de sair do quartel, por causa do Espiritismo" - assim declarou Kardec (p. 191), aconselhando a esses perseguidos submissão à disciplina hierárquica e até mesmo abstenção de qualquer manifestação espírita exterior, se o fosse absolutamente necessário. Que ficassem pacientemente à espera de melhores dias, que não tardariam - completava ele.

"Le Journal de Chartres", de 26 de maio de 1867, faz o relato de revoltante perseguição movida ao pedreiro espírita Grezelle, médium escrevente como seus dois filhos, na cidade de Illiers.

O Sr. Grezelle era de La Certellerie e ia a Illiers trabalhar na construção de um edifício. Quando entrava nesta última cidade, era maltratado por dezenas de garotos, seguidos de numerosa multidão que gritava impropérios ofensivos à própria dignidade humana. Muitas calúnias eram levantadas contra ele. Numa carta dirigida à redação do referido jornal, Grezelle declarou: "Para agradar, eu não saberia dizer preto quando vejo branco. Tenho convicções; o Espiritismo é para mim a mais bela das verdades. Que quereis? Querem fazer-me dizer o contrário do que penso, de tudo o que vejo, e, quando se fala de liberdade, caberia suprimi-la na prática?"

Allan Kardec investiga o caso com profundidade, para concluir pela perfeita honorabilidade do Sr. Grezelle, espírita cônscio de todos os seus deveres doutrinários. "Como temos dito" – finalizava seus comentários –, "as perseguições são o prêmio inevitável de todas as grandes idéias novas, que todas têm tido seus mártires. Aqueles que as suportarem, um dia serão felizes por haverem sofrido pelo triunfo da verdade." (RS, 1867, p. 208.)

Em 1868 ocorreu no Senado da França um debate provocado por duas petições: uma, de 1867, contra a biblioteca de Saint-Étienne; outra, de 1868, contra a biblioteca de Oullins (Rhône), assinadas por alguns habitantes daquelas cidades, e que reclamavam contra a introdução, naquelas bibliotecas, de certas obras, em cujo número figuravam obras espíritas.

Acontece que, de propósito ou não, a coisa tomou outro rumo, e o Sr. Genteur, conselheiro de Estado, denunciou em pleno Senado a existência de um *partido espírita*, e os jornais parisienses "Moniteur", "La Liberté", "Revue politique hebdomadaire", "Le Siècle", noticiaram em junho o fato desenrolado no Senado, alguns deles assinalando a ameaça desse novo partido para a sociedade francesa e sua possibilidade de "abalar as instituições do império".

Os membros do Senado pronunciaram-se contra as petições daquelas duas cidades, mas tal confusão houve, que todos concordaram que o tal partido espírita seria vencido.

Kardec (RS, 1868, pp. 208/214) faz vários e interessantes comentários, dos quais respigamos estes:

"Não tendo podido sufocá-lo (o Espiritismo) sob o ridículo, ensaiam apresentá-lo como um perigo para a tranqüilidade pública." (P. 211.)

"Surpreende que homens que fazem profissão de liberalismo, que reclamam insistentemente a liberdade, que a querem absoluta para suas idéias, seus escritos, suas reuniões, que estigmatizam todos os atos de intolerância, entendam proscrevê-la para o Espiritismo." (P. 212.)

Nas pp. 394 a 397 da RS de 1868, há um relato sobre o que sucedeu à revista "El Criterio Espiritista", de Madrid. Logo que saiu o primeiro número, o governo espanhol, pela seção de imprensa, informou à Sociedade Espírita Espanhola que a revista devia ser examinada e aprovada pela censura eclesiástica. Como era natural, a censura foi desfavorável e o governo proibiu a publicação da revista.

Como o nó da proibição era o título, a referida Sociedade substituiu-o na revista, e ela foi então publicada com o nome: "El Criterio, revista quincenal científica". Só um ano depois, com o novo governo espanhol, é que foi possível repor o nome antigo: "El Criterio Espiritista". Vencera o Espiritismo!

O AUTO-DE-FÉ, DE BARCELONA

Desde o começo do século XIX, o absolutismo e o liberalismo viviam, na Espanha, em constantes lutas entre si. A Igreja ora ganhava, ora perdia privilégios. A negra Inquisição, ali existente desde 1481, era abolida e restabelecida, até que o movimento revolucionário de 1820, contra o qual se opunha o clero, a suprimisse definitivamente. Dirigido pela Junta apostólica, o partido dos tonsurados suscitava várias insurreições a favor de D. Carlos, o representante do absolutismo extremo e do clericalismo escravizante.

O grande povo de Barcelona, capital do antigo Principado de Catalunha, participava ativamente do movimento nacional contra a cegueira ultramontana. As revoluções se sucediam, sempre com a classe clerical mancomunada com as forças absolutistas. Por volta de 1834, o povo oprimido praticava uma série de autos-de-fé. Turbas de homens ensandecidos, com machado em uma das mãos e tocha incendiária na outra, assaltavam, furiosos, mosteiros e templos, matando padres e freiras. Pouco mais tarde, em nome da Concordata de 1851, impunha-se a intolerância religiosa às Constituintes. E os anos corriam...

Em 1861, justamente no ano em que saía a lume, na França, "O Livro dos Médiuns", era posta à venda, na Espanha, notável síntese da doutrina kardequiana na célebre "Carta de un espiritista a don Francisco de Paula Canallejas", ilustre escritor espanhol, futuro membro da Academia de Letras. Alberico Perón (Enrique Pastor), conhecidíssimo nos círculos filosóficos e literários como ardoroso discípulo de Allan Kardec, foi o autor da citada Carta, que produziu grande sensação. Mas, mesmo que Alberico Perón houvesse escrito centenas de cartas semelhantes e as distribuísse a torto e a direito, talvez não conseguisse a retumbância que teve o "auto-de-fé".

O famoso escritor e editor francês Maurice Lachâtre, a quem se deve a autoria da "História dos Papas" (10 volumes) e da "História da Inquisição", achava-se refugiado em Barcelona, *"albergue de los extranjeros"*, condenado que fora a cinco anos de prisão pelo regime absolutista de Napoleão III, por ter editado o célebre "Dicionário Universal Ilustrado". Naquela cidade, onde permaneceria até 1870, ele fundou uma livraria. Profundo admirador de Allan Kardec, cujo nome e obra enalteceria no primeiro volume do seu "Novo Dicionário Universal"

(1865) e a cujos ideais se unira, solicitara dele uma certa quantidade de obras espíritas, para expô-las à venda e propagar, assim, a Nova Revelação. "A Doutrina Espírita, tal como ressalta das obras de Allan Kardec" - declarava Lachâtre -, "encerra em si os elementos de uma transformação geral das idéias, e a transformação nas idéias conduz forçosamente à da sociedade. Assim considerando, ela merece a atenção de todos os homens progressistas. Já se estendendo a sua influência a todos os países civilizados, ela dá à personalidade do seu fundador uma importância considerável, e tudo faz prever que, em futuro talvez próximo, ele será consagrado como um dos reformadores do século XIX."

Maurice Lachâtre
(1814-1900)

As obras remetidas a Lachâtre, em número de trezentas, foram expedidas em duas caixas, com todos os requisitos legais indispensáveis. Na Alfândega de Barcelona, cidade que Cervantes qualificou de *"archivo de la cortesía"*, as caixas de livros foram inspecionadas, cobrando-se do destinatário os direitos alfandegários de praxe. A liberação estava prestes a ser dada, quando uma ordem superior a suspendeu, com a declaração de que se fazia necessário o consentimento expresso do bispo de Barcelona, Antonio Palau y Termens. Este se achava ausente da cidade. À sua volta, foi-lhe apresentado um exemplar de cada obra. Não precisou muito tempo para que ele concluísse pela perniciosidade de tais livros, logo ordenando que fossem lançados ao fogo, por serem "imorais e contrários à fé católica".

Reclamou-se contra esta sentença, em frontal desacordo com as leis do país, as quais poderiam, no máximo, proibir a circulação daquelas obras, não havendo, porém, nenhum artigo que justificasse a sua destruição pelo fogo. Na ocasião, Kardec achou que o caso, a seu ver, "levantava grave questão de direito internacional", pois havia uma permissão legalmente solicitada. E perguntava "se a destruição dessa propriedade, em tais circunstâncias, não era um ato arbitrário e contra o direito comum". Pediu-se ao Governo que, em vista de não se permitir a entrada desses livros na Espanha, pelo menos consentisse na sua reexpedição ao país de origem. Por absurdo que pareça, isso foi recusado, apresentando o bispo – homem de ampla cultura, doutor em Teologia, catedrático do Seminário de Barcelona, cônego magistral de Tarragona, e autor de várias obras religiosas – esta alegação medieva: "A Igreja Católica é universal, e, sendo esses livros contrários à fé católica, o Governo não pode permitir que eles pervertam a moral e a religião dos outros países."

Os livros foram confiscados pelo Santo Ofício, que tomou a si o poder absoluto de juiz e carrasco, sem sequer reembolsar o proprietário no que dizia respeito aos direitos aduaneiros.

Allan Kardec – declarou Henri Sausse – teria podido agir por via diplomática, levando o Governo espanhol a devolver as obras. Mas os Espíritos dissuadiram-no disso, aconselhando que seria preferível, para a propaganda do Espiritismo, deixar essa ignomínia seguir o seu curso.

9 de outubro de 1861! À esplanada da Cidadela de Barcelona, de triste memória, verdadeira cópia da Bastilha de Paris, erguida no mais florescente bairro da cidade, o de La Ribera, já pela manhã o povo afluía para assistir ao auto-de-fé das publicações espíritas incriminadas pela Igreja. Essa odiosa Cidadela espanhola, de forma pentagonal, com cinco baluartes e rodeada de fossos sobre os quais se lançavam pontes levadiças, fora mandada construir pelo rei Filipe V, em 1716, no terreno ocupado por 1.262 casas, cuja demolição ele ordenara, após a sua entrada triunfal na cidade semidestruída.

Na imensa fortaleza, que pelos tempos afora sufocara nas prisões de sua famigerada Torre de Santa Clara, ou suprimira pelo cutelo e pela forca, os gritos de liberdade de milhares de barcelonenses, ia ser coroada a obra nefasta de Filipe V.

PALAU Y TERMENS (ANTONIO). *Biog.* Prelado español, obispo de Barcelona, n. en Valls (Tarragona) en 1806 y m. en 1861. Estudió en el Seminario conciliar de Barcelona, cursó matemáticas en Cervera, y filosofía y teología en Tarragona. Presbítero en 1831, se graduó de bachiller y licenciado en teología en Cervera. Tomó parte activa en los trabajos de la *Obra de la Propagación de la Fe;* fundó la *Revista Católica,* que dirigió once años, y en 1858 el *Boletín Eclesiástico de Barcelona.* Fué catedrático en el Seminario de Barcelona, canónigo magistral de Tarragona, obispo de Vich en 1854 y después de Barcelona (1857), cuya sede ocupó hasta su muerte. Contribuyó al establecimiento de la *Librería religiosa,* comenzada á publicar en Diciembre de 1848, y entre sus producciones figuran: *Novena en obsequio y adoración de Jesús Sacramentado* (1830). *Memoria sobre la obra de la propagación de la fe á favor de las misiones católicas en ambos mundos* (1840). *Observaciones sobre la importancia de la educación del bello sexo por las religiosas* (1840). *La Revolución, el Gobierno y las monjas* (1850); *Historia contemporánea de los padecimientos y triunfos de la Iglesia de Jesucristo,* etc.

Bibliogr. Sebastián Puig, *Episcopologio de Barcelona* (Barcelona, 1917).

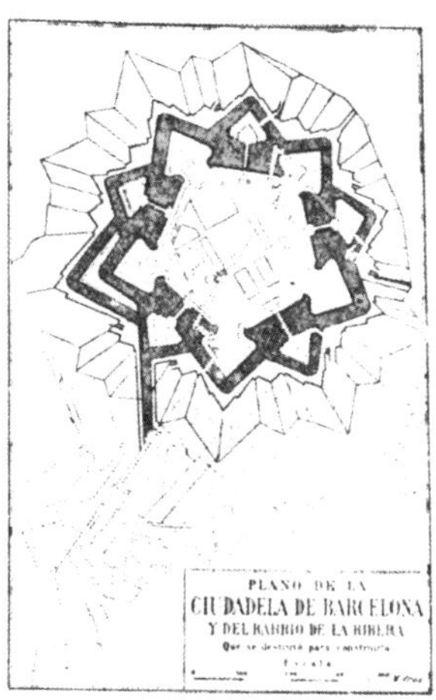

Verbete biográfico *Palau y Termens (Antonio) e Plano de la Ciudadela de Barcelona,* segundo a "Enciclopédia Universal Ilustrada Espasa", tomos XLI, p. 135 e XIII, p. 571.

O efeito que tal acontecimento produzia nos assistentes era de estupefação em uns, de riso em outros e de indignação entre o maior número. Às palavras de aversão àquele ato arbitrário, partidas de mais de uma boca, misturavam-se as zombarias e os ditos chistosos e mordazes dos que apenas queriam divertir-se.

De acordo com a descrição que Allan Kardec recebeu de Barcelona, a inquisitorial cerimônia se efetuou com toda a solenidade do ritual do Santo Ofício, às 10h30min, justamente no local onde eram executados os criminosos condenados à pena de morte.

Trezentos volumes espíritas substituíam os "hereges" que a Igreja já agora não podia queimar vivos, "hereges" que, no passado, "perfumavam a atmosfera com os aromas dos ossos torrados". Empilhavam-se, silenciosas e impassíveis, as seguintes publicações francesas: "O Livro dos Espíritos", "O Livro dos Médiuns", "O que é o Espiritismo", todas de Allan Kardec; coleções da "Revue Spirite", dirigida e editada por Allan Kardec, e da "Revue Spiritualiste", redigida por Piérart; "Fragmento de sonata", ditado pelo Espírito de Mozart ao médium Sr. Bryon-Dorgeval; "Carta de um católico sobre o Espiritismo", pelo Dr. Grand, antigo vice-cônsul de França; "História de Joana d'Arc", ditada por ela mesma à Srta. Ermance Dufaux, de 14 anos de idade; e, por fim, "A realidade dos Espíritos demonstrada pela escrita direta", do barão de Guldenstubbé.

Presidiu àquele espetáculo de fanatismo um padre revestido dos trajes sacerdotais próprios para o ato, tendo numa das mãos uma cruz, e na outra uma tocha. Acompanhavam-no um notário, encarregado de redigir a ata do auto-de-fé; o ajudante do notário; um funcionário superior da administração aduaneira; três serventes (*mozos*) da Alfândega, incumbidos de atiçar o fogo; e um agente da Alfândega representando o proprietário das publicações que o bispo condenara ao batismo do fogo.

Gravura da época, mostrando a queima de livros e periódicos espíritas.

A grande multidão, que atravancava os passeios e enchia a vasta esplanada onde se levantara a pira ardente, assistia, espantada, àquele ridículo processo que o século não mais comportava, e, quando o fogo acabara de consumir os trezentos volumes, e o padre, com seus auxiliares, se ia retirando, essa mesma multidão cobriu-os com assuadas e imprecações, aos gritos de – "Abaixo a Inquisição!"

Um certo capitão Lagier, comandante do grande vapor "El Monarca", teve a oportunidade de presenciar aquele auto-de-fé, e conta ele que, ao ver muitas pessoas se acercarem da fogueira extinta e recolherem parte das cinzas e algumas folhas não inteiramente destruídas, com o objetivo de conservá-las como testemunho da violência clerical, não pôde conter-se e exclamou em alta voz: "Eu vos trarei, na próxima viagem de Marselha, todos os livros que quiserdes." E dessa forma, através dos navios que freqüentemente aportavam em Marselha, muitos exemplares das obras de Kardec entraram na Espanha, vendidos ou distribuídos gratuitamente pelos comandantes e subordinados.

Kardec disse ter recebido um punhado daquelas cinzas históricas, nas quais ainda se via um fragmento de "O Livro dos Espíritos", havendo sido ainda presenteado com uma aquarela, feita *in loco* por um distinto artista, representando a cena do auto-de-fé. As cinzas e os restos de folhas queimadas, ele as conservou numa urna de cristal, que foi destruída pelos nazistas na Segunda Grande Guerra.

Bernardo Ramón Ferrer, quando jovem, assitiu ao último auto-de-fé.

Com a gravidade, a clareza e a concisão que lhe eram peculiares, o insigne Codificador do Espiritismo escreveu, na RS, de 1861, admirável artigo a propósito desse auto-de-fé, muito sensatamente ponderando:

"Se examinarmos este processo sob o ponto de vista de suas conseqüências, desde logo vemos que todos são unânimes em dizer que nada podia ter sido mais útil para o Espiritismo. A perseguição foi sempre vantajosa à idéia que se quis proscrever; por esse meio exalta-se a importância da idéia, chama-se a atenção para ela, e faz-se que seja conhecida daqueles que a ignoravam. Graças a esse zelo imprudente, todos na Espanha ouvirão falar de Espiritismo e quererão saber o que ele é, e isto é o que desejamos.

"Podem queimar livros, mas não se queimam idéias; as chamas das fogueiras as superexcitam, em vez de extingui-las. Ademais, as idéias estão no ar, e não há Pireneus bastante elevados para detê-las; e quando é grande e generosa uma idéia, encontra milhares de corações dispostos a almejá-la. Façam o que quiserem, o Espiritismo já possui numerosas e profundas raízes na Espanha; as cinzas dessa fogueira as multiplicarão. Não é só na Espanha, porém, que se obterá esse resultado: os efeitos da repercussão do fato o mundo inteiro os sentirá."

Concluindo, o mestre lionês proclamou:

"Espíritas de todos os países! não olvideis esta data de 9 de outubro de 1861. Ela ficará memorável nos fastos do Espiritismo, e que seja para vós um dia de festa, não de luto, porque constitui o penhor do vosso próximo triunfo!"

Na França, o auto-de-fé das obras espíritas pareceu aos olhos de muitos tão inconcebível naquela época, que certos jornais, às primeiras notícias vindas da Espanha, chegaram, a princípio, a pô-lo em dúvida. Outros, entretanto, como "Le Siècle" de 14 de outubro, levaram o caso, sério e lamentável sob qualquer aspecto, para o gracejo e a comicidade, havendo ainda os que dele se desinteressaram inteiramente, ou que apenas se limitaram a registrar o fato.

Na Espanha, contudo, a imprensa em geral profligou aquele bárbaro ato de cego fanatismo religioso, e apenas um que outro periódico o aplaudiu, como o "Diário de Barcelona". Esta folha ultramontana, a primeira que noticiou a celebração do auto-de-fé, enodoou as suas colunas, ao dizer: "Os títulos dos livros queimados bastam para justificar a sua condenação; está no direito e no dever da Igreja fazer respeitar a sua autoridade, tanto mais quanto maior for a liberdade de imprensa, principalmente nos países que gozam da terrível praga da liberdade de cultos."

"La Corona", periódico também barcelonense, dissentindo do "Diário de Barcelona", sai a campo em defesa do livre-pensamento e fornece ao público extenso relato dos sucessos, afirmando que os partidários do Governo estavam mais desgostosos com o auto-de-fé do que aqueles que lhe faziam oposição.

Os dois trechos a seguir, extraídos do mencionado jornal, interpretam o desagrado da maioria do povo barcelonês, ante aquela reminiscência dos *"quemaderos"* da Santa Inquisição:

"Os sinceros amigos da paz, do princípio de autoridade e da Religião se afligem com essas demonstrações reacionárias, porque eles compreendem que às reações sucedem as revoluções, e sabem ainda que "quem semeia ventos só pode colher tempestades". Os liberais sinceros se indignam de semelhantes espetáculos dados por homens que não compreendem a Religião sem a intolerância, e a querem impor como Maomé impunha o seu Alcorão.

"Guardamo-nos de emitir opinião sobre o valor das obras queimadas. O que vemos é o fato, suas tendências e o espírito que revela. Daqui em diante, em que diocese se absterão de usar, senão de abusar, de um poder que, ao nosso juízo, nem mesmo o Governo o tem, se, em Barcelona, na liberal Barcelona, assim procederam?

"O absolutismo é bem sagaz: ele tenta dar um golpe de força em alguma parte; se é bem-sucedido, atreve-se a mais. Esperamos, todavia, que os esforços do absolutismo serão inúteis, que quantas concessões se lhe façam não terão outro resultado que o de desmascarar o partido que, renovando cenas quais a de quinta-feira última, mais rápido se precipitará no abismo para onde corre cegamente. É o que depreendemos do efeito que esse auto-de-fé produziu em Barcelona."

Um dos grandes jornais de Madrid, em seu número de 19 de outubro de 1861, expressava-se dessa maneira, em longo artigo:

Cidade de Barcelona, há 40 anos, vendo-se, ao fundo e à esquerda, os jardins no local da antiga *Ciudadela*.

"O auto-de-fé celebrado há alguns meses na cidade de La Coruña, onde foi queimada grande quantidade de livros à porta de uma igreja, havia causado em nosso espírito, e no de todos os homens de idéias liberais, tristíssima impressão. Mas é com indignação bem maior que foi recebida em toda a Espanha a notícia do segundo auto-de-fé, solenizado em Barcelona, nessa capital civilizada da Catalunha, no seio de um povo essencialmente liberal, a quem se fez tão bárbaro insulto, certamente porque nele reconheceram grandes qualidades."

Não só entre as criaturas encarnadas o auto-de-fé alcançou repercussão. Da Espiritualidade igualmente vieram vários comentários sobre o acontecimento, dados espontaneamente na Sociedade Parisiense de Estudos Espíritas, a que Allan Kardec presidia.

Um deles, assinado por um certo Dollet, que disse ter sido livreiro, afirmava, em certo ponto:

"Quanto mais perseguições sofrer o Espiritismo, mais velozmente esta sublime doutrina chegará ao seu apogeu", terminando com estas palavras: "Tranqüilizai--vos; as fogueiras se extinguirão por si mesmas, e, se os livros são lançados ao fogo, o pensamento imortal lhes sobrevive."

Outro Espírito, que se manifestou com o nome de S. Domingos, provavelmente o fundador da Ordem dos Dominicanos, explicava a importância daquela ocorrência para a propaganda do Espiritismo:

"Era preciso alguma coisa que sacudisse certos Espíritos encarnados, a fim de que eles se decidissem a

São Domingos (Saint Dominique), cuja comunicação, dada espontaneamente, em Paris, a 19-10-1861, está em "Obras Póstumas" e na "Revue Spirite", novembro, 1861, p. 324.

ocupar-se dessa grande doutrina que há de regenerar o mundo."

De ambos os lados da vida as inteligências mais perspicazes prenunciavam, como conseqüência do auto-de-fé, um impulso inesperado das idéias espíritas na Espanha e mesmo no mundo todo. Isso realmente sucedeu. A atenção de muita gente, que nunca ouvira falar de Espiritismo, convergiu para o "fruto proibido", sobretudo pela importância mesma que a Igreja lhe dispensava. "Que podiam, pois, conter esses livros, dignos das solenidades da fogueira?" E a curiosidade abriu, assim, para inúmeras mentes, um novo mundo até então delas desconhecido.

Como bem destacava Allan Kardec, ao se referir a essas perseguições, "sem os ataques, sérios ou ridículos, de que é alvo o Espiritismo, contaria este com um número dez vezes menor de adeptos". A Espanha não desmentiu essa observação do Codificador, e mais de um adversário reconheceu isso, deplorando o ato em que a Religião Católica nada teve a ganhar.

Precisamente nove meses após o auto-de-fé de Barcelona, que fora seguido por um outro, na cidade de Alicante, desencarnou, a 9 de julho de 1862, o Dr. Antonio Palau y Termens, o bispo que tentara consumir pelo fogo o ideal espiritista.

Esse príncipe da Igreja dias depois se manifestava inesperada e espontaneamente a um dos médiuns da Sociedade Parisiense de Estudos Espíritas, respondendo com antecedência a todas as perguntas que desejavam fazer-lhe, e antes que fossem enunciadas.

Entre outras, a comunicação contém esta bela passagem:

"Auxiliado pelo vosso chefe espiritual, pude vir instruir-vos com o meu exemplo e dizer-vos: Não repilais nenhuma das idéias anunciadas, porque um dia, um dia que durará e pesará como um século, essas idéias entesouradas clamarão como a voz do anjo: 'Caim, que fizeste do teu irmão? que fizeste do nosso poder, que devia consolar e elevar a Humanidade?' O homem que voluntariamente vive cego e surdo de espírito, como outros o são do corpo, sofrerá, expiará e renascerá para recomeçar o labor intelectual que sua indolência e seu orgulho o fizeram esquecer. E essa voz terrível me disse: 'Queimaste as idéias, e as idéias te queimarão'."

....

"Orai por mim; orai, porque é agradável a Deus a oração que a Ele dirige o perseguido a bem do perseguidor."

"O que foi bispo e que agora mais não é do que um penitente."

Sabendo que os desconhecedores da Doutrina Espírita e os adversários católicos achariam incrível essa transformação nas idéias do bispo, após seu ingresso na vida de além-túmulo, Kardec deixou-lhes esta resposta esclarecedora:

"O contraste entre as palavras do Espírito e as do homem em nada deve surpreender. Todos os dias vemos aqueles que, após a morte, pensam diferentemente do que pensavam em vida, o que é prova de superioridade. Só os Espíritos inferiores e vulgares persistem nos erros e nos prejuízos da vida terrena." (RS, 1862, p. 233.)

Allan Kardec remeteu a mensagem completa a José Maria Fernández Colavida – a quem se deve a primeira tradução para o castelhano das obras fundamentais do

Codificador e o estabelecimento da primeira livraria espírita de Barcelona –, avisando-o de que o Espírito do bispo, Dr. Palau, estaria presente quando ela fosse lida no Centro, o que de fato sucedeu, segundo a declaração dos médiuns videntes, muito especialmente a de um jovenzinho, que tinha excelente clarividência.

O bispo manifestou-se ali e, depois de incentivar a todos, profetizou que na Cidadela cedo se cultivariam jardins, os quais de certo modo apagariam as tristes recordações do lugar onde tantos crimes se perpetraram.

Anos mais tarde, em 1869, atendendo a instâncias do povo de Barcelona, o Governo decretava a demolição da velha fortaleza, em cujos terrenos foram construídos os belos jardins do Parque da Cidadela, ou Parque Municipal, que chegou a ocupar uma área de 307.667m^2. Sobre ele escreveu um cronista do século XIX:

"Cruzado por frondosos paseos, anchurosas glorietas, bosques de encantadora perspectiva, fuentes, lagos, cascadas, grutas, etc., es un maravilloso sitio de recreo, donde la magnolia y el álamo, el tilo y el geranio y el pino y el naranjo y mil variedades de flores y arbustos y gigantes árboles crecen y se desarrollan maravillosamente y con increíble profusión. En este Parque, donde todo es espléndido, donde todo es grandioso..."

Cumprira-se a profecia do Espírito do bispo! Do antigo conjunto de edifícios bélicos surgira belíssimo Parque, muito freqüentado pelas crianças e pelos velhos, e que foi, em 1888, pacífico recinto para célebre Exposição Universal.

Embora a Espanha continuasse oprimida pela mão forte do romanismo, que, inimigo declarado da liberdade e do progresso, não se cansava de granjear a animadversão pública para os espíritas, assoalhando pela imprensa, pregando de seus púlpitos que o Espiritismo não

Vista atual dos jardins do *Parque de la Ciudadela*

passava de uma doutrina malsã, inspirada pelo diabo, apesar de tudo isso, cresceu ali o número de adeptos, de todas as classes sociais, ampliando-se, de maneira bastante significativa, a propaganda, tanto que a Espanha chegou a ser, ainda no século XIX, a nação européia com maior abundância de periódicos espíritas e com a mais vasta bagagem de obras publicadas.

Aos infatigáveis e gloriosos pioneiros como Fernández Colavida, Manuel González Soriano, Manuel Sanz y Benito, Joaquín Bassols y Marañon, César Bassols, José Amigó y Pellicer, Joaquín Huelbes Temprado, Fernando Primo de Rivera, Salvador Sellés Gosálvez, Antonio Torres-Solanot y Casas, Manuel Ansó y Monzó, Amália Domingo Soler, Francisco Loperena, Miguel Vives e tantos e tantos outros venerandos discípulos de Kardec, se juntaram com o correr dos tempos os nomes não menos gloriosos de Antonio Hurtado y Valhondo, José de Navarrete y Vela-Hidalgo, Dámaso Calvet de Budallés, Facundo Usich, Quintin Lopez Gómez, Juan Torras Serra, Jacinto Esteva Marata, Jacinto Esteva Grau, López Sanromán, José Maria Seseras y de Battle e muitos mais, que com desassombro lutaram e sofreram para manter vivos os sublimes ideais da Terceira Revelação.

Em 1888, quis o destino que justamente a Barcelona, "cabeça e coração da Catalunha", onde se consumara o primeiro auto-de-fé contra obras espíritas, coubesse a honra de celebrar o Primeiro Congresso Espírita Internacional, cuja alma principal foi o visconde de Torres-Solanot, a figura apostolar do Espiritismo na Espanha.

Por ocasião do quarto centenário do descobrimento da América, em 1892, realizou-se, agora em Madrid, o Terceiro Congresso Espírita Internacional, que, por ter sido organizado um tanto tardiamente, não pôde apresentar o brilho dos anteriores.

No domingo, 8 de outubro de 1899, os espíritas de Barcelona comemoraram o 38º aniversário do Auto-de-fé dos livros espíritas, dando, então, maior ênfase aos fatos consumados em 9 de outubro de 1861. Um banquete de 380 pessoas, com cem mendigos convidados, foi realizado nos belos jardins do Teatro Lírico, graciosamente cedidos pelo proprietário. Em seguida, houve um sarau literário e musical, a que assistiram seis ou sete mil pessoas. Eloqüentes discursos foram pronunciados por ilustres espiritistas espanhóis, entre outros as Sras. Carmen Pujol e Amália Domingo Soler, os Srs. Quintin Lopez, Miguel Vives, etc. Ainda nesse mesmo dia, o jornal "La Union Espiritista", de Barcelona, distribuiu 6.000 exemplares de um suplemento em que relatava o inominável abuso de poder, digno dos melhores tempos de Torquemada, cometido na mais liberal cidade da Espanha, e justamente na mesma praça onde tinham sido incinerados "Os Miseráveis", de Victor Hugo (RS, dezembro de 1899, p. 727).

Em setembro de 1932, a *Federación Espirita Española* dirigiu ao povo barcelonês longa mensagem de esclarecimento e, ao referir-se ao auto-de-fé de 1861, salientou:

"A Federação Espírita Espanhola diz hoje ao público de Barcelona, e ao de todo o mundo, que aquela fogueira histórica, em vez de prejudicar o Espiritismo, lhe fez um bem, qual o de lhe impulsionar, como que por um passe de mágica, o desenvolvimento, fato que podemos demonstrar, dando a conhecer que, se então apenas existiam nesta cidade dois ou três pequenos grupos espíritas, atualmente, em Barcelona e na província de que é ela a capital, se contam mais de vinte sociedades, devida e legalmente constituídas, e cerca de uma centena no resto do país."

A prova maior do progresso do Espiritismo na Espanha foi dada em 1934. Nesse ano, celebrou-se em Barcelona, no grandioso salão do *Palacio de Proyecciones*, o 14º Congresso Espírita Internacional, o segundo verificado naquela cidade.

Grande repercussão junto aos meios católicos teve esse conclave, do qual participaram representantes espíritas de todas as partes do Mundo, inclusive representações do Governo da Catalunha e da Municipalidade de Barcelona.

Amadeo Colldeforns, deputado do Parlamento catalão, falando em nome do presidente da Generalidade de Catalunha, enalteceu o belo movimento de amor e fraternidade dos espiritistas, declarando, ainda, que à Humanidade se oferecia, através daqueles estudos, a demonstração clara e convincente da sobrevivência humana. Suas palavras finais, dirigidas a todos os congressistas, foram estas:

"Deus permita que possais conseguir grandes vitórias dentro desse campo de estudo e experimentação vastíssimo, e que estes triunfos vos facilitem o trabalho de emancipação espiritual da Humanidade. Eu vos auguro estes triunfos, porque caminhais acompanhados da ciência que vos faculta o controle e a demonstração desses fenômenos espíritas, demonstração científica essa com que podereis alcançar a vitória completa dos vossos ideais e das vossas humanitárias aspirações, contra a indiferença dos homens."

Triunfos foram realmente conseguidos em várias nações, especialmente no Brasil, onde o Espiritismo tomou um alento deveras surpreendente. Na Espanha, porém, aglutinaram-se as forças das Trevas para uma investida destruidora contra os alevantados ideais de paz e fraternidade, de liberdade e igualdade, pregados e exemplificados pelos espiritistas.

Aquela parte da Península Ibérica pouco depois do referido Congresso entrava num terrível período de lutas intestinas. Duas facções contrárias, respectivamente constituídas pela Frente Popular, de fundo socialista-comunista, e pela Falange Espanhola, de fundo fascista, dividiam a nação em 1936. Entrechocavam-se as forças da direita com as da esquerda. Irrompia uma nova "época do terror". Excessos de toda a sorte eram cometidos, tendo sido incendiadas e saqueadas dezenas de igrejas e centros religiosos, com o cruel assassínio de milhares de sacerdotes.

A guerra civil progride com inominável violência. Põe-se à frente da Falange Espanhola o "caudillo" Francisco Franco, com o apoio de todo o clero católico.

Barcelona, *"pátria de los valientes"*, é duramente bombardeada, sendo afinal invadida pelas tropas falangistas. A sangrenta luta fratricida, que em várias ocasiões assume aspectos verdadeiramente trágicos, vai dando vitórias ao Generalíssimo Franco, que, em discurso pronunciado em 1938, já evidenciava claramente o caminho que o seu governo iria tomar: "É preciso reafirmar o fundo sentido e a fé religiosa que acompanhou, desde as suas origens, o povo espanhol e que, capítulo por capítulo, ficou impressa em sua História. Com rapidez e energia se fará, pois, a revisão de toda a legislação laica que pretendia inutilmente apagar de nossa Pátria o seu profundo e robusto sentido católico e espiritual."

Passo a passo, ainda durante a guerra, à Igreja Católica de Espanha foram sendo concedidos inúmeros dispositivos de franca regalia. Privilégios, vantagens, poder e imunidades vieram entronizar o clero, resultando no cerceamento total aos direitos das demais religiões.

Terminada, em 1939, a dolorosa guerra civil, o Generalíssimo Franco se torna o senhor absoluto e vitalício da Espanha, chefe único da Falange, enaltecido e abençoado pelos Papas Pio XI e Pio XII.

Apoiada a César, a Igreja Católica passa a ser a senhora absoluta da veneranda Pátria de Fernández Colavida (*o Kardec espanhol*), com a abolição da liberdade de crença e de outras liberdades tão caras ao homem livre. Aos espíritos divergentes, ela exigia a adesão, ou o silêncio.

Em 27 de agosto de 1953, mediante a Concordata assinada entre a Santa Sé e o Governo, ficou reafirmado que a Religião Católica, Apostólica, Romana continuaria a ser a única da nação espanhola, reconhecendo-lhe o Estado o caráter de sociedade perfeita e a personalidade jurídica internacional da Santa Sé e do Estado da Cidade do Vaticano.

Esta Concordata, que, como todas as demais, é "um pacto leonino em que a Igreja empresta ao despotismo o seu prestígio, e o despotismo vende à Igreja a soberania civil", acabou, afinal, através de uma série de artigos monopolizadores da liberdade de consciência, por entregar a Espanha às mãos do clericalismo. Hoje, é ela, em verdade, um vasto convento...

Há mais de vinte anos que o Espiritismo ali se acha sacrificado às forças intolerantes e opressoras, impedido de vir à luz, eclipsado nas sombras do ultramontanismo.

LA CORONA.

Periódico liberal.

TARDE.

Ferro-carriles de Cataluña.—Horas de salida de los trenes y su correspondencia con los ómnibus y diligencias.

Artigo de Roman de Lacunza no jornal barcelonês "La Corona", de 15/10/1861, acerca do Auto-de-fé das obras kardequianas.

Sendo, porém, "um livro imenso aberto nas alturas", conforme a feliz expressão do grande poeta alicantino, Salvador Sellés, o Espiritismo só aparentemente se detém ante o obscurantismo dos homens. Temos fé que chegará, mais cedo do que se espera, a sua hora de libertação, pois, como disse com sabedoria o nosso grande Rui Barbosa, "de todas as liberdades sociais, nenhuma é tão congenial ao homem, e tão nobre, e tão frutificativa, e tão civilizadora, e tão pacífica, e tão filha do Evangelho, como a liberdade religiosa".

O Espiritismo, na Espanha bela e nobre, está curtindo os amargos transes de um prolongado auto-de-fé. Quando nos horizontes ibéricos raiar a aurora da liberdade, qual Fênix renascida dentre as cinzas, o Espiritismo ressuscitará na valorosa terra de Cervantes, para novos vôos de gloriosa jornada emancipadora do espírito humano.

***

Este escrito foi publicado, pela primeira vez, em "Reformador" de outubro de 1961. Hoje, e após a morte do caudilho Francisco Franco e o restabelecimento das liberdades públicas na Espanha, cumpre-se a predição inscrita no final deste trabalho: o Espiritismo renasce na Pátria de Colavida, a espraiar-se pouco a pouco, bafejado do alento de Mais Alto, para as sublimes realizações do espírito eterno.

E para terminar este capítulo, ninguém melhor do que Allan Kardec o faria. Atentemos, pois, na sua palavra:

"(...) As labaredas da fogueira de Barcelona não subiram bem alto. Se ela renovar-se em algum lugar, guardai-vos de extingui-la, porque quanto mais elevar-se, mais, à semelhança de um farol, será vista de longe, e ficará na lembrança das idades. Não vos importeis com o que fazem, e em parte alguma oponde violência à violência; lembrai-vos que o Cristo disse a Pedro, de embainhar sua espada. Não imiteis as seitas que se denigrem mutuamente em nome de um Deus de paz, a quem cada uma evoca em auxílio de seus furores. A verdade não se prova com perseguições, mas pelo raciocínio; as perseguições têm sido, em todos os tempos, a arma das más causas e dos que colocam o triunfo da força bruta acima do da razão. A perseguição é mau processo de persuasão; pode momentaneamente abater o mais fraco, jamais convencê-lo, porque, mesmo na adversidade em que o mergulharem, exclamará como Galileu na prisão: *e pur si muove!* Recorrer à perseguição é provar que pouco se confia no poder da lógica. Jamais useis de represálias: à violência oponde a doçura e uma inalterável tranqüilidade; aos inimigos devolvei o bem pelo mal. Por aí dareis um desmentido às suas calúnias, e os forçareis a reconhecer que vossas crenças são superiores à apreciação que fazem." (RS, 1863, p. 73.)

Parte Quarta

Capítulo I

A Doutrina Espírita ou Espiritismo na Obra do Codificador – o Pentateuco; outros livros

A Codificação Kardequiana propriamente dita está encerrada no novo pentateuco escriturístico, ou, mais exatamente, "Pentateuco Kardequiano", como ficou consagrado mundialmente. Obedecendo à ordem seguida no arrolamento dos títulos da produção lítero-doutrinária de Allan Kardec, que mais à frente inseriremos neste trabalho, compõe-se dos livros 1, 5, 10, 12 e 16, respectivamente, "O Livro dos Espíritos", "O Livro dos Médiuns", "O Evangelho segundo o Espiritismo", "O Céu e o Inferno" e "A Gênese".

Os demais, ou foram substituídos pelos definitivos, supramencionados, ou constituem separatas dos que integram o Pentateuco, ou consistiram em opúsculos de popularização mais rápida de alguns princípios. Salvo, obviamente, "O que é o Espiritismo" e "Obras Póstumas", que temos na conta de escritos auxiliares, complementares ou históricos, ligados à vida e à obra de Allan Kardec, previsões e predições quanto ao desenvolvimento da Doutrina e do Movimento.

No entanto, todas as publicações de Kardec, com a "Revue Spirite" dos anos 1858 a 1869, documentos e páginas póstumas, editados ou não até o presente, às quais somaríamos os livros substituídos e as edições primitivas, posteriormente modificadas e ampliadas, representam valioso documentário de estudo e da historiologia do Espiritismo.

Em 1869, a RS foi de responsabilidade de Kardec até o mês de abril, inclusive, pois estão os seus fascículos assinados por ele. Como se sabe, a matéria dos mensários como RS e "Reformador", selecionada e revista com bastante antecedência por equipes administrativas compostas de não profissionais da Imprensa, é, no respeitante ao assunto que nos interessa mais de perto, extensíssima e dispersada aqui e alhures.

Temos a certeza de que, no porvir, alguns pesquisadores debruçar-se-ão sobre todo esse material coletado e dele apresentarão relatórios ilustrativos, em teses as mais instrutivas e consoladoras. Daí ser importante tudo reunir numa só obra, como cuidamos de fazer hoje, concentrando o máximo possível de dados esparsos, para que seja dispensável compulsar, amanhã, considerável quantidade de livros, periódicos e papéis, difusos por centenas de pontos diferentes. Sem com isso, entretanto, deixar de diligenciar sobre a conservação dos acervos culturais que nos são acessíveis à guarda e ao controle, os quais, como é lógico, enquanto perdurarem, hão de servir à perquirição dos futuros historiógrafos do Espiritismo.

1 – As Obras Espíritas de Allan Kardec

Foi "O Livro dos Espíritos" qual um farol que rompesse as trevas que pesavam sobre a Humanidade, atraindo multidões de sedentos da Luz e da Verdade. Foi o preâmbulo que determinou o aparecimento de uma série de outras obras de caráter espírita, do mesmo autor, quase todas elas com muitas reedições (refundidas e geralmente ampliadas) e que passamos a enumerar, dando ao livro primogênito o número 1, livro este cujo aparecimento, em 1857, foi minuciosamente historiado por nós no volume I; 2) *Instrução Prática sobre as Manifestações Espíritas*, com a exposição completa das condições necessárias para comunicar com os Espíritos, e os meios de desenvolver a faculdade mediadora com os médiuns. Paris, bureau de la "Revue Spirite". – Dentu, Ledoyen, 1858, in-18, de 152 pp.; 3) *O que é o Espiritismo*. Introdução ao conhecimento do mundo invisível ou dos Espíritos, com os princípios fundamentais da Doutrina Espírita e respostas a algumas objeções desfavoráveis. Paris, Ledoyen, 1859, in-18, de 100 pp.; 4) *Carta sobre o Espiritismo*, por Allan Kardec, em resposta a um artigo publicado pela "Gazette de Lyon", em 2 de agosto de 1860. (16 de setembro de 1860.) – Lyon, impr. de Chanoine, s. d., broch., in-8º; 5) Espiritismo experimental. *O Livro dos Médiuns*, ou Guia dos médiuns e dos evocadores, com o ensino geral dos Espíritos sobre a teoria de todos os gêneros de manifestações, os meios de comunicar com o mundo invisível, o desenvolvimento da mediunidade, as dificuldades e os escolhos que se podem deparar na prática do Espiritismo. Para fazer seqüência a "O Livro dos Espíritos". Paris, Didier et Cie., Ledoyen, 1861, gr. in-18 anglais, de IV-498 pp. (Segunda edição revista e corrigida com o concurso dos Espíritos, e acrescida de grande número de instruções novas. Paris, idem, 1861, in-18, de VIII-

問 238 精霊は無限の知覚と知識を持っているでしょうか。云いかえればなんでも知っているのでしょうか。

「完成に近づけば近づくほど多く知るわけです。上級霊は多くを知っておりますが、下級霊はあらゆることに関しいくらかの真理を多少は知っていると云った程度です」

問 239 精霊は生存の本義を知っておりますか。

「精霊自身の地位と清浄の程度に応じて知っております。下級霊の知識は現界人より低いものです」

問 240 精霊はわれわれ人間のように時間の連続を理解していますか。

「いいえ。だからこそ、日付けや時代を明確にする場合、あなた方にはわれわれの云うことが解らない場合があるのです」

問 241 精霊は現在にたいしわれわれ以上に精密、正確な観念を抱くものでしょうか。

「目明きが盲より正確に物を観るのにおおよそ似ています。精霊はあなた方に見えないものを観、あなた方とはちがった方法で判断します。繰り返して申しますが、これは霊界の秩序によるものです」

問 242 精霊は自分の過去をどうして知りますか。過去の認識は無制限でしょうか。

「過去は、われわれの心がそれにとらわれている限り、現在です。これは丁度あなた方が流刑中に煩悶したある事件を記憶しているのと同じことです。この場合現界と異なることは、われわれは、知性をくもらせる肉体をもはや持っておりませんから、あなた方の記憶できない事柄を記憶していること

157

Página 157 de "O Livro dos Espíritos", de Allan Kardec, em japonês, com os itens 238 a 242, publicado em 1971 pela Editora Tenseisha K. K., de Kameoka, Kyoto-hu, Japão. A tradução, em dois volumes, foi feita pelo Prof. Yoshimi Umeda, calcada na edição em Esperanto da Federação Espírita Brasileira.

George Sand
(1804-1876)

Carta de Allan Kardec à célebre escritora francesa George Sand, "la bonne dame de Nohant", carta extraída do artigo de Suzanne Misset-Hopès – "George Sand, spiritualiste", publicado em "La Tribune Psychique", de Paris, 4º trimestre 1976:

Madame,

J'ai l'honneur de vous adresser un exemplaire du "Livre des Esprits" dont je vous prie de vouloir bien accepter l'hommage.

Si j'en juge par certaines idées émises dans plusieurs de vos écrits, la question de rapports de l'homme avec les êtres incorporels ne vous est pas étrangère; sans préjuger votre opinion sur un pareil sujet, je suppose qu'un esprit d'élite comme le vôtre, Madame, ne saurait être dominé par les préjugés et doit vouloir l'examen.

Si vos occupations vous permettent de consacrer quelques instants à cette lecture, peut-être verrez-vous, par l'exposé de cette doctrine, le Spiritisme sortir du cercle étroit des manifestations matérielles pour embrasser toutes les lois qui régissent l'Humanité. Les Esprits, d'ailleurs, Madame, m'ont plusieurs fois parlé de vous et, en vous adressant cet ouvrage, qui est bien plus leur oeuvre que la mienne, je ne fais qu'accomplir le désir qu'ils m'ont inspiré.

Recevez, je vous prie, Madame, avec le tribut de l'admiration que je partage avec tant d'autres, l'hommage de mes sentiments les plus distingués.

(a) Allan Kardec

Paris, le 20 mai 1857.

-510 pp.); 6) *O Espiritismo na sua expressão mais simples.* Exposição sumária do ensino dos Espíritos e suas manifestações. Paris, Ledoyen, fevereiro de 1862, gr. in--18, de 36 pp. Reimpresso em março do mesmo ano. (Traduzido em português por Alexandre Canu, professor em Paris. Paris, Aillaud, Monlon et Cie., 1862, in-18, de 36 pp.); 7) *Viagem Espírita em 1862*, contendo: 1. As observações sobre o estado do Espiritismo; 2. As instruções dadas por Allan Kardec nos diferentes grupos; 3. As instruções sobre a formação dos grupos e das sociedades, e um modelo de regulamento para uso deles e delas. Paris, Ledoyen, 1862, gr. in-8º, de 64 pp.; 8) *Resposta à mensagem dos espíritas lioneses por ocasião do Ano-Novo* (Ass.: Allan Kardec.) – Lyon, impr. de Chanoine, 1862, in-8º; 9) *Resumo da Lei dos Fenômenos Espíritas, ou Primeira Iniciação*, para uso das pessoas estranhas ao conhecimento do Espiritismo. Paris, bureau de la "Revue Spirite", 1864, in-8º, de 8 pp. (Nova edição ampliada, 1865, in--12, Paris, Didier et Cie.); 10) *Imitação do Evangelho segundo o Espiritismo*, com a explicação das máximas morais do Cristo, sua concordância com o Espiritismo e sua aplicação às diversas posições da vida. Paris, os editores de "O Livro dos Espíritos"; Ledoyen, Dentu, Fréd. Henri, libraires et le bureau de la "Revue Spirite", impr. de P.-A. Bourdier et Ce, 1864, in-12, de XXXVI-444 pp. (Da 2ª ed. – 1865 – em diante, essa obra tomou novo título: *O Evangelho segundo o Espiritismo.*); 11) *Coleção de composições (pièces) inéditas, extraídas de* "O Evangelho segundo o Espiritismo". Paris, 1865, in-12. (Citada por J. M. Quérard em "Les Supercheries Littéraires".); 12) *O Céu e o Inferno*, ou a Justiça Divina segundo o Espiritismo. Contendo: o exame comparado das doutrinas sobre a passagem da vida corporal à vida espiritual, as penalidades e recompensas futuras, os anjos e demônios, as penas eternas, etc.; seguido de numerosos exemplos acerca da situação real da alma durante e depois da morte. Paris, os editores de "O Livro dos Espíritos", Librairie Spirite, 1865, in-18; 13) *Coleção de Preces Espíritas*, extraídas de "O Evangelho segundo o Espiritismo". Paris, chez l'auteur, 1865, in-12, de 107 pp. (Citada por Otto Lorenz em seu "Catalogue Général de la Librairie Française", tomo I, 1867, p. 27.); 14) *Estudo acerca da poesia medianímica*, por Allan Kardec. *In* "Ecos poéticos de além-túmulo" – Poesias medianímicas obtidas por Louis Vavasseur, precedidas de um... Paris, Librairie Centrale, 1867, in-12, de XVI-127 pp. (Veja-se "Revue Spirite", 1867, pp. 30 e 64.); 15) *Caracteres da Revelação Espírita.* Paris, escritórios da "Revue Spirite", 1868, in-18, de 36 pp.; 16) *A Gênese*, os milagres e as predições segundo o Espiritismo. Paris, Librairie Internationale, 1868, in-12; 17) *Obras Póstumas.* Paris, Société de Librairie Spirite, in-16, de 450 pp., s. d. (Averiguamos ter sido editada em 1890.) A 2ª ed., publicada pela mesma "Société", saiu também em 1890, segundo consta no Catálogo da Biblioteca Nacional (autores) de Paris, tomo

II, col. 324; 18) *Revista Espírita* ("Revue Spirite"), Jornal de Estudos Psicológicos. Paris, in-8º. Embora seja uma publicação periódica, fundada em 1º de janeiro de 1858 por Allan Kardec, pode aqui figurar, nessa relação de obras, não só porque esteve sob a direção de Kardec até 1869, como também porque as suas páginas expressam o pensamento e a ação do Codificador do Espiritismo.

Trabalhando com desprendimento e desinteresse, sacrificando saúde e repouso, donde hauria ele as forças para levantar tão gigantesca obra? Certamente responderia ele, como Pestalozzi a seu amigo Stapfer: "Foi o amor que tornou possível a minha obra. Há em nós um poder divino quando procuramos a verdade, sem temer a luz."

É interessante observar que o aparecimento do Espiritismo no Planeta só se deu após a grande revolução dos transportes e das comunicações na primeira metade do século XIX. O trem, o telégrafo elétrico, o cabo submarino, o aperfeiçoamento contínuo das máquinas impressoras, todos esses progressos vieram concorrer para a circulação mais rápida e econômica das idéias, propiciando um intercâmbio cultural de maior envergadura. Em razão disso, a extraordinária obra de Allan Kardec conquistou, em poucos anos, aderentes em todas as camadas sociais e em todos os países, levando o Codificador a entrar definitivamente para a História.

"O Espiritismo – escreveu ele – não é uma concepção pessoal, nem o resultado de um sistema preconcebido. É a resultante de milhares de observações feitas em todos os pontos do Globo e que convergiram para um centro que as coligiu e coordenou. Todos os seus princípios constitutivos, sem exceção de nenhum, são deduzidos da experiência. Esta precedeu sempre a teoria."

Reconhecendo que se deve admirar, sem restrição, a energia intelectual de Allan Kardec, o sábio Prof. Charles Richet, membro do Instituto, Prêmio Nobel de Medicina e Fisiologia (1913), acrescentou em seu célebre e volumoso "Traité de Métapsychique" (1ª ed., 1922): "É sempre na experimentação que ele se apóia, de forma que sua obra, sobre ser uma teoria grandiosa e homogênea, é também imponente feixe de fatos."

2 – A "Revue Spirite" (Journal d'Études Psychologiques)

O êxito de "O Livro dos Espíritos" ultrapassara todas as expectativas. Allan Kardec recebia de todos os lados relatórios de extraordinários fatos espíritas, cartas interrogando sobre esse e aquele ponto de doutrina, visitas inesperadas de pessoas que ansiavam por esclarecimentos maiores, do mesmo passo que recortes de jornais, injuriosos ao Espiritismo.

Nessa época, existia no Velho Continente apenas uma folha dedicada aos interesses espíritas e à sua divulgação. Era o "Journal de l'âme", editado em Genebra (Suíça) sob a direção do Dr. Boessinger. Na América, o único jornal em francês era "Le Spiritualiste de la Nouvelle-Orléans", publicado pelo Sr. Barthès.

Enquanto os Estados Unidos possuíam dezessete jornais, em língua inglesa, consagrados a esses assuntos, a França, que então já apresentava forte contingente de adeptos da Doutrina dos Espíritos, carecia de um porta-voz dos novos ideais.

Tudo isso fez que Kardec se apercebesse da necessidade urgente de criar uma folha que periodicamente pusesse os estudiosos espíritas a par do que se passava no Mundo e que metodicamente os instruísse sobre as mais variadas questões doutrinárias. Em vez de responder a uma só pessoa, ele o faria a muitas ao mesmo tempo, se se servisse de uma publicação periódica.

Apesar de faltar a Kardec o tempo necessário para semelhante empreendimento, preso que estava a dois empregos a ele indispensáveis, assim mesmo pôs mãos à obra. Começou por solicitar a colaboração financeira do Sr. Tiedeman-Marthèse, sobre quem já fizemos referências no volume I, mas este se mostrou indeciso em tomar parte numa empresa de futuro incerto.

Em 15 de novembro de 1857, Kardec consulta seus Guias sobre a viabilidade do plano, fazendo-lhes várias perguntas. Por intermédio da Srta. Ermance Dufaux foi-lhe aconselhado que perseverasse no seu propósito, que não se intimidasse ante as dificuldades e que tempo teria para tudo. Relativamente à apresentação do periódico, o Espírito comunicante transmitiu estas oportunas instruções:

"Cumpre lhe dispenses todo o cuidado, a fim de assentares as bases de um bom e durável êxito. A apresentá-lo defeituoso, melhor será nada fazer, porquanto a primeira impressão pode decidir do seu futuro. É mister, sobretudo no princípio, que cuides de satisfazer à curiosidade; reunir o sério ao agradável: o sério para atrair os homens de ciência, o agradável para deleitar o vulgo. Esta parte é essencial, porém a outra é mais importante, por isso que, sem ela, o jornal careceria de fundamento sólido. Em suma, é preciso evitar a monotonia por meio da variedade e reunir a instrução sólida ao interesse. Ele então será, para trabalhos ulteriores, poderoso auxiliar."

Allan Kardec sentiu novas forças a lhe revigorarem o espírito e, desde então, estimulado indiretamente pelos Espíritos, e diretamente por sua dedicada esposa, cuja elevada compreensão lhe fora precioso refúgio nos momentos mais críticos, ele se apressou em redigir o primeiro número da "Revue Spirite", sem nada ter informado a seus amigos.

A impressão foi realizada na "Tipografia de BEAU", em Saint-Germain-en-Laye, a mesma que imprimira a edição príncipe de "O Livro dos Espíritos".

Finalmente, em 1º de janeiro de 1858, saía à rua o primeiro número da "Revue Spirite". Não tinha ela um único assinante e nem a ajuda de algum capitalista. Tudo se fizera com os recursos pecuniários do próprio fundador – Allan Kardec. "Publiquei-o – declarou ele mais tarde – correndo eu, exclusivamente, todos os riscos, e não tive de que me arrepender, porquanto o êxito ultrapassou a minha expectativa. A partir de 1º de janeiro, os números se sucederam sem interrupção e, como previra o Espírito, esse jornal se me tornou poderoso auxiliar."

Ao título principal – REVUE SPIRITE – Kardec houve por bem juntar o subtítulo – *Journal d'Études Psychologiques*, considerando que o Espiritismo igualmente estuda a alma humana, suas faculdades e sentimentos, seu modo de vida e de relação.

Esse periódico, cujo número inaugural apareceu com 36 páginas úteis, teve seus escritórios instalados na residência de Kardec, então à rua dos Mártires (*rue des Martyrs*) nº 8. Aí, bem assim nas Livrarias Ledoyen e E. Dentu, podiam ser angariadas assinaturas.

Na "Introdução" ao primeiro número, Kardec não só esclareceu os objetivos de sua revista, como também traçou as diretrizes por que ela se guiaria, mantendo o público a par de todos os progressos e acontecimentos dentro da nova doutrina e precatando-o tanto contra os exageros da credulidade, quanto contra os do cepticismo.

A revista seria, segundo as próprias palavras do fundador, uma tribuna livre, "na qual, porém, a discussão não deverá nunca sair das regras da mais estrita conveniência". E acrescentava: "Em suma, discutiremos, mas não disputaremos."

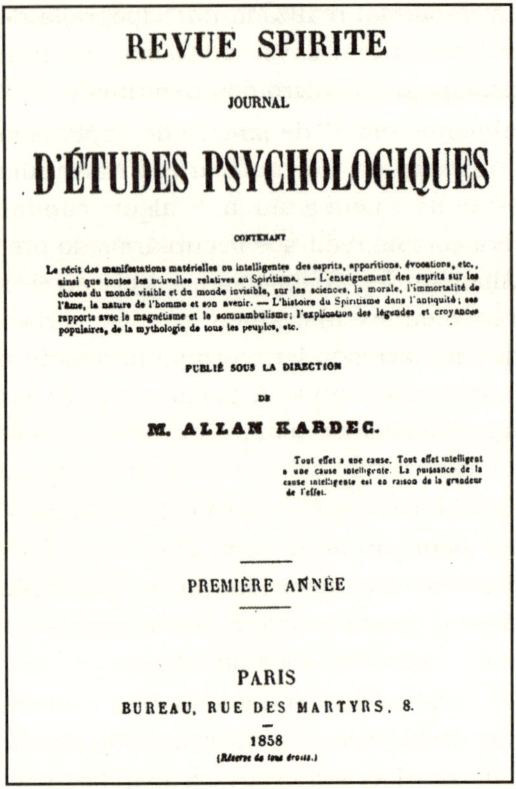

REVUE SPIRITE

JOURNAL

D'ÉTUDES PSYCHOLOGIQUES

CONTENANT

Le récit des manifestations matérielles ou intelligentes des esprits, apparitions, évocations, etc., ainsi que toutes les nouvelles relatives au Spiritisme. — L'enseignement des esprits sur les choses du monde visible et du monde invisible, sur les sciences, la morale, l'immortalité de l'âme, la nature de l'homme et son avenir. — L'histoire du Spiritisme dans l'antiquité; ses rapports avec le magnétisme et le somnambulisme; l'explication des légendes et croyances populaires, de la mythologie de tous les peuples, etc.

PUBLIÉ SOUS LA DIRECTION

DE

M. ALLAN KARDEC.

Tout effet a une cause. Tout effet intelligent a une cause intelligente. La puissance de la cause intelligente est en raison de la grandeur de l'effet.

PREMIÈRE ANNÉE

PARIS

BUREAU, RUE DES MARTYRS, 8.

1858

(Réserve de tous droits.)

"Revue Spirite" – 1º ano

Com a criação da "Revue Spirite", diz o biógrafo André Moreil que o autor de "O Livro dos Espíritos", ao contrário dos filósofos inacessíveis, não se encerraria numa glória esfíngica, afastado do mundo. Em diálogo com adeptos e adversários, "permanece um educador, amigo dos homens, combatente ativo da nova luz".[8]

Em menos de um ano, a "Revue Spirite" estava espalhada por todos os continentes do Globo. Kardec destaca, então, que se um jornal recém-fundado e tão espe-

---

[8]*André Moreil*: "La Vie et l'Oeuvre d'Allan Kardec", Éditions Sperar, Paris, 1961, p. 114.

cializado era pedido das mais distantes regiões, com assinantes "nas mais altas camadas da sociedade e até nos tronos" (RS, 1859, p. 312), é porque o assunto despertara vivo interesse. "É, pois, pelo assunto que ela interessa, e não por seu obscuro redator" – ponderava Kardec (RS, 1858, p. 238).

Quando findou o primeiro ano da "Revue Spirite", cuja publicação se fazia mensalmente, Kardec se congratulou com seus leitores, anunciando estar assegurada, por um número crescente de assinantes, a continuidade da publicação.

Ampliando rapidamente o círculo de simpatia e admiração entre todos os espiritistas, a "Revue Spirite" cedo se firmou definitivamente como o líder jornalístico da Nova Revelação.

De tal maneira aumentou o número de assinantes, que Kardec, a pedido destes, reimprimiu duas vezes as coleções de 1858, 1859 e 1860, a fim de que elas não lhes faltassem (RS, 1861, pp. 72 e 369).

Fatos e mais fatos, recentes ou antigos, transcritos na "Revue" levavam Kardec a apreciá-los, analisá-los, comentá-los, "submetê-los ao escalpelo da observação", tendo por objetivo tecer reflexões, estabelecer conceitos, extrair ilações, deduzir conseqüências, descobrir causas e chegar a conclusões racionais.

Mostrando as aplicações do Espiritismo aos casos mais vulgares, Kardec fazia compreender toda a sublimidade da nova doutrina.

Não era raro fazer comentários, às vezes bem extensos, de fragmentos esparsos de livros, folhetins, artigos e documentos literários, filosóficos, científicos e religiosos, de épocas diversas, e que contivessem referências a manifestações dos Espíritos ou princípios, idéias e pensamentos espíritas. É verdade que nesses escritos ele só se atinha aos pontos que interessavam ao Espiritismo, mas essa busca lhe exigia, pelo menos, a leitura de todo o conteúdo. Eleva-se a dezenas o número de autores, com suas respectivas obras pesquisadas por Allan Kardec. Citaremos os nomes do Rev. P. Bresciani, da Companhia de Jesus, Benjamim Franklin, Géraldy Saintine, Filóstrato, Lamartine, Dr. Gelpke, Rev. Pe. Bonaventure de Saint-Amable, Émile Deschamps, José Méry, Maximiliano Perty, professor nas Universidades de Berna, Leipzig e Heidelberg, Eugène Nus, George Sand, Dr. Chauvet, Dr. Charpignon, Elie Berthet, Xavier B. Saintine, Taxile Delord, Jules Barbier, Daniel de Foë, François Ponsard, Eugène Bonnemère, C. Tschokke, Ponson du Terrail, Beecher Stowe, Étienne de Jouy, Isabel Rowe, Victor Hugo, Victorien Sardou e muitos outros escritores, franceses ou não, a maior parte dos quais jamais aceitou o Espiritismo.

Kardec freqüentemente aproveitava as notícias da imprensa diária, mesmo as que não tivessem relação alguma com o Espiritismo, para comentá-las sob o ângulo espírita, e, quando necessário, realizava a evocação de Espíritos que lançassem luz sobre diferentes aspectos dos fatos apresentados. "Os jornais – dizia ele – estão cheios de casos de todos os gêneros, louváveis ou censuráveis, que podem oferecer (...) assunto para estudos morais sérios; são para os espíritas mina inesgotável de observações e instruções."

Inúmeras manifestações físicas espontâneas – ruídos, pancadas, arremesso de projetis de natureza diversa, deslocamento e quebra de objetos, estrondos, etc., etc., tudo devidamente comprovado, sem que ninguém descobrisse o autor ou os autores visíveis, nem mesmo com a vigilância ativa da polícia –, narradas pela imprensa francesa e de outros países, foram transcritas por Allan Kardec na "Revue Spirite", dele recebendo explicações e esclarecimentos que lhes tiravam todo o caráter de sobrenaturais.

Notáveis casos de aparições, de bicorporeidade, de premonições, de vidência, de cura mediúnica, de obsessão, extraídos da crônica diária dos mais importantes jornais franceses da época, eram por Allan Kardec estudados na "Revue", à luz da Doutrina Espírita, como servem de exemplo os seguintes:

Os fenômenos inexplicáveis ocorridos na casa de um padeiro de Grandes-Ventes, perto de Dieppe; as manifestações na biblioteca Astor Library, de New York, onde era então bibliotecário-chefe o Dr. Cogswell; o lançamento de diferentes projetis na casa do Sr. Lesage, ecônomo do Palácio da Justiça e morador à rua des Noyers; o interessante caso verificado num navio que tinha por imediato o Sr. Robert Bruce, narrado pelo "Oxford Chronicle" de 1º de junho de 1861 e que se processara em 1828; o caso do soldado que falava de si mesmo na terceira pessoa, registrado no "Le Siècle" de 4 de julho de 1861; a epidemia "demoníaca" observada, em 1861, na comuna de Morzine (Alta Sabóia), ali falhando todos os recursos da religião e da medicina; as fortes detonações, com forte cheiro de pólvora, na casa nº 80 do Boulevard Chave, em Marselha, casa que estremecia toda, sem que a polícia descobrisse a causa, sendo esses fatos confirmados nos meses de fevereiro e março de 1865; os notabilíssimos fenômenos espíritas ocorridos com o Prof. N. G. Bach, ilustre músico, bisneto do grande Sebastian Bach, contados por Albéric Second no "Grand Journal" de 4 de junho de 1865. As circunstâncias que envolveram o desenrolar desse caso, referente à "espineta de Henrique III", foram de tal modo extraordinários, no que diz respeito à sua origem extra-humana, que o próprio Prof. N. G. Bach começou a estudar o Espiritismo, tendo honrado com sua visita o mestre Allan Kardec, para o qual retificou, nalguns pontos, o relato do jornal. O Sr. Bach veio a ser notável médium escrevente, completamente mecânico, e por seu intermédio, e na presença do próprio Kardec, que lhe freqüentava a casa, um conjunto de fatos maravilhosos, relacionados entre si, foi observado (RS, 1866, pp. 50/55); as manifestações na rua du Prieuré, em Fives, perto de Lille (Norte), narradas pelo "Independant de Douai", de 6 e 8 de julho de 1865, destacando-se a chuva de projetis diversos nos pátios de duas casas, a caída de *sous* e de moedas de dois cêntimos belgas, a queda e o levantamento de móveis e outros pertences caseiros, etc., sem que ninguém descobrisse o autor ou os autores, nem mesmo a vigilância ativa da polícia; a estranha mediunidade, principalmente com fenômenos de "dupla vista", surgida na mocinha Luísa B..., originária da Suábia e que então estava em Paris. Ela vivia em estado cataléptico parcial, segundo os jornais "La Patrie", de 26 de novembro de 1865, e "L'Evénement", de 28, e os fatos se passaram após o falecimento de sua irmã; a visão que o czar Paulo I teve do seu avô, Pedro, o Grande, quando era apenas o grão-duque Paulo. O fato se passou em S. Petersburgo e foi narrado pelo "Grand Journal", de 3 de março de 1866, extraído da obra "Le Culte de Satan", de autoria de Hortensius de Saint Aubin; a monomania incendiária de uma criança, narrada pelo "Salut Public", de Lião, em 23 de fevereiro de 1866; a tentativa de assassínio do imperador da Rússia, Alexandre II, em 1866, relatada pela "Indépendence Belge" de 30 de abril, e da qual Kardec fez um estudo psicológico. O curioso é que três semanas antes do atentado, o jornal "Die Gartenlaube" publicava o relato de uma sessão espírita feita em Heidelberg, e na qual o Espírito Catarina II anunciava que o imperador Alexandre estava ameaçado de um grande perigo; o maravilhoso instinto musical demonstrado por um jovem negro, Tom, de dezessete anos de idade. Segundo o jornal ilustrado "Harpers Weekly", de New York, em 1866 setenta professores de música, de Filadélfia, consideraram o caso entre os mais admiráveis na história da música, impossível de explicar por qualquer das hipóteses que as leis da arte ou da ciência possam fornecer; as curas mediúnicas obtidas pelo zuavo Jacob, no campo de Châlons, segundo os jornais "Écho de l'Aisne", de 1º e 4 de agosto de 1866, "Presse Illustrée", de 6 de agosto, "Petit Journal", de 17 de agosto. As sessões de cura no Hotel de la Meuse foram suspensas por uma ordem do marechal, logo que a palavra Espiritismo foi pronunciada. Kardec havia conhecido o jovem zuavo e dá a resposta precisa àqueles que começavam a dizer que o médium só curava doentes do sistema nervoso; o caso de um menino de três anos, de notável inteligência precoce, narrado pela "Sentinelle Toulounnaise", de 19 de novembro de 1867, e comentado por Allan Kardec à luz do Espiritismo; o Espírito brincalhão do moinho do Sr. François Garnier, de Vicq-sur-Nahon, segundo narração do "Moniteur de l'Indre", de fevereiro e março de 1867; o "Figaro" de 12 de abril de 1868 descreve, como lhe contou o vice-presidente do Corpo legislativo (o barão Jérôme David), um sonho de morte tido por um seu amigo e que se concretizaria dez anos depois, com todas as suas minúcias; o "Journal de Rouen", de 22 de dezembro de 1868, reproduz um fato relatado por certo jornal de medicina, de Londres, a respeito da aparição de um filho (ainda vivo) à sua mãe. O fato é deveras interessante, e o Codificador se estende em diversos comentários, inclusive explicando como o Espírito do filho, que estava num leito de enfermaria, se apresentou à mãe com as mesmas roupas que então vestia; e muitos outros casos...

Produções mediúnicas em prosa e algumas em verso, recebidas em várias partes do mundo, vinham às mãos de Kardec, que as joeirava antes de publicá-las na "Revue". Entre as centenas de comunicações obtidas na presença dele, havia um bom número do mais subido valor, focalizando temas históricos, literários, artísticos, científicos, filosóficos, religiosos, mas a maioria primava pelas elucidações de natureza exclusivamente doutrinária e moral, lançando luz sobre diversas questões obscuras. Kardec selecionava as melhores para a "Revue Spirite", e, às vezes, a título condicional, dava a público boas comunicações que não tinham, porém, caráter de autenticidade absoluta.

Os diálogos mantidos com Espíritos de todas as categorias e diferentes graus de evolução, nas sessões da Sociedade Parisiense de Estudos Espíritas, eram geralmente reproduzidos na "Revue", a fim de servirem de ensino e orientação aos espíritas de todo o mundo. Dizia Kardec da necessidade de "discernir nas respostas (dos Espíritos) nuanças que, muitas vezes, são traços característicos, revelações importantes, que escapam ao observador superficial, inexperiente ou ocasional".

Com o propósito de demonstrar a difusão das idéias e dos fatos espíritas em todos os lugares e em todos os tempos, Allan Kardec leu e anotou grande quantidade de obras literárias e teatrais, além de diversos outros escritos, alguns de caráter científico ou filosófico.

Conforme a relação abaixo, que só inclui as produções que interessaram ao mestre sob o ponto de vista espírita, cai por terra o que Jean Vartier escreveu a propósito. Destacara ele a predileção de Kardec para as matérias essencialmente científicas, tendo logo a seguir acrescentado[9]: "Numa época de intensa efervescência literária, eles (Kardec e sua esposa) tomam resolutamente distância com a literatura."

Mesmo que Allan Kardec houvesse tomado distância com a literatura, ele teria forte razão para isso: o tempo lhe era extremamente escasso, conforme frisou o próprio Vartier, na pág. 171 do seu referido livro.

Citadas e comentadas pelo Codificador na "Revue Spirite", aparecem, então, estas produções do espírito humano:

"La Comtesse Mathilde Canossa", do Rev. P. Bresciani, da Companhia de Jesus, em tradução do italiano, romance legendário publicado em Roma, 1858; – "Samora la Druidesse, ou Le Spiritualisme au quinzième siècle", romance semi-histórico de Clément de la Chave, Paris, 1860; – "Trois ans en Judée", sábia e notável obra de Géraldy Saintine, 1860; – "Lettre d'un catholique sur le Spiritisme", pelo Dr. Grand, antigo vice-cônsul de França, 1860; – "Appollonius de Tyanne, ses voyages, ses prodiges", por Philostrate (nova tradução feita sobre o texto grego, pelo Sr. Chassang, mestre de conferências na Escola Normal, 1862); – "Le Spiritualisme rationnel", pelo Sr. G.-H. Love, engenheiro, 1863; – "Exposé de la grandeur de la création universelle", pelo Dr. Gelpke, publicado em Leipzig, 1817; – "Histoire de Saint Martial", pelo Rev. Pe. Bonaventure de Saint-Amable, carmelita descalço; – Carta do abade de Saint-Ponc, cônego apresentador, datada de 10 de abril de 1741, sobre o Espírito sofredor que se manifestava na cela da irmã Maria, na cidade de Viviers; – artigo do poeta Émile Deschamps, publicado na "Presse Littéraire" de 15 de março de 1854,

---

[9] *Jean Vartier*: "ALLAN KARDEC, la naissance du spiritisme", Paris, Librairie Hachette, 1971, p. 32.

contando como, desde 1846, lia o pensamento de certa moça qual se fora um livro aberto; – artigo de Pierre Dangeau no "Journal Littéraire" de 25 de setembro de 1864, contando as razões por que o poeta e romancista francês José Méry , autor da "Guerre du Nizam", cria firmemente ter tido várias vidas na Terra; – descrição do perispírito, em 1805, pelo Dr. Woetzel, em obra de sua autoria em que relata a aparição de sua mulher após a morte desta, segundo a obra alemã "Os fenômenos místicos da vida humana", por Maximiliano Perty, professor na Universidade de Berna, Leipzig e Heidelberg, 1861; – "Mois de Marie", pelo padre Défossés, obra em que Dégenettes, antigo cura da Igreja de Nôtre-Dame des Victoires, em Paris, relata um fato passado com ele, em 1836, de evidente mediunidade auditiva; – "Les Dogmes nouveaux", de Eugène Nus, na qual se destacam pensamentos espíritas expressos em encantadoras estrofes; – "Mademoiselle de la Quintinie", de George Sand, obra que encerra pensamentos eminentemente espíritas; – "Nouveaux principes de philosophie médicale", pelo Dr. Chauvet, de Tours, 1866, uma das primeiras aplicações à ciência positiva das leis reveladas pelo Espiritismo; – "Physiologie, médicine et métaphysique du magnétisme", por Charpignon, 1842; – "La double vue", romance de Elie Berthet, publicado em folhetins, em setembro e outubro de 1865, pelo jornal "Le Siècle"; – "La seconde vue", de X.-B. Saintine, publicado em folhetins pelo grande "Moniteur", em fevereiro de 1864, e é uma série de histórias que mostram cenas íntimas entre os habitantes deste mundo e do outro. O autor (1798-1865), romancista e dramaturgo, que escreveu o célebre romance "Picciola", era simpático ao Espiritismo, e Kardec o conhecia pessoalmente; – em "Consuelo" e "La Comtesse de Rudolfstadt", da Sra. George Sand, o princípio da reencarnação desempenha papel capital; – o "Drag", da mesma autora, comédia representada no *Vaudeville*, tem sua idéia fundamental inteiramente espirita; – no romance "L'assassinat du Pont-Rouge", de Charles Barbara, as idéias espíritas aparecem com grande clareza, embora o autor jamais tenha sido espírita; – pensamentos e doutrina espírita são encontrados no romance-folhetim "Mon Village", publicado no "Moniteur" da tarde (janeiro de 1867); – igualmente no "Conte de Noël", estampado no "Avenir National" de 26 de dezembro de 1866, escrito de Taxile Delord; – idem, no comovente drama "Maxwel", de Jules Barbier, levado à cena, em 1867, no "Théâtre de l'Ambigu"; – "Robinson Crusoé", de Daniel de Foë, na edição ilustrada por Granville, apresenta, em várias passagens, princípios espíritas; – o drama em versos, "Galileu", de Ponsard, representado em 1867, embora não trate de Espiritismo, como ressaltou Kardec, divulga e populariza a pluralidade dos mundos habitados, um dos princípios da Doutrina Espírita; – "Le Roman de l'avenir", de E. Bonnemère, obra constituída de palestras sobre os mais altos pensamentos da filosofia moral, social e religiosa, não cita uma vez sequer a palavra Espiritismo, mas, segundo Kardec, as idéias ali, em sua maioria, "parecem colhidas textualmente na Doutrina Espírita". "Essa obra pode ser posta na classe dos livros mais sérios destinados a vulgarizar os princípios filosóficos da Doutrina no mundo literário em que o autor ocupa destacada posição."; – "Fernande", novela espírita publicada em folhetim pelo "Moniteur du Cantal", em maio e junho de 1866, por Jules Doinel (d'Aurillac). Boa moral, doutrina essencialmente espírita, falha, entretanto, em alguns pontos; – "Espoirs et souvenirs", obra poética de Amédée Marteau, muito elogiada pelo "Phare de la Manche", jornal de Cherbourg, em 18 de agosto de 1867. A obra revela um crente entusiasta e devotado da pluralidade das existências em outros mundos, e nela tudo respira o amor do homem e o amor de Deus; – no romance-folhetim "La Comtesse de Monte-Cristo", escrito pelo Sr. du Boys, e publicado pela "Petite Presse", Kardec vê em passagens dos capítulos XXX e XXXI a inspiração na Doutrina Espírita; – no artigo "Bulletin du mouvement philosophique et religieux", do jornal "La Solidarité", de Paris, em seu número de 1º de maio de 1868, o Espiritismo é tratado com a devida consideração; – "Le Siècle" publica, sob o título "Paris inteira", uma série de folhetins interessantíssimos, escritos por vários autores. Nos folhetins de 24 e 25 de abril de 1868, sai "Paris somnambule", por Eugène Bonnemère, que trata das diferentes variedades de sonambulismo, fazendo intervir incidentemente o Espiritismo, de maneira altamente favorável; – "Le Siècle", de 11 de fevereiro de 1868, resume a opereta "L'Élixir de Cornélius", então encenada no teatro das "Fantaisies-Parisiennes", peça em que a reencarnação era o núcleo da intriga; – ocupando-se do Espiritismo de maneira séria, há o artigo "Pesquisas psicológicas a propósito de Espiritismo", publicado em "La Solidarité" de 1º de julho de 1868; – "Les mémoires d'un mari", de Fernand Duplessis, editado em 1849, com várias passagens de fundo claramente espírita; – "Le rígiment fantastique", por Victor Dazur, pseudônimo provavelmente, editado em 1868, espécie de romance filosófico, em que as idéias espíritas e até o nome, Espiritismo, aparecem em diferentes trechos; – "Conférences sur l'âme", por Alexandre Chaseray, 1868, obra em que a doutrina da pluralidade das existências é francamente apoiada em numerosas citações de autores célebres, embora, em outras, o autor se afasta completamente de Doutrina Espírita; – "Stunden der Andacht" (Horas de Piedade), por C. Tschokke, obra publicada em 1815 e com mais de quarenta edições, que encerra idéias espíritas em algumas meditações; – em carta publicada pela "Petite Presse", de 20 de setembro de 1868, o célebre romancista francês Ponson du Terrail expressa a sua firme convicção de ter vivido ao tempo de Henrique III e Henrique IV, ele que lançara o ridículo sobre o Espiritismo; – "L'amitié après la mort, contenant les lettres des morts aux vivants", por Madame Rowe, trad. da 5ª edição inglesa, e publicada em Amsterdão, em 1753, obra em que os princípios espíritas estão formulados com espantosa precisão; – em "A Cabana do Pai Tomás", da Sra. Beecher Stowe, publicado nos E.U.A., em 1850, está claramente expressa a idéia da reencarnação, assim como outros princípios espíritas; – "Des destinées de l'âme", por A. d'Orient, publicada em 1845, reeditada em 1868, obra em que o autor se apóia na pluralidade das existências, no progresso indefinido da alma, pelo trabalho realizado nas existências sucessivas, aceitando os princípios que formam a base do Espiritismo, inclusive o da não eternidade das penas; – em "Mélanges", tomo XVI das obras completas de Étienne de Jouy, da Academia Francesa, Kardec colheu interessantes passagens espíritas, como o diálogo entre Madame de Staël, morta, e o duque de Broglie, vivo, bem assim diálogos com vários personagens históricos, cada qual revelando sua existência e o papel que representaram em vidas anteriores; – o romance "Spirite", de Théophile Gautier, no qual, segundo Kardec, "a idéia espírita está decididamente afirmada"; etc., etc.

Embora lhe fosse pesada a tarefa, Allan Kardec dirigiu a "Revue Spirite" durante onze anos e pouco, por ela se responsabilizando sozinho, sem entrave de nenhuma vontade estranha. Enfrentou incessantemente as mais ásperas lutas, as mais violentas tempestades, a fim de deixar aos continuadores de sua querida revista um campo de trabalho menos árduo e de horizontes mais bem definidos.

De certa forma, pode-se dizer, com o próprio Kardec, que a "Revue Spirite" é, nos seus primeiros dez anos, "o complemento e o desenvolvimento" da obra doutrinária por ele encetada em 1857, e tanto isso é verdade que nos livros da Codificação se deparam trechos inteiros e até mesmo capítulos anteriormente publicados na revista, que a partir de 1913 tomaria o nome de *"La Revue Spirite"*.

Centenas de colaboradores, de várias nações, entre encarnados e desencarnados, entre sábios e eruditos, entre criaturas do povo e de elevada posição social, entre cientistas, filósofos e literatos, entre espíritas e não espíritas, levantaram, com Kardec e após Kardec, a admirável pirâmide de mais de cem volumes da "Revue Spirite", pirâmide que encerra a força e a beleza indestrutíveis do Espiritismo, nos seus três aspectos: ciência, filosofia e religião.

3 – "Société Parisienne des Études Spirites"[10]

No dia 1º de abril de 1858, Allan Kardec fundava em Paris a *"Société Parisienne des Études Spirites"*, que representou importante papel na marcha do Espiritismo.

Havia seis meses que reuniões de estudo se faziam na casa de Kardec, então sita na rua dos Mártires nº 8, nos fundos do pátio (*au fond de la cour*). "Eram saraus íntimos de oito a dez pessoas", iguais a muitos outros que então já se realizavam em Paris. Mas a exigüidade de espaço na residência de Kardec, impossibilitando comportar o crescente número de estudiosos que ali compareciam, fez que alguns dos assistentes levantassem a idéia de se fundar uma sociedade espírita, em local mais amplo. Para cobrir as despesas primeiras, todos se cotizariam. O Sr. Dufaux, cuja filha, Srta. Ermance Dufaux, era o médium principal naquelas reuniões, conhecia pessoalmente o Prefeito da Polícia e deu garantia do caráter apolítico da Sociedade. Um certo general, simpático ao Espiritismo, conseguiu, junto ao então Ministro do Interior e da Segurança Geral, que a autorização para o funcionamento da Sociedade fosse concedida em tempo recorde. O que levava três meses demorou menos que quinze dias. Uma portaria do Prefeito da Polícia, datada

---

[10] Sociedade Parisiense de Estudos Espíritas. Kardec costumava abreviar-lhe o nome: *Sociedade de Estudos Espíritas, Sociedade Espírita de Paris, Sociedade de Paris* (especialmente a penúltima forma). Neste volume, inúmeras vezes registramos as iniciais: SPES ou SPEE, em francês ou português, indistintamente.

de 13 de abril de 1858, e exarada de acordo com o parecer do Ministro do Interior, permitiu, afinal, a reunião dos espíritas em sociedade legalmente constituída, com regulamento e diretoria.

Rua dos Mártires nº 8, em Paris

Allan Kardec foi elevado à presidência da novel Sociedade, aos trabalhos da qual imprimiu uniforme e metódica direção, dentro da mais severa vigilância.

A princípio, e durante um ano, a Sociedade realizou suas sessões na galeria de Valois nº 35 (Palais-Royal). Alugaram, em seguida, um dos salões do restaurante Douix, na galeria Montpensier nº 12, no mesmo Palais-Royal, e ali se reuniam às sextas-feiras, até que a partir de 20 de abril de 1860 (RS, 1860, p. 130), a Sociedade ficou definitivamente instalada na rua Sainte-Anne nº 59, passagem Sainte-Anne[11], para onde seria transferido,

[11] A passagem Sainte-Anne, caminho privado, aberto através do terreno do convento das *Nouvelles Catholiques*, deve seu nome à vizinhança da rua Sainte-

em 15 de julho de 1860, o escritório da "Revue Spirite" e o domicílio particular de Allan Kardec.

Residência de Allan Kardec na *Rue e Passage Sainte-Anne* nº 59, em Paris, onde ele centralizava as suas atividades espíritas.

A este último respeito, expliquemos o que então se passara. Na sessão particular da Sociedade, em 3 de fevereiro de 1860, Allan Kardec comunicou ter recebido de uma senhora provinciana a quantia de dez mil francos para ser utilizada, qualquer que fosse a maneira, no interesse do Espiritismo: "Empregai-a como entenderdes; não quero nem recibo nem controle."

Achou, então, Kardec que a melhor forma de aplicar esse donativo seria destiná-lo ao que fosse necessário para a instalação da Sociedade em condições mais favo-

-Anne. A "passagem" começa justamente no nº 59 da rua Sainte-Anne. "Passagem" (*passage*): nome que se dá em Paris e em outras cidades a uma espécie de ruas cobertas, ou galerias, por onde só passavam pedestres.

ráveis aos seus trabalhos. Novecentos e oitenta francos foram gastos na compra de móveis e em despesas de instalação e outras, na nova sede, rua de Sainte-Anne, 59 (passagem Sainte-Anne). O restante do mobiliário, cujo valor era três ou quatro vezes mais, fora doado por Allan Kardec, retirado de sua própria casa.

Quanto ao aluguel do imóvel, a contribuição dos sócios só dava para pagar pouco menos da metade, sendo a diferença coberta pelo referido donativo. Se este fosse totalmente consumido pelo aluguel, a Sociedade poderia ficar, segundo os cálculos de Kardec, cerca de seis anos naquele local.

O Espiritismo progredira rapidamente. Crescente número de visitantes, franceses e estrangeiros, iam a sua casa, número que por volta de 1862 ascendia de 1.200 a 1.500 anualmente.

Considerando preferível recebê-los na sede da Sociedade, local desejável por sua situação central e mais adequado para tratar dos assuntos relativos ao Espiritismo; considerando que sua vida estava inteiramente consagrada à Doutrina e, portanto, não podia perder um minuto sequer – tornava-se necessário que ele alugasse um apartamento na vizinhança, ou ali instalasse seu domicílio ou, pelo menos, uma pousada, muito embora, como frisou, tivesse em sua casa, na avenida Ségur, um apartamento (*appartement*) em melhores condições e que nada lhe custava.

Devidamente esclarecido o problema ante os membros da Sociedade, a partir de 15 de julho de 1860 Allan Kardec passou a morar em sua sede, o que não o impedia de viver em sua própria casa, quando as obrigações lho permitiam. Essa dupla moradia era bem uma agravação de encargos e gastos. "Assim, sem o Espiritismo"

– explicava ele –, "eu estaria tranqüilamente em minha casa, na avenida de Ségur, e não aqui, obrigado a trabalhar de manhã à noite e, muitas vezes, pela madrugada a dentro, sem mesmo poder repousar, o que às vezes me é bastante necessário, porque sabeis que sou sozinho para satisfazer a uma tarefa cuja extensão dificilmente têm idéia, e que aumenta paulatinamente com o desenvolvimento da Doutrina."

No seu longo discurso de encerramento do ano social 1858-1859, Kardec comunicava aos presentes a resolução de renunciar, para o futuro, a qualquer função na Sociedade, inclusive a de diretor de estudos, explicando que seus múltiplos afazeres aumentavam dia a dia, em virtude da extensão de suas relações, e que ele estava preocupado com outros trabalhos mais consideráveis, a exigirem laboriosos estudos, que absorveriam não menos que dez anos[12]. "Não ambiciono senão um título, o de simples membro titular, com o qual sempre me sentirei feliz e honrado."

Aliás, desde o meado de 1858, desejava demitir-se de suas funções, tendo expressado isto em várias circunstâncias. Não o fizera porque poderia parecer defecção de sua parte e porque daria prazer aos adversários.

Agora, porém, ele achava chegada a hora de abrir mão da presidência da Sociedade, considerando justo que todos tivessem a sua parte nos cargos e nas honras.

Todavia, nenhum dos membros aceitou as razões ou ponderações de Kardec, e o reelegeram, por unanimidade, no cargo de presidente. Ante testemunho de apreço e confiança tão lisonjeiro, ele achou que seria indelicadeza persistir na recusa. Aceitou, porém, condicionalmente a sua reeleição e sob a reserva expressa de re-

[12]Em 1869, cerca de dez anos depois, Kardec desencarnava, deixando acabada, como previra, a codificação do Espiritismo.

signar às suas funções logo que a Sociedade encontrasse um outro nome. Tal não aconteceria pelos anos a fora. Kardec revelou-se insubstituível e, sempre reeleito, acabou presidindo a Sociedade até a sua desencarnação.

Ao que parece, por volta de 1859/60 surgira uma crise na Sociedade, que ele relembrou no seu relatório de 1º de abril de 1862 (RS, 1862, pp. 161/2). Esclareceu, então, que a Sociedade havia tido em seu seio elementos de dissolução, os quais ali entraram com certa facilidade. Sua existência chegara a ficar comprometida. Fatigado com os estremecimentos, Kardec duvidara da utilidade real da Sociedade, não como simples reunião, mas como sociedade constituída. Estava resolvido a retirar-se, a fim de que melhor pudesse trabalhar na grande obra encetada, quando foi dissuadido por muitos companheiros e por várias comunicações espontâneas. Uma destas dizia-lhe:

"A Sociedade formada por nós com o teu concurso é necessária; queremos que ela subsista, e subsistirá, malgrado a má vontade de alguns, como o reconhecerás mais tarde. Quando um mal existe, ele não se cura sem crise; assim é do pequeno ao grande, no indivíduo como nas sociedades, nas sociedades como nos povos, nos povos como o é na humanidade. Nossa Sociedade, dizemos, é necessária; quando o deixar de ser sob a sua forma atual, ela se transformará como todas as coisas. Quanto a ti, não podes, não deves retirar-te. Não pretendemos, entretanto, subjugar teu livre-arbítrio; apenas dizemos que a tua retirada seria uma falta que um dia lamentarias, pois entravaria nossos planos..."

De acordo com o seu regulamento, anexado a "O Livro dos Médiuns", no cap. XXX, a Sociedade Parisiense de Estudos Espíritas (SPEE) tinha por objeto "o estudo de todos os fenômenos relativos às manifestações espíritas e suas aplicações às ciências morais, físicas, históricas e psicológicas". Na verdade, seus estudos eram mais de caráter teórico ou filosófico que experimental. Quando havia experiências, estas jamais visavam a excitar a curiosidade, objetivando apenas a observação, o estudo e a confirmação de princípios admitidos.

A SPEE não era absolutamente uma sociedade de propaganda, como muitos pensavam. Instruir – era o seu programa. "Não formamos – frisava Kardec – nem uma seita, nem uma sociedade de propaganda, nem uma corporação com interesse comum." (RS, 1860, p. 100.)

Compunha-se de sócios titulares, associados livres, sócios correspondentes e honorários, todas pessoas sérias e dignas, entre magistrados, médicos, engenheiros, cientistas, literatos, artistas, funcionários civis, oficiais do Exército e da Marinha, negociantes, etc., afora simples operários e alguns membros da nobreza. "O grão-senhor e o artesão aí se dão as mãos fraternalmente" – escrevia o presidente da SPEE.

Somente o sócio titular tinha o direito de voto deliberativo, no que diz respeito aos negócios da Sociedade. Os sócios honorários, residentes na França ou no estrangeiro, eram anualmente submetidos a reeleição.

A diretoria constituía-se de presidente, vice-presidente, secretário-geral, secretários adjuntos e tesoureiro. Um ou mais presidentes honorários podiam ser nomeados, e o primeiro a ocupar esse cargo foi o Sr. Jobard, muito ilustrado e fervoroso adepto do Espiritismo, diretor do Museu Real da Indústria, na capital belga, oficial da Legião de Honra, membro da Academia de Dijon e da Sociedade de Incentivo de Paris.

A SPEE era administrada pelo presidente-diretor, assistido pelos membros da diretoria e de uma comissão composta de diretores e sócios titulares. A comissão era igualmente presidida, de direito, pelo presidente-diretor.

A fim de prover às despesas, os associados titulares e livres pagavam uma cota anual, sendo que os primeiros ainda contribuíam com uma jóia de admissão.

No mês de abril de 1862, a SPEE contava com oitenta e sete membros pagantes, sem incluir os membros honorários e correspondentes. "A ela seria fácil – comentava Kardec – dobrar e até mesmo triplicar esse número, se visasse a receita; bastava cercar as admissões de menos dificuldades. Ora, longe de diminuir essas dificuldades, aumentou-as, visto que, sendo uma Sociedade de estudos, não quis afastar-se dos princípios que motivaram a sua instituição, e porque jamais fez questão de interesse material. Não procurando entesourar, era-lhe indiferente ser pouco mais ou pouco menos numerosa." (RS, 1862, p. 162.)

Em discurso que pronunciou em Lião e Bordéus, Kardec declarou ser necessário, para que uma sociedade enfrente as despesas de sua manutenção, a cotização entre seus associados. "A especulação consiste em se fazer uma indústria da situação, convocando o primeiro que surge, curioso ou indiferente, para exigir seu dinheiro." Mais adiante, asseverava o seguinte: "Uma entidade espírita deve prover às suas necessidades, dividindo entre todos as despesas, jamais lançando-as aos ombros de um só. Isto é justo, e não existe nesse critério exploração nem especulação. Não seria o mesmo caso, se o primeiro que aparecesse pudesse adquirir, mediante pagamento, o direito de ingresso, o que equivaleria a desnaturar a finalidade essencialmente moral e instrutiva das reuniões desse gênero, para delas fazer um espetáculo de curiosidade."[13]

---

[13] *Voyage Spirite en 1862* ("Viagem Espírita em 1862"), de L'Union Spirite Kardeciste Belge, Farciennes, s.d., pp. 29 e 30.

Ainda acerca da SPEE, Kardec observava que esta não tinha sobre as demais sociedades outra autoridade que a da experiência. Não se imiscuía em seus afazeres, limitando-se a pareceres oficiais, quando solicitados. O laço que as unia era puramente moral, não existindo entre elas e a SPEE nenhuma filiação, nenhuma solidariedade material.

Havia dois tipos de sessões: gerais e particulares, e nunca foram públicas, pelo menos ao tempo de Kardec. Reuniam-se às sextas-feiras, às 20 horas, intercaladamente. Às gerais admitiam-se, temporariamente, assistentes convidados ou ouvintes recomendados.

Muito ordeiro no andamento dos trabalhos da SPEE, é diante de certos acontecimentos que Kardec se vê obrigado, na sessão geral de 24 de agosto de 1860, a relembrar às pessoas estranhas à Sociedade os reais objetivos dela. Nem experiências, nem assunto para distrações. Coisas sérias para estudos sérios. Se acaso – frisava ele – estivessem presentes pessoas apenas curiosas, ou que não partilhassem das idéias espíritas, que se mantivessem em silêncio e que, por um princípio de decoro, respeitassem as convicções alheias. E Allan Kardec, de maneira incisiva e direta, diz que ele não convidara tais assistentes às sessões da Sociedade, pois, por experiência, sabia que a convicção não nasce nem se forma em apenas algumas sessões.

As sessões particulares eram reservadas exclusivamente aos membros da SPEE e, entre outros assuntos, tratavam de todas as questões relativas aos negócios administrativos. Só muito excepcionalmente, e com autorização expressa do presidente, é que pessoas estranhas poderiam delas participar.

O mestre fazia cumprir à risca o regulamento da SPEE, um dos motivos que a levou a progredir rapidamente em importância aos olhos do mundo. Jamais cedeu a nenhum incitamento tendente a fazê-la desviar-se do caminho da prudência. "Reunimo-nos – escrevia ele – para o estudo e a observação e não para transformar nossas reuniões em arena de controvérsias." Isto ele dizia a propósito da rigorosa escolha que se procedia na admissão de novos membros.

Através de um "Boletim", normalmente publicado na "Revue Spirite", Kardec dava a conhecer a súmula dos trabalhos de cada sessão geral ou particular. Mais tarde, talvez por falta de espaço na "Revue", ele aí deixou de registrá-los.

Quando certas manifestações mediúnicas apresentavam aspectos deveras interessantes e curiosos, Kardec as levava a debate nas sessões da SPEE, com o propósito de ampliar conhecimentos, estabelecer conceitos novos e confirmar princípios doutrinários.

Foram muitos os médiuns que ao tempo de Kardec serviram na SPEE, quase todos psicógrafos. Não era raro reunirem-se ao mesmo tempo, à volta da mesa, cerca de dez a doze médiuns. Entre os mais citados por Allan Kardec há os nomes dos Srs. Roze, Alfred Didier, Didier Filho, Forbes, Collin, Pécheur, Darcol, d'Ambel, Leymarie, E. Vézy, Flammarion, Albert, Delanne, Bertrand, Nivard, Vavasseur, Desliens, Cazemajour, Morin; das Sras. Parisse, De Boyer, Costel, Schmidt, Patet, Delanne, Breul; e das Srtas. Eugénie, Huet, Stéphanie, A. C., Lateltin.

Em julho de 1861, houve nas sessões mediúnicas da SPEE acontecimento dos mais curiosos, suscitado por uma dissertação espontânea do Espírito Lamennais sobre o aforismo de Buffon: *O estilo é o homem*, recebida em 19 de julho. Estabeleceu-se verdadeira polêmica entre vários Espíritos, em altos termos, transformada em notável torneio literário e filosófico, "tão curioso quão instrutivo" – escreveu Kardec. Por três médiuns, Srs. A. Didier, d'Ambel e Sra. Costel, manifestaram-se espontaneamente, com réplicas e tréplicas, os Espíritos de Lamennais, Buffon, Visconde Delaunay, Bernardin de Saint-Pierre e até mesmo, através de uma alegoria filosófica, Gérard de Nerval.

No final, o Espírito de Erasto, um dos Guias da SPEE, disse do proveito a extrair, sob o ponto de vista da instrução espírita, do interessante debate e, entre outras coisas, escreveu:

"Buffon, Gérard de Nerval, o Visconde Delaunay, Bernardin de Saint-Pierre conservam, como Lamennais, os gostos e a forma literária que notáveis neles, quando vivos. Creio ser útil chamar a vossa atenção para essa condição de ser do nosso mundo de além-túmulo, a fim de que não venhais a crer que abandonamos instantaneamente nossas inclinações, costumes e paixões, ao nos despojarmos das vestes humanas." (RS, 1861, p. 269.)

O "presidente espiritual" da Sociedade Parisiense de Estudos Espíritas era o Espírito de S. Luís (RS, 1859, p. 353), que foi, na França, o rei Luís IX. Os sábios conselhos desse Espírito preservaram a Sociedade de vários perigos, e sua proteção pode ser comprovada por diversas vezes. Apesar disso, Allan Kardec debatia com ele certas respostas e até mesmo discordava de outras não muito claras ou precisas, o que levava o Espírito a reescrevê-las. Essa discordância igualmente se manifestava, às vezes, com outros Espíritos não menos elevados. Era comum S. Luís fornecer explicações acerca de vários assuntos, solicitadas pelo Codificador. Este, em muitos casos, já tinha a sua opinião mais ou menos formada, mas o Espírito de S. Luís, ao ser consultado, apresentava outra, mais simples e racional, que a tornava preferível. Isto vem provar, como o próprio Kardec assinalou mais de uma vez, "que os médiuns não são o reflexo do pensamento de quem interroga". (RS, 1861, p. 139.)

A começar de 1860 é que ficara estabelecido que certas comunicações dos Espíritos, recebidas na SPEE, aí seriam submetidas a exame crítico, a fim de que os Espíritos esclarecessem e desenvolvessem os pontos meio obscuros. O Espírito de S. Luís concordara com essa medida, considerando-a útil para que os Espíritos mistifica dores não tivessem facilidade de penetração. Em diversas oportunidades, o presidente martelou os Espíritos comunicantes com perguntas baseadas no texto da dissertação.

Acontece que, em discutindo o teor das comunicações recebidas, Kardec desagradou, algumas vezes, certos médiuns que se consideravam intérpretes infalíveis dos Espíritos. Contrariados e inconformados com essa análise das mensagens mediúnicas, deixavam a Sociedade. "Aos seus olhos – escrevia ele –, os obsidiados são aqueles que não se inclinam ante suas comunicações."

A partir de 1861, o nome da Sociedade Parisiense de Estudos Espíritas foi simplificado, não estatutariamente porém, para "Sociedade Espírita de Paris", e o próprio Kardec passou a usá-lo com freqüência, mais ainda de 1862 em diante, havendo ocasiões em que simplesmente a denominava: "Sociedade de Paris".

Em 1862, Kardec propôs, em nome da SPEE, um projeto de regulamento para uso nos grupos e pequenas sociedades espíritas, com vista a manter a unidade de princípios e de ação.

Tal projeto, de 18 artigos apenas, estampado em sua obra "Voyage Spirite en 1862", comportava, sobretudo, medidas de disciplina interior e, segundo ele, poderia ser modificado de acordo com as circunstâncias e as necessidades locais. Foi muito útil, não só na França, como no exterior, facilitando a formação de numerosos centros em que era reduzido o número de membros.

A Sociedade Parisiense de Estudos Espíritas se viu sujeita a muitas vicissitudes, não sendo "dos menores percalços" na multifária tarefa de Allan Kardec. Sobrepôs-se às calúnias e maledicências de toda a sorte, firmou-se, cresceu e veio a ser modelo para numerosas associações de estudo e propaganda da Nova Revelação, posteriormente criadas na França e em várias outras partes do Mundo, inclusive no Brasil.

4 - Sociedades e periódicos espíritas no tempo de Allan Kardec, indicadores do desenvolvimento do Movimento nascente

Em carta da capital mexicana, datada de 18 de abril de 1861, o Codificador era informado da existência da Sociedade Espírita do México, cujo presidente, Sr. Ch. Gourgues, relatava o desenvolvimento do Espiritismo naquelas regiões.

Em 28 de maio, o Sr. Repos, advogado, dava a Kardec ciência das manifestações espíritas que ele e amigos obtinham em Constantinopla, inclusive comunicações morais de ordem elevada. Essas cartas foram estampadas na RS, por serem de interesse geral e como prova da divulgação do Espiritismo em todos os recantos do Mundo. "Se publicássemos – diz Allan Kardec – todas as cartas de adesão que recebemos, precisaríamos consagrar-lhes vários volumes. Ver-se-ia repetida, milhares de vezes, a expressão de tocante reconhecimento à Doutrina Espírita." (RS, 1861, p. 207.)

Ao entrar no seu terceiro ano de existência, 18 de maio de 1862, a Sociedade Espírita (dita da Caridade) de Viena, na Áustria, por seu presidente C. Delhez, concedeu ao mestre o título de "Presidente de Honra", como sinal de alta e respeitosa estima.

Em 12 de novembro de 1862 é inaugurado, com um discurso do presidente Sr. Chavet, doutor em Medicina, o "Cercle Spirite de Tours".

Saiu em 1863 o jornal espírita "La Vérité", publicado em Lião sob a direção do Sr. E. Edoux, tendo estreado com vários e excelentes artigos assinados por *Philoléthès*. Kardec elogia sobremaneira o elevado alcance com que foram ali tratadas diferentes questões de Espiritismo. (RS, 1863, p. 164.)

Posteriormente, anuncia que a partir de 1º de junho de 1863 surgiria, bimensalmente, em Bordéus, a revista espírita "La Ruche Spirite bordelaise" (A colmeia espírita bordelesa); assinala, com satisfação, o aparecimento, em Palermo, Sicília, do periódico "O Espiritismo, ou Jornal de Psicologia experimental", órgão da "Società Spiritista di Palermo", presidida pelo cavaleiro Joseph Vassallo Paleologo. Faz-lhe a comunicação do fato o Sr. Paolo Morello, professor de História e Filosofia na Universidade de Palermo; registra, com alegria (RS, 1864, pp. 57/58), a publicação da "Revue Spirite d'Anvers", na cidade de Antuérpia (Bélgica), a 1º de janeiro de 1864; menciona em março o lançamento do mensário "Annali dello Spiritismo in Italia", órgão da Sociedade Espírita de Turim, dizendo-se satisfeito por ele ter arvorado ali a bandeira da Sociedade Espírita de Paris. (RS, 1864, p. 95.); anota o aparecimento, em março, do semanário "Le Sauveur des peuples, journal du Spiritisme propagateur de l'unité fraternelle", em Bordéus. (RS, 1864, p. 95.)

Allan Kardec elogia esses periódicos (entre eles, também, "La Lumière", de Bordéus), sob diversos ângulos, e apresenta o novo lutador pela causa do Espiritismo: "L'Avenir, Moniteur du Spiritisme", cujo redator-chefe era o Sr. d'Ambel, médium da Sociedade Espírita de Paris, a quem transmitia suas simpatias pessoais. (RS, 1864, p. 251.)

Funda-se em fevereiro de 1864 o "Circle Spirite Amour et Charité", em Antuérpia (Bélgica); em março, a "Société

Marseillaise des Études Spirites", em Marselha (França). Ambos se colocaram sob o patrocínio da SPEE, seguindo eles e outros o mesmo regulamento.

Um quarto periódico espírita é lançado em Bordéus: "La Voix d'outre-tombe", sob a direção de Aug. Bez. Kardec se parabeniza com o Sr. Bez, "um dos firmes sustentáculos da causa". Surge, em 1º de outubro de 1864, "Le Monde Musical", jornal popular e internacional das belas-artes e da literatura, publicado aos domingos em Bruxelas, sob a direção dos senhores Malibran e Roselli. É com satisfação que vê esse jornal abrir suas colunas à discussão do Espiritismo, recebendo opiniões favoráveis ou contrárias.

Desde 15 de dezembro de 1864 apareceu em Toulouse a folha espírita "Le Médium évangélique", semanal. Kardec dá-lhe as boas-vindas (RS de 1865, pp. 28/29), e igualmente o faz ao novo órgão na Itália, "La Luce", jornal do Espiritismo em Bolonha, mensal, que se apoiaria principalmente nas obras kardequianas.

Sob o título "Alfabeto espírita", saiu em Viena (Áustria) o opúsculo, em língua alemã, de autoria do Sr. Delhez, que foi também o tradutor de "O Livro dos Espíritos" em alemão. Eram comunicações recebidas na Sociedade Espírita de Viena, acerca de diferentes temas de moral, postos em ordem alfabética. (P. 25.)

O Codificador diz que sua previsão começa a realizar-se: o "Journal de Saint-Jean-d'Angély", órgão não espírita, publica, a partir de 5 de março de 1865, artigo sobre o Espiritismo e suas conseqüências, no qual os princípios da Doutrina são expostos com muito saber e clareza. Assinava-o o Dr. A. Chaigneau. E Kardec, embora satisfeito, lamentava: "Conhecemos mais de um jornal que não repugnaria em falar favoravelmente do Espiritismo, que falaria mesmo de bom grado se não houvesse o receio de desagradar certos leitores e de comprometer seus próprios interesses." (RS, 1865, p. 105.)

Kardec dá novas notícias: da fundação de um periódico italiano, mensal, publicado pela Sociedade Espírita de Scordia (Sicília), com o nome "La Voce di Dio" (RS, 1866, p. 192); de que, a partir de 10 de março de 1867, o jornal lionês "La Vérité" tomou novo título: "La Tribune Universelle, journal de la libre conscience et de la libre pensée", sem, entretanto, mudar de orientação; do aparecimento, em 1º de março de 1868, do jornal "Psiche, giornale di studii psicologici", em Nápoles, sob a direção de Pietro Casella.

Em "Bibliografia" da RS de agosto de 1868, fala do lançamento, em 15 de fevereiro, do jornal bimensal "Le Spiritisme à Lyon" e informa que, o senador, prefeito do Ródano, autorizara a sua venda na via pública.

Criado em Toulouse o "Circle de la morale spirite", Allan Kardec felicita seus fundadores e explica que "a palavra *circle*, adotada pela Sociedade de Toulouse, indica que ela não se limita a sessões ordinárias; é, fora isso, um lugar de reunião, em que os membros podem vir a entreter-se com o assunto especial de seus estudos".

Comunica a existência de duas novas sociedades espíritas, uma em Sevilha, na Espanha, outra em Florença, na Itália, bem assim dois periódicos: "El Espiritismo" e "Il Veggente", respectivamente das cidades citadas. (RS, 1869, p. 128.)

5 - Notícias bibliográficas

Allan Kardec faz elogios à primeira publicação feita pela Sociedade Espírita de Metz, intitulada "Le Spiritisme ou Spiritualisme à Metz", a qual trazia comunicações mediúnicas de uma moralidade irreprochável. (RS, 1861, p. 362.)

Em 1861, saiu em Paris a brochura "Le Spiritisme en Amérique", constituída de fragmentos traduzidos do inglês, de autoria do juiz Edmonds e do Dr. Robert Hare. O Codificador diz ter a honra de conhecer pessoalmente a tradutora, Srta. Clémence Guérin, espírita sincera que residiu muito tempo nos E.U.A., onde viu produzirem-se as primeiras manifestações dos Espíritos. Reconhece naqueles eminentes espíritas americanos e em seus escritos clara compreensão acerca das conseqüências e dos objetivos do Espiritismo, antes mesmo de 1854.

No ano seguinte, chama a atenção dos leitores para a interessante brochura da Srta. Guérin: "Essai biographique sur Andrew Jackson Davis", "um dos principais escritores espiritualistas dos Estados Unidos", acrescentava o próprio Kardec.

Em 1861 surgiu nova obra de François Guizot, notável historiador e estadista francês, intitulada "L'Église et la société chrétienne en 1861". Kardec reproduz na RS, 1861, pp. 393/397, o capítulo "O Sobrenatural", que não faz referências ao Espiritismo. É trabalho - escreve o Codificador - com observações de incontestável justeza, mas possui também grandes erros, sobre os quais ele faria exame aprofundado. De fato, na RS de 1862, pp. 21/26, apresenta suas observações críticas, "que em nada diminuem nossa admiração pelo ilustre e sábio escritor". Pensando bem, só um homem como Allan Kardec teria coragem de discordar do grande vulto francês que era Guizot e de opor-lhe argumentos mais racionais.

F.-P.-G. Guizot
(1787-1874)

Na RS de 1863, pp. 29/32, faz extensos comentários à obra recém-lançada – "La pluralité des mondes habités", por Camille Flammarion, calculador no Observatório Imperial de Paris, associado ao "Bureau des Longitudes", etc.

Embora na obra não se fale de Espiritismo, Kardec declara que o assunto entra no quadro das observações e dos princípios da Doutrina, achando-se ali "confirmada pela ciência uma das revelações capitais feitas pelos Espíritos".

Assinala ainda que Flammarion era membro da SPEE, aí também figurando como um dos seus médiuns. Admirava-se do saber do jovem astrônomo, que na idade de vinte anos já demonstrava possuir largo cabedal de idéias, apresentadas com profundez de raciocínio.

Em agosto e setembro de 1864, Kardec fala da nova edição, ampliada, de "La pluralité des mondes habités", de Camille Flammarion, esclarecendo que o autor agora tratou, em outra mais completa, de todos os desenvolvimentos que o assunto comporta, do ponto de vista da astronomia, da fisiologia e da filosofia natural. Como a teoria da pluralidade dos mundos habitados tem íntima relação com a Doutrina Espírita, a obra de Flammarion tem assim, conforme escreve Kardec, "seu lugar assinalado na biblioteca dos espíritas." (RS, 1864, p. 288.)

Na RS de 1863, pp. 285 e 323, o mestre elogia a justeza do raciocínio aliada à correção e elegância do estilo postas numa obra intitulada "Sermons sur le Spiritisme", que contém a refutação, por um espírita de Metz, aos sermões pregados na Catedral de Metz nos dias 27, 28 e 29 de maio de 1863, pelo Rev. Pe. Letierce, da Companhia de Jesus. Precedem-nos considerações quanto à decantada loucura espírita.

Em "Notícias bibliográficas" de maio de 1864, faz ligeiros comentários a duas novas obras: "La guerre au diable et à l'enfer, la maladresse du diable, le diable converti", por Jean de la Veuze, de Bordéus; "Lettres aux ignorants, philosophie du bons sens", por V. Tournier.

A primeira é uma crítica espirituosa quanto ao papel que o diabo vem desempenhando nos últimos tempos, principalmente no Espiritismo, onde salva as almas perdidas e perde as que já eram dele (diabo). Allan Kardec diz que no meio dos gracejos ressaem pensamentos sérios, profundos e de perfeita exatidão. A segunda é a transcrição, em versos, dos princípios fundamentais da Doutrina Espírita, segundo "O Livro dos Espíritos".

Kardec faz boas referências à brochura "Lettres sur le Spiritisme", de autoria da Sra. J. B., membro da Sociedade Espírita de Paris e excelente médium. A obra se dirige principalmente aos eclesiásticos e ele a recomenda, dizendo ser "impossível refutar com mais talento, elegância na forma, moderação e lógica, os argumentos que uma fé exclusiva e cega opõe às idéias novas". (RS, 1864, pp. 252/253.)

Em "Notícias bibliográficas" da RS de dezembro de 1864, analisa a obra de J.-B. Borreau, da cidade de Niort, intitulada "Comment et pourquoi je suis devenu spirite". O autor, que também é magnetizador e amigo de Kardec, "conta como foi levado a crer na existência dos Espíritos, nas suas manifestações e em sua intervenção nas coisas deste mundo, e isto muito tempo antes que fosse assunto do Espiritismo. Fora conduzido por uma série de acontecimentos, quando de maneira alguma pensava nessas coisas.

Em janeiro de 1865, Kardec fala sobre a obra recém-saída, "La pluralité des existences de l'âme", de André Pezzani, advogado na Corte Imperial de Lião, que não escreveu sob o ponto de vista do Espiritismo, mas com objetivos filosóficos. Demonstrou o autor que o princípio reencarnacionista é encontrado em todas as religiões, clara ou veladamente enunciado, desde os tempos mais remotos. A obra é rica em citações de livros sagrados dos hindus, dos persas, dos judeus, dos cristãos, de filósofos gregos, de neoplatônicos, de doutrinas druídicas, de escritores modernos. O Codificador fez uma análise geral dos assuntos tratados e afirmou: "A obra do Sr. Pezzani vem, então, bem a propósito lançar a luz da História sobre essa importante questão." (RS, 1865, pp. 25/28.)

Em "Notícias bibliográficas" de abril de 1865, refere-se à obra "Désarroi de l'empire de Satan", por L.-A.-G. Salgues, de Angers, em resposta ao jesuíta padre Xavier Pailloux, que tinha os Espíritos como demônios; ao hebdomadário espírita "L'Écho d'outre-tombe", publicado em Marselha pelo Sr. Gilet e que era encimado pela divisa: *Fora da caridade não há salvação*; à brochura "Accord de la foi et de la raison", pela Sra. J.-B., de Paris, a mesma autora das "Lettres sur le Spiritisme écrites à des ecclésiastiques". Aí é tratada mais especialmente a questão religiosa, e Kardec diz que a autora o fez com notável poder de lógica.

Na RS, 1865, pp. 360/366, o mestre discorre longamente sobre os romances em geral, demonstrando possuir vasto conhecimento da técnica e da expressão novelística.

Diz que Théophile Gautier publica em folhetim, no "Moniteur Universel", sob o título "Espírita", um romance. Informa não conhecer pessoalmente o autor, assim como suas convicções ou conhecimentos no tocante ao Espiritismo. Como sua obra está no começo, deixa para mais tarde a sua apreciação sob o ponto de vista espírita.

Quanto ao romance "La Double Vue", por Élie Berthet (1815-1891), que foi publicado por "Le Siècle", Kardec faz extensos comentários, e, à exceção de pequenos deslizes observados no romance, elogia o talento do escritor e a exatidão na descrição da faculdade mediúnica.

Allan Kardec fala do aparecimento, por fascículos semanais, desde 1865, de uma obra "que interessa à doutrina espírita no mais alto grau".

Trata-se do "Nouveau Dictionnaire Universel", panthéon littéraire et encyclopédie illustrée, par Maurice Lachâtre, avec le concours de savants, d'artistes et d'hommes de lettres, etc., Paris, Docks de la librairie, 38, boulevard Sébastopol. Fariam dois volumes in-4º grand, de três colunas, ilustradas com vinte mil figuras, gravadas em madeira.

De acordo com o prospecto, a obra, o mais gigantesco empreendimento literário da época, "encerra a análise de mais de quatrocentas mil obras e pode ser considerada como o mais vasto repertório dos conhecimentos humanos".

O que levou Kardec a se pronunciar entusiasticamente é que "todos os termos especiais do vocabulário espírita se acham nesse vasto repertório, não como simples definição, mas com todos os desenvolvimentos que comportam; de sorte que seu conjunto formará um verdadeiro tratado de Espiritismo" (RS, janeiro de 1866, p. 30). Realmente, a obra, quando ficou completa, não desmentiu o plano inicial, no que diz respeito ao Espiritismo.

Por volta de fevereiro de 1866, é dada à luz, em volume, a obra "Spirite", de Théophile Gautier, notável

Théophile Gautier
(1811-1872)

romancista, poeta e crítico. Kardec, na RS de 1866, pp. 91/94, tece longas considerações, dizendo que o fundo das idéias e dos pensamentos é essencialmente espírita, mas que a possibilidade dos fatos apresentados é, às vezes, contestável. Assinala que em algumas passagens

JOURNAL D'ETUDES PSYCHOLOGIQUES 161

que le fluide universel, dans lequel réside le principe de la vie, est l'agent principal de ces manifestations, et que cet agent reçoit son impulsion de l'Esprit, que celui-ci soit incarné ou errant. Ce fluide condensé constitue le périsprit ou enveloppe semi-matérielle de l'esprit. Dans l'état d'incarnation, ce périsprit est uni à la matière du corps : dans l'état d'erraticité, il est libre. Or, deux questions se présentent ici : celle de l'apparition des Esprits, et celle du mouvement imprimé aux corps solides.

A l'égard de la première, nous dirons que, dans l'état normal, la matière éthérée du périsprit échappe à la perception de nos organes : l'âme seule peut la voir, soit en rêve, soit en somnambulisme, soit même dans le demi-sommeil, en un mot toutes les fois qu'il y a suspension totale ou partielle de l'activité des sens. Quand l'Esprit est incarné, la substance du

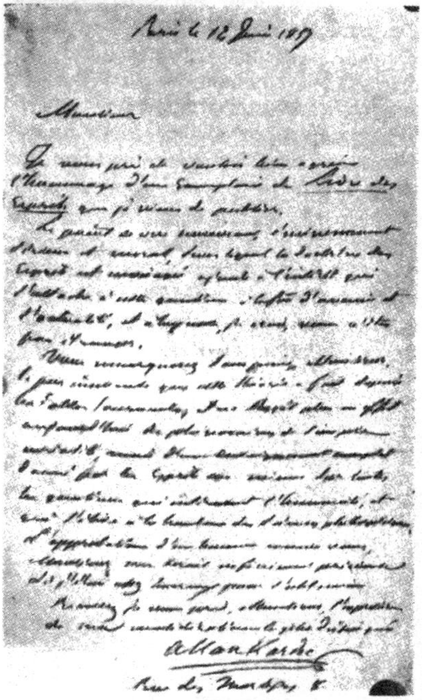

Lettre autographe d'Allan Kardec à Théophile Gautier (3)

---

(3) Voici ce qu'écrivait le Maître, dans cette lettre, à Théophile Gautier (1811-1872), le célèbre écrivain qui devait, en effet, partager nos idées et devenir réincarnationniste convaincu :

Paris le 12 Juin 1857.

Monsieur,

Je vous prie de vouloir bien agréer l'hommage d'un exemplaire du *Livre des Esprits* que je viens de publier.

Le point de vue nouveau, éminemment sérieux et moral, sous lequel la doctrine des Esprits est envisagée ajoute à l'intérêt qui s'attache à cette question à la fois d'avenir et d'actualité et à laquelle, je crois, vous n'êtes pas étranger.

Vous remarquerez sans peine, Monsieur, le pas immense que cette théorie a fait depuis les tables tournantes, il ne s'agit plus en effet aujourd'hui de phénomènes de simple curiosité, mais d'un enseignement complet donné par les Esprits eux-mêmes sur toutes les questions qui intéressent l'humanité, et qui l'élève à la hauteur des sciences philosophiques.

L'approbation d'un homme comme vous, Monsieur, me serait infiniment précieuse si j'étais assez heureux pour l'obtenir.

Recevez, je vous prie, Monsieur, l'expression de ma considération la plus distinguée.

signé : Allan Kardec,

rue des Martyrs, 8.

Nesta página de “La Revue Spirite”, de 1954, a carta autógrafa de Allan Kardec a Théophile Gautier.

as idéias são incontestavelmente bebidas na fonte mesma do Espiritismo. "Posto que romance, esta obra não deixa de ter grande importância, primeiro pelo nome do autor, e porque é a primeira obra capital saída de escritores da imprensa, e onde a idéia espírita está decididamente afirmada."

Teófilo Gautier era, então, um dos autores favoritos da Imprensa. Apesar disso, a imprensa foi, segundo Kardec, "de uma sobriedade parcimoniosa com respeito a essa obra. Não sabia se devia louvá-la ou censurá-la". Falaram pouco, arrolando-a entre as obras de imaginação, mas confessaram a viva sensação que ela produziu na Europa inteira, muito embora as livrarias chegassem a boicotar-lhe a propaganda. Émile Zola, no "Événement" de 16 de fevereiro, acompanha o resumo da obra de singulares reflexões, achando que Gautier não acreditava em nada daquilo que contara.

O Codificador faz comentários à obra "Des forces naturelles inconnues", surgida em 1865, declarando que "é uma refutação, sob o ponto de vista da ciência, às críticas dirigidas contra os fenômenos espíritas, a propósito dos irmãos Davenport, e à assimilação que se pretende estabelecer entre esses fenômenos e os *tours* de prestidigitação".

O autor da obra, que usou o pseudônimo de Hermès, fala com a autoridade de um cientista e profliga as excentricidades da linguagem usada por uma parte da imprensa, mostrando até que ponto ela se afastou da discussão leal. "Podemos não partilhar o sentimento do autor em todos os pontos" – escreveu Kardec (RS, 1866, p. 96) –, "mas cabe-nos dizer que seu livro é uma refutação difícil de refutar."

Talvez o mestre não soubesse que Hermès era pseudônimo de Camille Flammarion. Em 1907, satisfazendo a pedidos para a reedição dessa obra, Flammarion refez toda ela, ou melhor, redigiu uma obra inteiramente nova, bastante volumosa, e publicou-a ligeiramente alterada no título: "Les Forces naturelles inconnues", agora com o seu próprio nome de batismo.

Em "Notícias bibliográficas" da RS de abril de 1866, Kardec fala sobre a obra "Suis-je Spirite?", por Sylvain Alquié, de Toulouse. O autor só conhecia o Espiritismo através de diatribes contra ele, até que, levado por um artigo publicado por "La Discussion", se pôs a estudar a nova doutrina. É, diz Kardec, "uma profissão de fé sabiamente raciocinada".

Uma série de cartas publicadas pela "Union Spirite Bordelaise", datadas de Sétif (Argélia), expõem os princípios da Doutrina, em resposta às diatribes de certos jornalistas. Elas foram reunidas pelo autor, Sr. Grelez, oficial de administração aposentado, na brochura: "Lettre à MM. les directeurs et rédacteurs des journaux antispirites".

Sob o título "Philosophie spirite", o Sr. Augustin Babin, de Cognac, publica uma brochura extraída de "O Livro dos Espíritos".

Ambas as brochuras acima receberam inteligentes comentários do Codificador.

Kardec faz a crítica da obra "Les dogmes de l'Église du Christ expliqués par le Spiritisme", por Apolon de Boltinn, obra escrita em russo, traduzida, em 1866, para o francês, e publicada em Paris: "É escrita com prudência, moderação, método e clareza. Vê-se que o autor fez um estudo aprofundado das Escrituras Santas e dos teólogos das Igrejas latina e grega, cujas palavras comenta e explica como um homem que conhece o terreno em que pisa. Seus argumentos têm a força dos fatos, da lógica e da concisão."

Em "Notícias bibliográficas", Allan Kardec faz extensa crítica à obra "Mirette", romance espírita por Élie Sauvage, membro da "Société des Gens de Lettres". Diz que é o *primeiro romance realmente espírita*, "onde nada se afasta do possível e do qual o Espiritismo tudo pode aceitar". Considera que em "Spirite", de Teófilo Gautier, anterior àquele, "o fantástico supera de muito o real e o possível do ponto de vista da Doutrina", embora tenha sido a primeira obra desse gênero de real importância, na qual a idéia era tomada a sério. (RS, 1867, pp. 59/63.) Na mesma seção da RS de março de 1867, fala de "Lumen", de Camille Flammarion, professor de astronomia, adido ao Observatório de Paris. A obra, publicada primeiro na "Revue du XIXe siècle", é obra espírita, sem falar em Espiritismo. Kardec assinala que "é a primeira vez que o Espiritismo sério, ainda que não declarado, é associado à ciência positiva, e isto por um homem capaz de apreciar um e outra (...)". (P. 96.)

O Codificador recebe a obra "Carta de un Espiritista" (ao Doutor Francisco de Paula Canalejas), publicada em Madrid, que encerra os princípios fundamentais da Doutrina Espírita, extraídos de "O que é o Espiritismo". (P. 128 da RS, 1867.) E em "Notícias bibliográficas" de setembro do mesmo ano, faz a crítica do novo livro de Camille Flammarion – "Dieu dans la nature". "O Sr. Flammarion trata hoje da demonstração de uma outra verdade, indubitavelmente a mais importante, porque é a pedra angular do edifício social, sem a qual igualmente o Espiritismo não teria sua razão de ser: *A existência de Deus*." (P. 286.)

Ainda na referida seção, de novembro de 1867, anuncia o aparecimento da obra "La Raison du Spiritisme", de Michel Bonnamy, juiz de instrução em Villeneuve-sur-Lot, membro dos congressos científicos da França, antigo membro do Conselho Geral de Tarn-et-Garonne. (RS, 1867, p. 344.)

"O autor – escreve Kardec – não se limita a emitir sua opinião: ele a motiva e dá a razão de ser de cada coisa. É por isso que justamente intitulou seu livro: 'A Razão do Espiritismo'."

Elogiando sobremaneira essa obra, com transcrição na RS do seu prefácio e de trechos dos capítulos, conclui: "A obra do Sr. Bonnamy será assinalada nos anais do Espiritismo, não só como a primeira no seu gênero, mas sobretudo por sua importância filosófica." (P. 352.)

Em 1867 saía à luz "Abrégé de la doctrine spirite", por Florence Loth, de Amiens. O mestre diz que se trata de um resumo dos princípios mais essenciais da Doutrina Espírita, composto, em sua maior parte, de citações textuais de obras fundamentais, inclusive de "O Céu e o Inferno".

O "Journal d'Amiens", de 29 de dezembro de 1867, pela pena do Sr. A. Gabriel Rembault, elogia as "boas noções de moral, de tolerância e de amor ao próximo" existentes na obra, frisando, entretanto, que não acredita no Espiritismo, nem nos fenômenos, nem em Espíritos que voltam depois da morte.

A obra foi interdita pelo clero do interior, o que serviu para propagá-la, "tão poderoso é o atrativo do fruto proibido", comentou Kardec. (RS, 1868, pp. 57/63.)

A Biblioteca Imperial de S. Petersburgo publicou em 1858, em reduzido número de exemplares, uma coletânea de cartas inéditas do célebre fisionomista e filósofo João Gaspar Lavater, editada em alemão. Essas cartas, datadas de 1798, foram dirigidas de Zurique à imperatriz Maria Feodorowna, esposa do imperador Paulo I, da Rússia. Kardec recebeu de um espírita de S. Petersburgo o documento em questão, que, além das seis cartas com idéias positivamente espíritas, continha também cartas de um defunto a seu amigo na Terra, igualmente de fundo espírita.

Ele as transcreve em tradução francesa, com alguns comentários, na RS de março, abril e maio de 1868. Lembramos que toda essa correspondência inédita de Lavater foi incluída na obra "O Porquê da Vida", de Léon Denis.

Jean-Gaspard Lavater
(1741-1801)

É feita por Allan Kardec a crítica da obra "Les pensées du zouave Jacob", que encerra comunicações recebidas pelo médium curador e escrevente Henri Jacob, em diferentes grupos e reuniões espíritas. O Codificador diz que, embora as comunicações sejam excelentes pelo lado moral, é de lamentar que a uniformidade dos assuntos tratados crie monotonia na leitura. (RS, 1868, p. 91.)

Em "Bibliografia" da RS de julho de 1868, examina a obra "L'Âme" (demonstração de sua realidade, deduzida dos efeitos do clorofórmio e do curare sobre a economia animal), pelo Sr. Ramon de la Sagra, membro correspondente do Instituto de França (Academia das Ciências Morais e Políticas), da Academia Real das Ciências dos Países-Baixos, etc.

A obra, baseada em observações próprias e nas dos mais acreditados autores médicos, quanto aos efeitos das substâncias anestésicas no organismo animal, conduz à demonstração da realidade da existência de uma essência distinta da matéria, à qual se ligam as funções intelectuais que a matéria em si jamais poderia preencher.

Aplaude Kardec essa obra, pelo seu caráter científico e experimental no tratamento da importante questão, embora ali se tenha feito abstração do Espiritismo.

O Codificador comunica o aparecimento da brochura "Correspondance inédite de Lavater avec l'Impératrice Marie de Russie, sur l'avenir de l'âme", edit. pelos Srs. Lacroix et Cie., da Librairie internationale, de Paris. (RS, outubro de 1868.) E em "Bibliografia" da RS de novembro de 1868, faz a crítica da obra "Le Spiritisme dans la Bible", ensaio sobre a psicologia dos antigos hebreus, por Henri Stecki. O autor traz à luz muitas citações, que recebem comentários inteligentes, reveladores de um espírita esclarecido, não fanático de idéias, que só visse Espiritismo em tudo. (P. 350.)

Surgida em fevereiro de 1869 a obra "Histoire des Camisards des Cévennes", por Eug. Bonnemère, o Codificador dela fala na RS, pp. 56/64. Trata-se da guerra que, no reinado de Luís XIV, foi empreendida contra os Camisardos ou "Trembleurs" de Cévennes, um dos episódios, escreve Kardec, mais tristes e mais comovedores da História da França. O autor procura, com o Magnetismo e o Espiritismo, fazer luz sobre os fenômenos de diversa natureza, sobrenaturais para uns, diabólicos para outros, que se produziram durante a cruenta perseguição aos calvinistas nas montanhas de Cevenas.

Na RS de abril de 1869, comenta duas obras recém-aparecidas: "Y a-t-il une vie future?", opiniões diversas sobre esse assunto, colhidas e postas em ordem por *Um Fantasma*, pseudônimo que usou ilustre engenheiro e autor de obras filosóficas, conhecido de Allan Kardec. "O livro não é simples demonstração de fé, mas a demonstração digna de um matemático, por sua lógica cerrada e irresistível."

A outra obra, intitulada "A alma, sua existência e suas manifestações", escrita pelo Sr. Dyonis, recebe vários comentários elogiosos de Kardec, que diz ser ela "(...) a demonstração da alma, da vida futura, da pluralidade das existências, mas sob uma forma mais didática, mais científica, posto que sempre clara e inteligível para todo o mundo. A refutação do materialismo, e em particular das doutrinas de Büchner e de Moleschott, aí ocupa largo espaço, não sendo a parte menos interessante nem a menos instrutiva, pela irresistível lógica dos argumentos".

Allan Kardec reproduz na RS de fevereiro de 1865 a oração fúnebre que Vítor Hugo pronunciou no cemitério

Victor Hugo
(1802-1885)

dos independentes, em Guernesey, junto ao túmulo da jovem Emily de Putron, a quem um dos filhos do grande poeta, François Hugo, havia dedicado o décimo quarto volume de sua tradução de Shakespeare.

Publicado em vários jornais franceses, o discurso de Vítor Hugo é bela e emocionante página de fundo espírita, à qual, diz o próprio Codificador, só falta a palavra Espiritismo. (RS, 1865, pp. 59/63.)

6 – Indicação por Allan Kardec de obras espíritas suas. – Um caso no qual fez referência a uma gramática de sua co-autoria

É interessante lembrar que se Allan Kardec indicava as suas obras, delas não fazia recomendação expressa. "A quem elas não convier, está inteiramente livre de colocá-las de lado. Longe de nós a pretensão de crer que não se possa fazer melhor ou igual."

Além de interessante, é bastante curioso haver ele recomendado aos espíritas a leitura e o estudo das mais importantes obras com interpretações antiespíritas, como fez com a do Marquês de Mirville e a de Louis Figuier, nas quais, segundo ele, os adeptos do Espiritismo colheriam fatos do mais alto interesse e fortaleceriam suas convicções vendo a pobreza das explicações não espíritas. "Proibir um livro" – sentenciou o Codificador – "é provar que o tememos." (RS, 1861, pp. 44/45.)

Em meados de 1861, um crítico, que não se identificou, resolveu, com mordaz superioridade, apontar um erro de gramática por ele descoberto em "O Livro dos Espíritos". Kardec escreve, nas pp. 216/217 da RS de 1861, que o tal crítico deveria primeiro saber, antes de criticar, e passa a demonstrar, com frases dos escritores Regnard e Vaugelas, o acerto da gramática usada pelos Espíritos, nada mais, nada menos que um caso de silepse. E leva o crítico a ler a regra que se encontra na gramática de

Boniface e na "Grammaire Normale des Examens", de autoria de Lévi-Alvarès e Rivail.[14]

Concluindo, comenta: "É realmente um prazer ver o esforço que os adversários do Espiritismo despendem em atacá-lo com todas as armas que lhes caem às mãos; mas, o que há de singular é que, malgrado o grande número de setas disparadas contra ele, malgrado as pedras que lhe semeiam no caminho, *malgrado as ciladas que lhe armam para fazê-lo desviar de seu objetivo*, ninguém ainda achou o meio de detê-lo em sua caminhada, e o Espiritismo ganha um terreno que faz desesperar aqueles que acreditavam abatê-lo com piparotes. Após os piparotes, os atletas do folhetim ensaiaram golpes de maça: ele nem chegou a abalar-se, senão que se propagou mais rapidamente." (RS, 1861, p. 217.)

[14]Pela primeira e única vez Allan Kardec faz brevíssima referência escrita, em obra espírita, a um livro escolar de sua autoria.

Capítulo II

Preparativos finais; continuidade da obra; "Canto do cisne", de Allan Kardec.

1 – O Período Religioso. O Espiritismo como Religião

Na RS de 1863, pp. 377/379, Allan Kardec tece considerações a respeito dos períodos vividos ou a serem vividos pelo Espiritismo, e os nomeia nessa ordem: o da *curiosidade*, o *filosófico*, o da *luta*, *o religioso*, o *intermediário* (que na época própria ganharia nome) e, finalmente, o da *renovação social*.

Eis o que ele escreveu quanto à passagem do 3º até o 6º período:

> "A luta determinará uma nova fase do Espiritismo e conduzirá ao quarto período, que será o *período religioso*; depois, virá o quinto, *período intermediário*, conseqüência natural do precedente, e que receberá mais tarde a sua denominação característica. O sexto e último período será o da *renovação social*, que abrirá a era do século vinte."

Na colocação dessas fases do Movimento Espírita, não deixa dúvida que o missionário foi altamente inspirado pelo *Espírito da Verdade*, mas cremos que ele, Kardec, apressou-se, por conta própria, em fixar o tempo para cada um dos períodos. Aliás, quando Jesus anunciou a vinda do Consolador, também julgaram que tal acontecimento se daria num tempo bem próximo àquela época, achando alguns que a promessa se cumprira no dia de

Pentecostes. No entanto, só no século XIX, ele, o Consolador prometido, desceria até nós, para restabelecer e explicar-nos todas as coisas.

Na verdade, estamos agora vivendo o *período religioso* do Espiritismo, máxime no Brasil, onde, faz mais de cem anos, "os verdadeiros espíritas, ou melhor, os espíritas cristãos", o têm apresentado *qual ele é*, na sua mensagem cristã e renovadora do espírito humano.

Talvez já se avizinhe o "período intermediário", que será, como esclarece o Codificador, "conseqüência natural do precedente", e, a nosso ver, deverá levar o homem a um novo passo no conhecimento de si mesmo e do chamado mundo invisível, a evidenciar para materialistas e negativistas empedernidos o princípio fundamental em torno do qual gira o nosso destino: Deus e a imortalidade da alma.

Em "Ligeira resposta aos detratores do Espiritismo", inserto em "Obras Póstumas", o Codificador houve por bem deixar para a nossa meditação esse trecho bastante significativo:

"O Espiritismo é uma doutrina filosófica de efeitos religiosos, como qualquer filosofia espiritualista, pelo que forçosamente vai ter às bases fundamentais de todas as religiões: Deus, a alma e a vida futura. Mas, não é uma religião constituída, visto que não tem culto, nem rito, nem templos e que, entre seus adeptos, nenhum tomou, nem recebeu o título de sacerdote ou de sumo-sacerdote."

Na RS, 1864, p. 199, escreveu Allan Kardec: "Quem primeiro proclamou que o Espiritismo era uma religião nova, com seu culto e seus sacerdotes, senão o clero? Onde se viu, até o presente, o culto e os sacerdotes do Espiritismo? Se algum dia ele se tornar uma religião, o clero é quem o terá provocado."

2 – "O Credo, a Religião do Espiritismo"

Apresentamos vários excertos de livros e da "Revue Spirite", de Allan Kardec, dos anos de 1861, 1862, 1863, 1864, 1866 e 1868 (janeiro e novembro), todos de meridiana clareza. Neles se observa que o pensamento do Codificador e dos Espíritos Superiores foi sempre o mesmo quanto à Mensagem do Cristo contida no Espiritismo e à posição deste como *a Religião.*

Ei-los:

1) (...) *"os incrédulos por escrúpulos religiosos*, aos quais um estudo esclarecido ensinará que o Espiritismo repousa sobre as bases fundamentais da religião e respeita todas as crenças."

("O Livro dos Médiuns", Primeira Parte, cap. III – Do Método –, item 24.)

2) "Os (espíritas) que não se contentam com admirar a moral espírita, que a praticam e lhe aceitam todas as conseqüências." (...) "A caridade é, em tudo, a regra de proceder a que obedecem. São *os verdadeiros espíritas*, ou melhor, *os espíritas cristãos.*" (Os destaques são de Allan Kardec.) (..."ce sont là les *vrais spirites* ou mieux *les spirites chrétiens.*")

(Idem, item 28, 3º) – (Os destaques são de Allan Kardec.)

3) "Não empaneis esse clarão por sentimentos e atos indignos de verdadeiros Espíritas, de Espíritas Cristãos." (..."n'en ternissez pas l'éclat par des sentiments et des actes indignes de vrais Spirites, de Spirites Chrétiens.")

("Viagem Espírita em 1862", "O Clarim", 1ª edição, 1968, p. 92; edição francesa da Union Spirite Kardeciste Belge, s. d., p. 63.)

4) "Aproxima-se a hora em que te será necessário apresentar o Espiritismo qual ele é, mostrando a todos onde se encontra a verdadeira doutrina ensinada pelo Cristo. Aproxima-se a hora em que, à face do céu e da Terra, terás de proclamar que o Espiritismo é a única tradição verdadeiramente cristã e a única instituição verdadeiramente divina e humana."

("Obras Póstumas" – Segunda Parte – "Livro das Previsões Concernentes ao Espiritismo"[15], comunicação obtida em Ségur, aos 9-8-1863, a propósito da elaboração de "O Evangelho segundo o Espiritismo".)

5) "Pois que a doutrina que professam (os adeptos do Espiritismo) mais não é do que o desenvolvimento e a aplicação da do Evangelho, também a eles se dirigem as palavras do Cristo."

("O Evangelho segundo o Espiritismo", cap. XXIV, item 16.)

6) "Os espíritas poderão aí (nos fenômenos de sonambulismo mediúnico espontâneo) colher grandes ensinamentos, próprios a esclarecer e a fortificar a sua fé, mas, repetimo-lo, seriam sem proveito para os incrédulos. Os fenômenos destinados a convencer estes últimos, e que se podem produzir em plena luz, são de uma outra

[15]O título original do "manuscrito composto com especial cuidado por Allan Kardec e do qual nenhum capítulo fora ainda publicado" era mais completo: "Livre des prévisions et révélations concernant le Spiritisme".

ordem e, no número, alguns terão lugar e já se produzem, pelo menos em aparência, *fora do Espiritismo.* O vocábulo os apavora. Não sendo pronunciada esta palavra, será para eles uma razão a mais para dele se ocuparem. Os Espíritos são, pois, prudentes, quando, por vezes, trocam a etiqueta."

("Sonambulismo Mediúnico Espontâneo", *in* "Revue Spirite", novembro-1866. Os destaques são de Allan Kardec.)

7) "Que Espírito, ao demais, ousaria insuflar-lhe (ao Cristo) seus próprios pensamentos e encarregá-lo de os transmitir? Se algum influxo estranho recebia, esse só de Deus lhe poderia vir. Segundo definição dada por um Espírito[16], ele era *médium de Deus.*"

("A Gênese", cap. XV, item 2.)

8) "Ser expulso da sinagoga equivalia a ser posto fora da Igreja. Era uma espécie de excomunhão. Os espíritas, *cuja doutrina é a do Cristo,* de acordo com o progresso das luzes atuais, são tratados como os judeus que reconheciam em Jesus o Messias." (...) "Aliás, fomos avisados de que tudo hoje tem que se passar como ao tempo do Cristo."

("A Gênese", cap. XV, item 25. Os destaques são nossos.)

9) "O laço estabelecido por uma religião, seja qual for seu objetivo, é, portanto, um elo essencialmente moral que religa os corações, que identifica os pensamentos, as aspirações, e não é somente o fato de compromissos materiais que se rompem à vontade, ou do cumprimento de fórmulas que falam mais aos olhos do que ao espírito. O efeito desse elo moral é estabelecer entre os que

---

[16]A definição está na obra "Espírita e Cristão", de *Alexandre Bellemare,* cujo trabalho foi compulsado por Allan Kardec, antes de editado na França. O Codificador foi autorizado a fazer a citação constante em "A Gênese".

ele une, como conseqüência da comunidade de opiniões e de sentimentos, *a fraternidade e a solidariedade*, a indulgência e a benevolência mútuas. É nesse sentido que se diz também: a religião da amizade, a religião da família.

Se assim é, dirão, o Espiritismo então é uma religião?

– Perfeitamente! sem dúvida; no sentido filosófico, o Espiritismo é uma religião, e nós nos ufanamos disso, porque ele é a doutrina que funda os laços de fraternidade e da comunhão de pensamentos, não sobre uma simples convenção, mas sobre as mais sólidas bases: as leis da própria Natureza.

Por que então declaramos que o Espiritismo não é uma religião? Por isso que só temos uma palavra para exprimir duas idéias diferentes e que, na opinião geral, a palavra religião é inseparável da de culto: revela exclusivamente uma idéia de forma, e o Espiritismo não é isso. Se o Espiritismo se dissesse uma religião, o público só veria nele uma nova edição, uma variante, se assim nos quisermos expressar, dos princípios absolutos em matéria de fé, uma casta sacerdotal com seu cortejo de hierarquias, de cerimônias e de privilégios; o público não o separaria das idéias de misticismo e dos abusos, contra os quais sua opinião tem-se elevado tantas vezes.

Não possuindo nenhum dos caracteres de uma religião, na acepção usual da palavra, o Espiritismo não poderia nem deveria ornar-se com um título sobre o valor do qual inevitavelmente se estabeleceria a incompreensão; eis por que ele se diz simplesmente: doutrina filosófica e moral.

As reuniões espíritas podem, pois, realizar-se religiosamente, isto é, com o recolhimento e o respeito que comporta a natureza austera dos assuntos de que nelas se tratam; podem mesmo fazer-se, em ocasião oportuna, orações que, em vez de serem ditas em particular, são feitas em comum, sem serem por isso o que se entende por *assembléias religiosas*. Não se julgue que isto seja simples jogo de palavras; o matiz é perfeitamente claro, e a aparente confusão vem da falta de uma palavra para cada idéia."

"Crer em um Deus todo-poderoso, soberanamente justo e bom; crer na alma e na sua imortalidade; na preexistência da alma como justificativa da presente existência; na pluralidade das existências como meio de expiação, reparação e adiantamento intelectual e moral; na perfectibilidade dos seres mais imperfeitos; na felicidade crescente com a perfeição; na remuneração eqüitativa do bem e do mal, segundo o princípio: a cada um segundo suas obras; na igualdade da justiça para todos, sem exceções, favores nem privilégios para criatura alguma; na duração da expiação limitada à da imperfeição; no livre-arbítrio do homem, deixando-lhe a escolha entre o bem e o mal; crer na continuidade das relações entre o mundo visível e o mundo invisível; na solidariedade que liga todos os entes passados, presentes e futuros, encarnados e desencarnados; considerar a vida terrestre como transitória e uma das fases da vida do Espírito, que é eterna; aceitar corajosamente as provas, visto ser o futuro mais desejável que o presente; praticar a caridade por pensamentos, palavras e obras, na mais ampla acepção do vocábulo; esforçar-se cada dia por ser melhor do que na véspera, extirpando da alma alguma imperfeição; submeter todas as suas crenças ao controle do livre-exame e da razão, e nada aceitar por uma fé cega; respeitar todas as crenças sinceras, por mais irracionais que nos pareçam, e não violentar a consciência de ninguém; ver, enfim, nas descobertas da Ciência, a revelação das leis da Natureza, que são as leis de Deus: eis o Credo, a religião do Espiritismo, religião que pode conciliar-se com todos os cultos, isto é, com todas as maneiras de adorar a Deus. Esse é o laço que deve unir todos os espíritas numa santa comunhão de pensamentos, enquanto se espera que ele ligue todos os homens sob a bandeira da fraternidade universal."

("É o Espiritismo uma Religião?", extratos do discurso de Allan Kardec, em 1º de novembro de 1868, na Sociedade Parisiense de Estudos Espíritas, estampado na "Revue Spirite" de dezembro do mesmo ano, pp. 353 a 362. Traduzido, na íntegra, em "Reformador" de março de 1976, pp. 78 a 82.)

"Para se designarem coisas novas são precisos termos novos." (...) "Diremos, pois, que a doutrina espírita ou o Espiritismo tem por princípio as relações do mundo material com os Espíritos ou seres do mundo invisível. Os adeptos do Espiritismo serão os espíritas, *ou, se quiserem, os* espiritistas."

(Allan Kardec, "O Livro dos Espíritos" – Introdução ao estudo da Doutrina Espírita, nº I.)

3 – A "Constituição do Espiritismo", derradeira obra de Kardec

O documento referido, de reflexões e inspirações do Codificador, resultou de plano concebido pelo menos oito ou nove anos antes de 1869, mas seria nos meses iniciais do ano de sua desencarnação que o autor lhe daria os retoques finais, cortes e acréscimos, redistribuindo as matérias objeto de vários itens, conhecidos desde dezembro de 1868, e deixando-o inacabado.

Allan Kardec preocupou-se, sempre, com o *futuro do Espiritismo.* Não deixou ele de chamar a atenção para o que podia ter passado despercebido: em poucas ocasiões *fizera só pressentir* aquela sua preocupação, "mas o bastante para mostrar que não é esta hoje uma concepção nova e que, *trabalhando na parte teórica* da obra, não nos descuidávamos do *lado prático*".

As modificações, de dezembro de 1868 para princípios de 1869, podem ser resumidas do seguinte modo: Matérias foram deslocadas, quais as do item II, mas, neste caso, por Leymarie, que no nº X (para o qual nada chegou a ser redigido, que se saiba, pois foi aí que Kardec interrompeu o manuscrito) colocou todo um Relatório da Caixa do Espiritismo, apresentado, aos 5-5-1865, à Sociedade de Paris; assim, sob o nº II, passou a figurar o assunto do primitivo item III; o item VI recebeu nova intitulação, abordando "a amplitude de ação da Comissão Central", em lugar das "Obras fundamentais da Doutrina";

o item VIII, "Vias e meios", trouxe matéria nova: "Do programa das crenças"; o IX, "Conclusão" (de 1868), é o que, no *Documento de 1869*, tratou das "Vias e meios", encerrando-o. Não houve depois a parte final, "Conclusão" (que teria constado, no Documento de 1869, sob o nº X se não houvera o respectivo manuscrito sofrido definitiva interrupção), e a palavra *provisória* foi suprimida do título principal.

Determinados pontos de ambos os documentos (de 1868 e *1869*) foram examinados antes, na "Revue Spirite", de dezembro de 1861. Sob a epígrafe "Organização do Espiritismo", encontra-se até um amplo estudo dividido em 25 itens, contendo recomendações muito elucidativas, do mesmo passo que, na de 1866, acha-se, em seguimento a uma comunicação mediúnica, demorada dissertação de Allan Kardec: "Do projeto de Caixa Geral de Socorro e outras instituições para os espíritas", com cerca de uma dezena de páginas (abrindo o número de julho da RS daquele ano).

Louvar-nos-emos, pois, no documento derradeiro, por se nos deparar nele o pensamento último do Codificador, mais experiente e amadurecido nas lutas e meditações, isto é, o que consubstanciou, nos últimos dias de sua vida física, a longa e brilhante vivência como missionário-chefe da Codificação da Doutrina dos Espíritos. São dele estas palavras: "Essa *falta de precisão, inevitável* no começo e durante o período de elaboração, há freqüentemente causado equívocos lamentáveis, fazendo se atribuísse à Doutrina *o que não passava de abuso ou transviamento.*" "(...) a qualidade de espírita pode ter um caráter definido, de que antes carecia." (*VIII, Constituição do Espiritismo.*)

A Constituição, reformada, reordenada, acrescida de novos materiais, recebeu desenvolvimentos e nova filosofia interpretativa da prática do Espiritismo. Kardec deu-lhe novas condições, definindo ou redefinindo enunciados, suprimindo ou aditando textos, de sorte a transformá-la em *Documento* marcante para os movimentos espíritas, no mundo, depois de publicado em 1890, presumivelmente em obediência a instruções deixadas em papéis que não chegaram ao conhecimento senão dos íntimos.

Concluída a obra de sua vida, Kardec só pôde terminar o item IX da Constituição. Nada mais devia, em 1869, ser acrescido à Codificação Espírita: *estava a rigor concluída*! Não redigiria o item X; não poderia, portanto, prosseguir, como pretendia, aditando à importante peça endereçada ao Futuro algo capaz de tornar mais rico ainda o seu substancioso Legado de Apóstolo da Terceira Revelação. Porque aí, certamente, o *Espírito da Verdade*, que autorizara os Espíritos a promoverem mundialmente uma fenomenologia de despertamento das consciências, traçara diretrizes que Kardec talvez desconhecesse, mas que envolveriam questões gerais e especiais com pertinência a oportuno aproveitamento, sob diferente balizamento, em pontos essenciais daquela Constituição cuidadosamente trabalhada. Não conferiria aos homens a *decisão*, em termos taxativos, de incorporar à Doutrina *princípios novos* decorrentes de suas próprias conclusões (item IV – Comissão Central –, inciso 2º). Dessa parte incumbir-se-iam *mesmo* os Espíritos Reveladores e Orientadores, pelos canais da mediunidade, deixando à consciência dos indivíduos e ao consenso da comunidade espírita, em paulatina e progressiva maturação, o assimilar princípios e ensinos daí em diante reveláveis ou intuitivamente alcançáveis, nos estritos limites do livre-arbítrio e da responsabilidade que dele decorre.

Capítulo III

Missão cumprida; solenes despedidas; depois de Allan Kardec

1 - Doença de Kardec. Assistência do Dr. Demeure

Antoine Demeure[17], desencarnado em Albi (Tarn), França, a 25 de janeiro de 1865, aos 71 anos, fora, segundo o próprio Kardec, o *Cura d'Ars da Medicina*: médico homeopata, humanitário, sempre disposto a socorrer sofredores e necessitados, encontrou, um dia, na doutrina do Espiritismo, ao tempo do Codificador, "a chave de problemas cuja solução debalde pedira à Ciência como a todas as filosofias". Abraçando o Espiritismo com ardor, tornou-se um de seus mais perseverantes divulgadores, pois, graças à "profundeza do seu espírito investigador" - é ainda Kardec quem observa ("O Céu e o Inferno", 2ª Parte, cap. II, 21ª edição, revista, 1974, FEB) -, "compreendeu-lhe subitamente todo o alcance".

[17]Os escassos dados biográficos de Demeure foram colhidos nas obras de *Allan Kardec* - "O Céu e o Inferno", citada, e "Obras Póstumas", Segunda Parte, pp. 317/320, 13ª edição, 1973, FEB -, bem assim em "Les Pionniers du Spiritisme en France", Première Partie - "Les Ainés", III - Docteur Antoine Demeure, pp. 28 e 29, editada por J. Malgras, 1906, e em "La Revue Spirite", nov./dez. 1969, páginas 238/240, "Un protecteur d'Allan Kardec: Le docteur Antoine Demeure", por Hubert Forestier. (Cf. "Reformador", setembro de 1974, pp. 261 e seguintes: "O Dr. Demeure e a Correspondência de Allan Kardec", de *Francisco Thiesen*.)

Antoine Demeure (1794?-1865)

Demeure e Kardec não se conheciam pessoalmente, mas correspondiam-se. Estabeleceu-se, assim, "mútua e viva simpatia" entre ambos, que a morte não só não fez cessar como tornou mais intensa e profunda, pois cinco dias após, a 30 de janeiro, escrevia o bondoso médico: "Aqui estou. Ainda vivo, assumi o compromisso de manifestar-me desde que me fosse possível, apertando a mão do meu caro mestre e amigo Allan Kardec. A morte emprestara à minha alma esse pesado sono a que se chama letargia, porém, o meu pensamento velava. Sacudi o torpor funesto da perturbação conseqüente à morte, levantei-me e de um salto fiz a viagem. Como sou feliz! Não mais velho nem enfermo. O corpo, esse era apenas um disfarce. Jovem e belo, dessa beleza eternamente juvenil dos Espíritos, cujos cabelos não encanecem sob a ação do tempo. Ágil como o pássaro que cruza célere os horizontes do vosso céu nebuloso, admiro, contemplo, bendigo, amo e curvo-me, átomo que sou, ante a grandeza e sabedoria do Criador, sintetizadas nas maravilhas que me cercam. Feliz! feliz na glória! Oh! quem poderá jamais traduzir a esplêndida beleza da mansão dos eleitos; os céus, os mundos, os sóis e seu concurso na harmonia do Universo? Pois bem: eu ensaiarei fazê-lo, ó meu mestre; vou estudar, e virei trazer-vos o resultado dos meus trabalhos de Espírito e que de antemão, como homenagem, eu vos dedico. Até breve. *Demeure.*" ("O Céu e o Inferno", ed. citada, p. 202.)

Crise cardiovascular

A comunicação que vimos de reproduzir, revelando a jovialidade e toda a ternura de uma alma deslumbrada e sonhadora, amiga e agradecida, não sufocara, porém, a positividade científica e a acuidade filosófica do grande médico. Decorridos somente dois dias – sete após o próprio desenlace –, a 1º de fevereiro, Demeure retorna para socorrer Allan Kardec num acidente por este sofrido[18]: "(...) tende coragem e confiança em nós, porquanto essa crise, apesar de ser fatigante e dolorosa, não será longa, e, com os conselhos prescritos, podereis, conforme desejais, completar a obra que vos propusestes como fito da vossa existência." "Sou eu, Demeure, o amigo do Sr. Kardec (*esta mensagem é a do dia seguinte, 2-2-1865*). Venho dizer-lhe que o acompanhava quando lhe sobreveio o acidente. Este seria certamente funesto sem a intervenção eficaz para a qual me ufano de haver concorrido. De acordo com as minhas observações e com os informes colhidos em boa fonte, é evidente para mim que, quanto mais cedo se der a sua desencarnação, tanto mais breve reencarnará para completar a sua obra. É preciso, contudo, antes de

---

[18]A natureza do acidente ou crise não ficou esclarecida. Mas, sabendo-se que o mestre Kardec tinha problemas circulatórios, vindo a desencarnar ao rompimento de um aneurisma da aorta, é bem possível que um distúrbio cardiovascular o tenha atingido. A mensagem do dia 1º terminava com estas palavras: "Está muito quente aqui: esta fumaça é irritante. Enquanto estiverdes doente, convém não fazer lume, a fim de não aumentar a vossa opressão. Os gases que aí se desprendem são deletérios. Vosso amigo *Demeure.*"

partir, dar a última demão às obras complementares da teoria doutrinal de que é o iniciador. Se, portanto, por excesso de trabalho, não atendendo à imperfeição do seu organismo, antecipar a partida para cá, será passível da pena de homicídio voluntário[19]. É mister dizer-lhe toda a verdade, para que se previna e siga estritamente as nossas prescrições. *Demeure.*"

Solução para a correspondência

A questão da correspondência de Allan Kardec, cada dia mais volumosa, e a sua saúde, suscitando contínuos cuidados, trazem-lhe novos conselhos de Demeure, visando à restauração das energias físicas do missionário, aos seus afazeres doutrinários e, especificamente, à solução para o problema epistolar. Veja-se *Instrução relativa à saúde do Sr. Allan Kardec*, comunicação mediúnica de 23-4-1866 ("Obras Póstumas", ed. cit., pp. 317/320): "As forças humanas têm limites que o desejo de que o ensino progrida te leva muitas vezes a ultrapassar. Estás errado, porquanto, procedendo assim, não apressarás a marcha da Doutrina, mas arruinarás a tua saúde e te colocarás na impossibilidade material de acabar a tarefa que vieste desempenhar neste mundo." "Ouve-me: deixa para mais tarde as grandes obras destinadas a completar a que está esboçada nas tuas primeiras publicações..." "(...) sou aqui o delegado de todos os Espíritos que tão poderosamente têm contribuído para a propagação do ensino, mediante suas sábias instruções. Eles te dizem, por meu intermédio, que esse atraso, que consideras prejudicial ao futuro da Doutrina, é uma medida

[19] "...coupable d'homicide volontaire...", "Le Ciel et L'Enfer", quatrième édition, Paris, 1869, p. 234 (À La Librairie Spirite, rue de Lille, 7); "Revue Spirite", 1865, pp. 83/84.

necessária, de mais de um ponto de vista, quer porque certas questões ainda não se acham completamente elucidadas, quer para preparar os Espíritos a melhor assimilá-las. É necessário que outros tenham limpado o terreno, que se ache provada a insustentabilidade de certas teorias e que maior vácuo se haja produzido. Numa palavra: o momento não é oportuno; poupa-te, portanto; quando for tempo, indispensável te será todo o vigor de corpo e de espírito." "Farei aqui o que não ousarias fazer por ti próprio: dirigindo-me à generalidade dos espíritas, pedir-lhes-ei, no interesse mesmo do Espiritismo, que te evitem toda sobrecarga de trabalho..." "Se a tua correspondência algo sofrer com isso, em compensação o ensino ganhará." "Às vezes, necessário se torna sacrificar as satisfações individuais ao interesse geral."

Secretário; Lucros & Perdas

A correspondência comum, Kardec passou a responder a ela por intermédio de um substituto, com o que as cartas a serem por ele mesmo preparadas, por abordarem assuntos relevantes, demandariam menores atrasos e em breve estariam em dia. Mas, como resolver o problema das cartas acumuladas, mais de quinhentas? "É preciso" – responde Demeure – "como se diz em linguagem comercial, lançá-las em bloco à conta de lucros e perdas. Noticiando esta providência pela "Revue", os teus correspondentes saberão o que fazer; compreender-lhe-ão a necessidade e a considerarão justificada pelos conselhos que acabamos de dar. Repito: seria impossível que as coisas continuassem como têm ido. Tudo com isso sofreria: a tua saúde e a Doutrina. Convém, quando necessário, fazer os sacrifícios indispensáveis."[20]

---

[20]"Revue Spirite", 1866, pp. 153/155.

Finalidade e alcance daquelas epístolas

Demeure sabia muito bem a significação daquelas epístolas que saíam das mãos do Codificador, o seu poder de penetração nos espíritos e o alcance amplíssimo que elas tinham na época e teriam ainda no futuro: "A volumosa correspondência que recebes é para ti um precioso acervo de documentos e informações; ela te esclarece sobre a verdadeira marcha e os progressos reais da Doutrina; é um termômetro imparcial; proporciona-te, além disso, satisfações morais que por mais de uma vez te têm sustentado a coragem, mostrando-te a adesão que encontram tuas idéias, em todos os pontos do Globo. Sob esse aspecto, a superabundância é um bem e não um inconveniente, mas com a condição de te auxiliar os trabalhos e não de os embaraçar, criando-te um acréscimo de ocupações."

Antiga lesão: Carta de Kardec a um amigo

O Dr. Canuto Abreu, em 17-10-1974, referindo-se ao trabalho acima e, em especial, à nota 11, mandou-nos, em atenciosa missiva, as elucidações adicionais de que carecíamos:

> *"Após a partida de Zêus (Wantuil), desci ao arquivo à busca duma prova sobre o "acidente" ocorrido com Kardec e referido na comunicação de Demeure de 1º de fevereiro de 1865. E Você opinou bem. Eis o que Kardec escreveu no rascunho da carta de 28 de fevereiro de 1865 ao amigo belga:"A Monsieur Judermühle. Depuis le 31 janvier (1865), j'ai été tres sérieusement malade par suite de la fatigue causée par excès de travail. J'ai eu un rhumatisme interne qui s'est porté au coeur et aux poumons, et qui a nécessité beaucoup de soins. Je n'ai pas enco-*

re mis les pieds hors de la chambre, mais à présent je vais mieux et suis hors d'affaire, à condition d'être plus prudent à l'avenir. Je pense d'ici à peu de temps pouvoir reprendre le cours de mes travaux forcement interrompus. Etc." "Face a isso, Você (Francisco Thiesen) não se enganou no diagnóstico. E tem apoio nos salutares conselhos de Demeure a Kardec. Sobretudo compreenderá que esse homeopata, como o próprio Espírito de Hahnemann, fazia, no Espaço, parte da falange protetora de Kardec." (A tradução do texto francês, supratranscrito, pode ser esta: "Ao Senhor Judermühle. Desde o dia 31 de janeiro (1865) que tenho estado seriamente doente, em razão da fadiga que me trouxe o excesso de trabalho. Fui acometido de um reumatismo interno que se estendeu ao coração e aos pulmões, exigindo muitos cuidados. Sequer pus os pés fora do quarto, embora esteja presentemente melhor, mas afastado do trabalho, condicionado a maior prudência a partir daqui. Cogito de, dentro em breve, estar apto a retomar o ritmo de minhas atividades, interrompidas por força das circunstâncias. Etc."

Sonho-visão durante a doença

Allan Kardec conta que no correr do mês de abril de 1866 caíra doente, tendo ficado sob o império de uma sonolência e um esgotamento quase contínuos. Eis que na noite de 24 de abril ele teve um sonho-visão, que relata na RS de 1866, pp. 172/175:

"Num lugar de que eu não tinha nenhuma memória, e que se parecia com uma rua, havia um grupo de indivíduos que conversavam entre si. Somente alguns deles nos eram conhecidos no sonho, mas sem que pudéssemos designá-los pelos nomes. Observávamos essa multidão e procurávamos captar o assunto da conversa, quando subitamente apareceu no canto de uma parede uma inscrição em caracteres pequenos, brilhantes como fogo, e que nos esforçamos em decifrar. Ela estava assim concebida: "Descobrimos que a borracha enrolada sob a roda faz uma légua em dez minutos, desde que a estrada..." (*Nous avons découvert que le caoutchouc roulé sous la roue fait une lieue en dix minutes, pourvu que la route...*) Enquanto procurávamos o fim da frase, a inscrição foi pouco a pouco desaparecendo, e acordamos. Com receio de esquecer essas singulares palavras, apressamo-nos em registá-las." E Kardec prossegue:

"Qual podia ser o sentido dessa visão, que nada, absolutamente, nem em nossos pensamentos nem em nossas preocupações, podia haver provocado? Não podia ser reflexo de nossas idéias, pois não nos ocupávamos de invenções ou pesquisas industriais. Depois, que podia significar essa borracha (*caoutchouc*) que, enrolada sob a roda, faz uma légua em dez minutos? Era a revelação de alguma nova propriedade dessa substância? Seria chamada a desempenhar um papel na locomoção? Quereriam pôr-nos no caminho de nova descoberta? Mas, então, por que se dirigirem a nós, em vez de a homens especialistas, que têm tempo para realizar os estudos e as experiências necessários? No entanto, esse sonho era muito característico, muito especial, para ser catalogado entre os sonhos de fantasia. Devia ter um objetivo; qual? É o que procurávamos inutilmente."

Jean Vartier, que biografou Kardec à sua maneira[21], foi, entretanto, leal ao dizer que Kardec, "com alguns

---

[21] *Jean Vartier*: "Allan Kardec, la naissance du spiritisme", Paris, Librairie Hachette, 1971, pp. 174/175.

anos de antecedência, tivera uma inspiração onírica que lhe pôs entre as mãos o princípio da circulação sobre o pneumático, isto é, borracha cheia de ar (...)". E prossegue: "A utilização da borracha na locomoção velocipédica não se processou senão após a sua morte e a página em que ele descreve seu sonho não pode ser considerada como apócrifa. Este sonho encerra então uma das mais curiosas premonições tecnológicas."

Realmente, o Codificador jamais poderia imaginar que quatorze anos mais tarde Dunlop inventaria o pneumático, dentro do qual haveria a câmara de ar, cuja descrição muito superficial ele vira em sonho. Sabe-se do imenso progresso nos transportes, devido a esse invento, e das suas extraordinárias conseqüências econômicas e sociais em todo o mundo.

Visão de uma equipe de inventores

O Espírito do Dr. Demeure explica a Kardec que o referido sonho não era dessas imagens fantásticas, nem alguma manifestação de Espíritos *desencarnados*, mas sim de Espíritos *encarnados*.

"O que vistes" – esclareceu o Dr. Demeure – "são encarnados que se ocupam separadamente, e, na maioria, sem se conhecerem, de invenções tendentes a aperfeiçoar os meios de locomoção, anulando, tanto quanto possível, o excesso de despesa causado pela deterioração dos materiais hoje em uso. Uns têm pensado na borracha, outros em outras matérias; mas, o que há de particular é que *quiseram chamar-vos a atenção*, como objeto de estudo psicológico, para a reunião, num mesmo lugar, dos Espíritos de diferentes homens perseguindo o mesmo fim. A descoberta não tem relação com o Espirtismo; é apenas a junta de inventores que vos quiseram mostrar, e a inscrição não tinha outro fim que especificar, aos vossos olhos, o objetivo principal de sua preocupação, pois que há quem procure outras aplicações da borracha. Ficai persuadido de que freqüentemente isso acontece, e que quando vários homens descobrem ao mesmo tempo, seja uma nova lei, seja um novo corpo, em diferentes pontos do Globo, seus Espíritos estudaram a questão em conjunto, durante o sono, e, ao despertar, cada um trabalha por seu lado, utilizando o fruto de suas observações."

Apoplexia nos olhos; amaurose

No volume I desta obra (p. 173), foi reproduzido o que Kardec escreveu à página 230, da "Revue Spirite" de 1862, sobre uma cegueira quase total que experimentara uma dezena de anos atrás, diagnosticada como *amaurose* por eminente especialista, professor de clínica para moléstias dos olhos. Aconselhado a resignar-se, procurou uma *sonâmbula*, que lhe falou de simples "apoplexia nos olhos", que, no entanto, poderia *degenerar em amaurose*. Cuidado convenientemente, tudo sucedeu exatamente como lhe fora dito pela referida sonâmbula, a qual, como escreveu Allan Kardec, responsabilizou-se pela cura e, efetivamente, o curou no prazo estipulado.

A respeito daquela doença, consultamos uma obra especializada, recente, que diz o seguinte:

AMAUROSE (du gr. *amauroô*, j'obscurcis). – Affaiblissement ou perte totale de la vision, sans altération des milieux transparents de l'oeil, dus à une affection de la rétine, du nerf optique, du cerveau et des méninges. Cet état est produit en général par l'albuminurie, le diabète, la syphilis tertiaire (gommes), l'ataxie locomotrice, la paralysie générale, la méningite, les intoxications (belladone, plomb, tabac). Il peut être la manifestation réflexe d'accidents anciens de l'oeil.[22]

---

[22] "Larousse Médical Illustré", édition entièrement refondue et augmentée d'un supplément, Paris, 1975, Librairie Larousse.

Queríamos, no entanto, um parecer médico sobre o assunto, de profissional conhecedor do Espiritismo e, ao mesmo tempo, informado quanto à matéria pertinente à doença de Kardec, surgida em diferentes ocasiões (como 1865 e 1866). Recorremos ao Dr. Sérgio Thiesen, médico residente do Hospital Universitário da Universidade Federal do Rio de Janeiro (RJ), que assim se pronunciou:

"Amaurose é a perda parcial ou completa da visão decorrente de afecções retinianas, do nervo óptico, do cérebro (regiões occipitais) ou das meninges. Pode ser decorrente de doenças vasculares, inflamatórias, degenerativas, tumorais ou de intoxicações por determinadas substâncias.

Amaurose fugaz, como o próprio nome salienta, é a afecção, mas de caráter transitório, portanto geralmente reversível (85% dos casos) em semanas ou meses, habitualmente unilateral e decorrente de acidente vascular encefálico, isquêmico, por embolia da artéria retiniana ou de seus ramos. A origem mais freqüente desses êmbolos é o sistema carotídeo, geralmente secundário à ateromatose (doença degenerativa das artérias) das carótidas.

Tendo em vista que a causa provável de desencarnação de Allan Kardec teria sido ruptura de aneurisma de aorta e sabendo que esta patologia é freqüentemente acompanhada de arteriosclerose da própria aorta e das principais artérias (inclusive das carótidas), podemos supor, como hipótese, que sua perda visual, transitória, teria sido, pois, amaurose fugaz."

Conseqüência de emoções fortes?

Henri Sausse[23] faz referências aos grandes e varia-

[23]"Biographie d'Allan Kardec" – *nouvelle édition* (1910) – pp. 55 e 64/65. (Sem indicação de editor, com prefácio de Gabriel Delanne.)

dos encargos de Allan Kardec, aos esforços físicos e intelectuais, que já lhe vinham prejudicando a saúde, e às recomendações dos Espíritos no sentido de moderar-se nas atividades a fim de poder concluir a obra pela qual era responsável. Não deixou de mencionar, ainda, que ele dispunha de constituição física para viver cem anos, mas que possuía coração sensível, sendo de admitir-se que a origem do aneurisma, que o vitimara, se devesse, entre outras causas, às traições, insultos e calúnias sistemáticas assacadas contra ele – causadoras de emoções fortes. Kardec, porém, gênio benfeitor e benfazejo, de conduta irrepreensível, mais sofria diante das injustiças partidas de espíritas fúteis e levianos.

Para chegar às conclusões acima, H. Sausse louvou-se em documentos manuscritos por Pierre-Gaëtan Leymarie, encontrados entre sua antiga correspondência, logo após a desencarnação dele, em 1901. Como se sabe, Leymarie fora íntimo de Kardec, amigo, discípulo e continuador do mestre da Codificação do Espiritismo.

2 - A DESENCARNAÇÃO

Como já vimos no capítulo II deste volume, Allan Kardec havia publicado na "Revue Spirite" de dezembro de 1868 importante trabalho relativo à "Constituição transitória do Espiritismo". Preocupado com o futuro do Espiritismo, elaborara um plano de organização em bases firmes, mas progressivas, em que sua pessoa se apagaria para dar maior elasticidade e impessoalidade ao Espiritismo. Esperava imprimir maior vigor e mais ação à filosofia de que se fizera apóstolo, objetivando desenvolver o lado prático e social da Doutrina.

Destinada "a fortalecer os laços da grande família, pela unidade de crença", a referida Constituição, fiel ao princípio de liberdade de consciência, não nutria a pretensão de impor-se a quem quer que fosse.

Pretendia, ainda, Kardec publicar, depois que saíra a sua obra "A Gênese", vários trabalhos, já dispondo de todos os elementos para executá-los, inclusive a programação de cada um até o último capítulo[24]. Lamentava, porém, não poder dispensar-lhes mais acurada atenção, por falta absoluta de tempo.

Em "Aviso muito importante", na "Revue Spirite" de abril de 1869 (p. 97), Kardec comunicava que a partir de 1º de abril o escritório para assinaturas e expedição da "Revue" seria transferido para a sede da Livraria Espírita, à rua de Lille, nº 7, onde também a Sociedade Es-

[24] *Allan Kardec* "Obras Póstumas", 13ª ed. da FEB, p. 380.

pírita de Paris teria, provisoriamente, suas sessões. Comunicava, outrossim, que daquela data em diante os escritórios da redação e o domicílio pessoal de Allan Kardec se transfeririam para a Avenue et Villa Ségur, nº 39, local, aliás, onde Kardec tinha casa de sua propriedade, pelo menos desde 1860.

Segundo informa Henri Sausse[25], "desde os primeiros anos de Espiritismo, Allan Kardec havia comprado, com o produto das suas obras pedagógicas, 2.666 metros quadrados de terreno, na Avenida Ségur, atrás dos Inválidos. Tendo essa compra esgotado seus recursos, ele contraiu com o *Crédit Foncier* empréstimo de 50.000 francos para fazer construir nesse terreno seis pequenas casas, com jardim; nutria a doce esperança de retirar-se a uma delas, na Vila Ségur, a qual, após sua desencarnação, deveriam transformar em casa de retiro onde pudessem ser recolhidos, na velhice, os defensores indigentes do Espiritismo".

O excesso de cerebração continuada, que o esgotamento de sua constituição física lhe vedava, veio-lhe cortar em meio o fio da existência. Interromperam-se-lhe os planos que tinha em mente, e ele nem chegou a formular os "Princípios fundamentais da Doutrina Espírita reconhecidos como verdades definitivas", tendo parado no título.

Desencarnou Allan Kardec aos 31 de março de 1869, em Paris, com a idade de 65 anos incompletos. Domiciliado à rua Sainte-Anne, 59, passagem Sainte-Anne (*IIe arrondissement et mairie de la Banque*), estava ele ultimando os preparativos de mudança, conforme já havia declarado pela "Revue Spirite", quando, entre onze e do-

[25]H. Sausse: "Biographie d'Allan Kardec", 4me édition, Éditions Jean Meyer (B.P.S.), 1927, p. 85.

ze horas, ao atender um caixeiro de livraria, caiu pesadamente ao solo, fulminado pela ruptura de um aneurisma.

Imediatamente após tomar conhecimento do fato, o Sr. E. Muller, grande amigo de Kardec e de sua esposa, mandou o seguinte telegrama aos espíritas lioneses: *"Monsieur Allan Kardec est mort, on l'enterre vendredi"*, ou seja, em português: "Morreu o Sr. Allan Kardec, será enterrado sexta-feira."

No mesmo dia, o Sr. Muller assim se expressava em carta ao Sr. Finet[26], de Lião:

"Paris, 31 de março de 1869.

Amigos:

Agora, que já estou um pouco mais calmo, eu vos escrevo. Enviando-vos meu telegrama como o fiz, talvez tenha agido um tanto brutalmente, mas me parecia que devíeis receber a comunicação imediata desse falecimento.

Eis alguns pormenores:

Ele morreu esta manhã, entre onze e doze horas, subitamente, ao entregar um número da "Revue" a um caixeiro de livraria que acabava de comprá-lo; ele se curvou sobre si mesmo, sem proferir uma única palavra: estava morto.

Sozinho em sua casa (rua de Sant'Ana), Kardec punha em ordem livros e papéis para a mudança que se vinha processando e que deveria terminar amanhã. Seu empregado, aos gritos da criada e do caixeiro, acorreu ao local, ergueu-o... nada, nada mais. Delanne acudiu com toda a presteza, friccionou-o, magnetizou-o, mas em vão. Tudo estava acabado.

---

[26] Id., ib., pp. 86/88.

Venho de vê-lo. Penetrando a casa, com móveis e utensílios diversos atravancando a entrada, pude ver, pela porta aberta da grande sala de sessões, a desordem que acompanha os preparativos para uma mudança de domicílio; introduzido numa pequena sala de visitas, que conheceis bem, com seu tapete encarnado e seus móveis antigos, encontrei a Sra. Kardec assentada no canapé, de face para a lareira; ao seu lado, o Sr. Delanne; diante deles, sobre dois colchões colocados no chão, junto à porta da pequena sala de jantar, jazia o corpo, restos inanimados daquele que todos amamos. Sua cabeça, envolta em parte por um lenço branco atado sob o queixo, deixava ver toda a face, que parecia repousar docemente e experimentar a suave e serena satisfação do dever cumprido.

ALLAN KARDEC
(Clichê de "Mémoires Biographiques et Philosophiques d'un Astronome", de Camille Flammarion, 1ª edição, Paris, 1911).

Nada de tétrico marcara a passagem de sua morte; se não fora a parada da respiração, dir-se-ia que ele estava dormindo.

Cobria-lhe o corpo uma coberta de lã branca, que, junto aos ombros dele, deixava perceber a gola do *robe de chambre*, a roupa que ele vestia quando fora fulminado; a seus pés, como que abandonadas, suas chinelas e meias pareciam possuir ainda o calor do corpo dele.

Tudo isto era triste, e, entretanto, um sentimento de doce quietude penetrava-nos a alma; tudo na casa era desordem, caos, morte, mas tudo aí parecia calmo, risonho e doce, e, diante daqueles restos, forçosamente meditamos no futuro.

Disse-vos que na sexta-feira é que o enterraríamos, mas ainda não sabemos a que horas; esta noite seu corpo está sendo velado por Desliens e Tailleur; amanhã o será por Delanne e Morin.

Procuram-se, entre os seus papéis, suas últimas vontades, se é que ele as escreveu; de qualquer forma, o enterro será puramente civil.

Escrever-vos-ei, dando-vos os pormenores da cerimônia.

Amanhã, creio eu, cuidaremos em nomear uma comissão de espíritas mais ligados à Causa, aqueles que melhor conhecem as necessidades dela, a fim de aguardar e de saber o que se irá fazer.

De todo o coração, vosso amigo,

(a) MULLER."

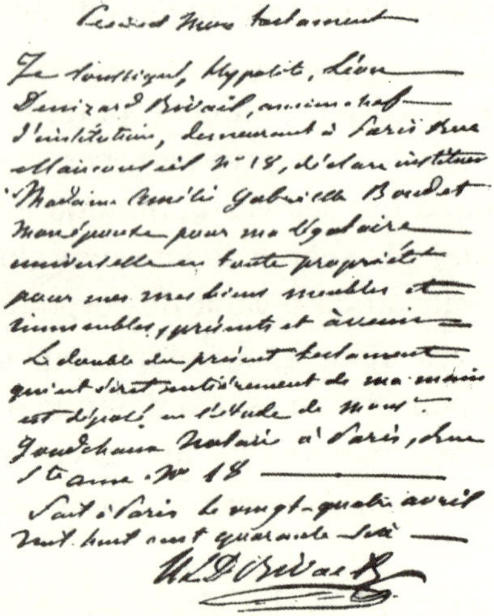
Ceci est mon testament

Je soussigné, Hypolite, Léon
Denizard Rivail, ancien chef
d'institution, demeurant à Paris rue
[illegible] n° 18, déclare instituer
Madame Amélie Gabrielle Boudet
mon épouse pour ma légataire
universelle en toute propriété
pour mes biens meubles et
immeubles, présents et à venir.
Le double du présent testament
qui est écrit entièrement de ma main
est déposé en l'étude de Mons.
[illegible] notaire à Paris, rue
Ste Anne N° 18
Fait à Paris le vingt-quatre avril
mil huit cent quarante six
[illegible]

Testamento de Allan Kardec
(Do arquivo espírita de Canuto Abreu,
São Paulo-SP).

Itinerário do féretro a Montmartre

Precisamente ao meio-dia de 2 de abril de 1869, modesto coche funerário, seguido pelos confrades mais íntimos de Kardec, por todos os membros e médiuns da Sociedade Parisiense de Estudos Espíritas, e por uma multidão de amigos e simpatizantes, ao todo mil a mil e duzentas pessoas, punha-se em marcha, rumo ao Cemitério Montmartre, o mais antigo de Paris, onde nova massa de povo já estava concentrada.

Em nova carta ao seu amigo Finet, datada de 4 de abril, o Sr. Muller[27] informava que o préstito fúnebre seguiu a rua de Grammont, atravessou os grandes bulevares, a rua Laffitte, Notre-Dame-de-Lorette, a rua Fontaine, os bulevares exteriores (Clichy) e entrou finalmente no

[27]Id., ib., p. 89.

Cemitério Montmartre, onde, bem ao fundo, uma simples fossa recebeu o caixão que encerrava os despojos de Kardec.

Cemitério Montmartre

O discurso do vice-presidente da SPEE

Em nome da Sociedade Parisiense de Estudos Espíritas, que fora fundada e dirigida por Allan Kardec, discursou, junto à cova ainda aberta, seu vice-presidente, Sr. Levent. Achava desnecessário rẹcordar a fisionomia ao mesmo tempo benevolente e austera, o tato perfeito, a justeza de apreciação, a lógica superior e incomparável do mestre. Refere-se, a seguir, aos labores contínuos do infatigável pensador, que sempre madrugava no gabinete de trabalho, e diz da sua vasta correspondência com as quatro partes do mundo.

Lastimando a partida de Kardec, o orador logo em seguida se consola com este pensamento tantas vezes lembrado pelo extinto Presidente: "Nada é inútil na natureza; tudo tem a sua razão de ser, e o que Deus faz é sempre bem-feito."

A fala de Camille Flammarion

Depois que o Sr. Levent fez a prece junto à tumba de Kardec, tomou a palavra o sábio astrônomo Camille Flammarion, numa oratória brilhantíssima que magnetizou, por cerca de meia hora, todas as pessoas presentes ao sepultamento, das mais altas classes sociais às mais humildes[28].

Lembrando o "eminente serviço" que Allan Kardec "prestou à filosofia, *com chamar a atenção e provocar discussões* sobre fatos que até então pertenciam ao domínio mórbido e funesto das superstições religiosas", o celebrado autor da "Astronomia Popular" acrescentava:

"Seria, com efeito, um ato importante firmar aqui, junto deste túmulo eloqüente, que o metódico exame dos fenômenos, erroneamente qualificados de supranormais, longe de renovar o espírito de superstição e de enfraquecer a energia da razão, afasta, ao contrário, os erros e as ilusões da ignorância e *serve melhor ao progresso*, do que as negações ilegítimas dos que não querem dar-se ao trabalho de ver."

Rendendo sua homenagem à memória do "pensador laborioso", Flammarion traça-lhe as fases principais da vida terrena, *"tão útil e tão dignamente preenchida"* – acentuava ele.

Mais adiante, ainda exaltando a figura do querido extinto, o orador consignava para a posteridade:

"Ele era o que eu denominarei simplesmente o *bom-senso encarnado*. Razão reta e judiciosa, aplicava sem

[28]Parcialmente impresso na "Revue Spirite", o discurso foi publicado completo, em separata de 24 páginas, dada à luz em maio de 1869. Sua reprodução integral foi igualmente feita em "Obras Póstumas". E em 1979 reeditado, na íntegra, em francês, pela Federação Espírita Brasileira, mediante encarte no fim do volume, igualmente reeditado pela FEB, de "Imitation de l'Évangile selon le Spiritisme", de 1864 (1ª edição do original francês).

cessar à sua obra permanente as indicações íntimas do senso comum. Não era essa uma qualidade somenos, na ordem das coisas com que nos ocupamos. Era, ao contrário, pode-se afirmá-lo, a primeira de todas e a mais preciosa, sem a qual a obra não teria podido tornar-se popular, nem lançar pelo mundo suas raízes imensas."

Flammarion faz, a seguir, inteligente exposição científico-filosófica que corrobora as doutrinas reveladas pelo Espiritismo, apresentando o quadro das metamorfoses em a Natureza, dentro do qual resulta que a existência e a imortalidade da alma se revelam pelas mesmas leis da vida.

Após recordar as conversações que ele amiúde mantinha com Allan Kardec, quanto à vida espiritual e à pluralidade dos mundos habitados, o ilustre astrônomo francês assim terminava seu eloqüente discurso:

"Aos nossos pés dorme o teu envoltório, extinguiu-se o teu cérebro, fecharam-se-te os olhos para não mais se abrirem, não mais ouvida será a tua palavra... Sabemos que todos havemos de mergulhar nesse último sono, de volver a essa mesma inércia, a esse mesmo pó. Mas, não é nesse envoltório que pomos a nossa glória e a nossa esperança. Tomba o corpo, a alma permanece e retorna ao Espaço. Encontrar-nos-emos num mundo melhor, e no céu imenso, onde usaremos das nossas mais preciosas faculdades, continuaremos os estudos para cujo desenvolvimento a Terra é teatro por demais acanhado.

"É-nos mais grato saber esta verdade, do que acreditar que jazes todo inteiro nesse cadáver e que tua alma se haja aniquilado com a cessação do funcionamento de um órgão. A imortalidade é a luz da vida, como este refulgente Sol é a luz da Natureza.

"Até à vista, meu caro Allan Kardec, até à vista!"

Outros oradores se sucederam ante a tumba da grande figura do século XIX, nenhum deles, porém, se extravasando em acentos fúnebres ou desesperados, pois a morte, para os espíritas, é libertação, continuidade, vida nova.

Alexandre Delanne e E. Muller

Falou, assim, após Flammarion, o Sr. Alexandre Delanne, que, em nome das sociedades espíritas da França e do estrangeiro, agradeceu ao "pioneiro emérito" a felicidade que morava em todos os corações bafejados pela obra que ele assentara nas bases inabaláveis da fé raciocinada. Em breves palavras, disse das lágrimas que Kardec enxugou, dos desesperos que acalmou, da esperança que fez nascer nas almas abatidas e desencorajadas.

Discursa, a seguir, para os adeuses finais, o quarto e último orador, o Sr. E. Muller[29]:

"Falo em nome da viúva, da que lhe foi companheira fiel e ditosa durante trinta e sete anos de felicidade sem nuvens nem desgostos, daquela que lhe compartiu as crenças e os trabalhos, as vicissitudes e alegrias, da que, hoje sozinha, se orgulha da pureza de costumes, da honestidade absoluta e do sublime desinteresse do esposo. É ela quem nos dá a todos o exemplo da coragem, da tolerância, do perdão das injúrias e do dever escrupulosamente cumprido.

"Falo, também, em nome de todos os amigos, presentes ou ausentes, que seguiram, passo a passo, a estrada laboriosa que Allan Kardec sempre percorreu honradamente; daqueles que querem honrar a sua memória, recordando-lhe alguns traços da vida."

---

[29] "Revue Spirite", 1869, p. 144.

Do elogio fúnebre do Sr. Muller, que evoca as atividades do extinto, dentro e fora do Espiritismo, destacamos, ainda, duas significativas passagens:

"A tolerância absoluta era a regra de Allan Kardec. Seus amigos, seus discípulos pertencem a todas as religiões: israelitas, maometanos, católicos e protestantes das mais diferentes seitas; pertencem a todas as classes: ricos, pobres, cientistas, livres-pensadores, artistas e operários, etc."

"Ele tinha horror à indolência e à ociosidade; e este grande trabalhador morreu de pé, após imenso labor que acabou por ultrapassar-lhe as forças orgânicas, mas não as do espírito e do coração."

Registros e comentários dos jornais

A maioria dos jornais parisienses, e vários de outras cidades da França e do estrangeiro, noticiaram a desencarnação de Allan Kardec. Alguns deles acrescentaram, ao simples relato dos fatos, parcos comentários acerca do caráter e da obra do extinto. Se houve aqueles, pouquíssimos aliás, que, despeitados talvez, tentaram deslustrar o nome do Codificador e ridiculizar a Doutrina Espírita, outros houve que lhe enalteceram a memória.

O célebre hebdomadário ilustrado parisiense "L'Illustration", fundado em 1843, estampou em seu número de 10 de abril de 1869, a páginas 237/238, um ensaio biográfico sobre Allan Kardec, salpicado de ironia, com laivos de malícia. Escrito por René du Merzer, a única coisa realmente interessante que apresenta é o retrato de Allan Kardec, segundo fotografia fornecida por Leymarie. O original para "L'Illustration" foi desenhado em madeira por Achille-Isidore Gilbert (1828-1899), e habilmente gravado por Charles-Jules Robert (1843-1898), dois talentosos artistas parisienses, saídos da Escola de

Belas-Artes, várias vezes premiados com medalhas nos famosos Salões de Artes, de Paris, de cujos júris foram membros em diferentes ocasiões. Com centenas de trabalhos estampados em jornais, revistas e livros, seus nomes estão inscritos nas enciclopédias e nas obras especializadas, como, por exemplo, em "Les Graveurs du XIXe Siècle" (vols. VII e XI), de Henri Beraldi, e no "Dictionnaire Critique et Documentaire des Peintres, Sculpteurs, Dessinateurs & Graveurs", de E. Bénézit.

No jornal "Paris", de 3 de abril de 1869, Pagès de Noyez, brilhante jornalista simpático ao Espiritismo, mas não espírita, escreveu, entre outras coisas:

"Vimo-lo deitado num simples colchão, no meio da sala de sessões que ele presidia havia muitos anos; vimo-lo com o semblante calmo, como se extinguem os que a morte não surpreende, e que, tranqüilos quanto ao resultado de uma vida honesta e laboriosamente preenchida, deixam como que um reflexo da pureza de sua alma no corpo que abandonam à matéria."

"A morte de Allan Kardec é notável por estranha coincidência. A Sociedade formada por esse grande vulgarizador do Espiritismo acabava de chegar ao fim. O local abandonado, os móveis desaparecidos, nada mais restava de um passado que devia renascer em bases novas. Ao fim da última sessão, o presidente havia feito suas despedidas; cumprida a sua missão, ele se retirava da luta de cada dia para se consagrar inteiramente ao estudo da filosofia espiritualista. Outros, mais jovens – denodados –, deviam continuar a obra e, fortes em sua virilidade, impor a verdade pela convicção."

"Com ele encerrou-se o prólogo de uma religião vivaz que, irradiando todos os dias, cedo iluminará a Humanidade. Ninguém melhor que Allan Kardec poderia levar a bom termo essa obra de propaganda, à qual fora pre-

ALLAN KARDEC
(Clichê de "L'Illustration" de 10-04-1869)

ciso sacrificar as longas vigílias que nutrem o espírito, a paciência que educa com o tempo, a abnegação que desafia a estultícia do presente, para só ver a radiação do futuro."

"Seu nome, estimado como o de um homem de bem, desde muito tempo é divulgado pelos que crêem e pelos que temem. É difícil praticar o bem sem chocar os interesses estabelecidos."

E o escrito de Pagès de Noyez assim terminava:

"Esta morte, que o vulgo deixará passar indiferente, não deixa de ser, por isso, um grande fato para a Humanidade. Não é mais o sepulcro de um homem, é a pedra tumular enchendo o vazio imenso que o materialismo havia cavado aos nossos pés e sobre o qual o Espiritismo esparge as flores da esperança."

"L'Union Magnétique" de 10 de abril, pela pena de A. Bauche, salientando aos relações estreitas entre os fenômenos espíritas e magnéticos, destacou a grande perda sofridra pelo Espiritismo, de "um homem que soube fazer-se um nome, sobressaindo entre aos celebridades contemporâneas".[30]

Outras homenagens e depoimentos

Na reunião da Sociedade Espírita de Paris, em 9 de abril de 1869, o Sr. Levent, vice-presidente da antiga Comissão diretora, discursou quanto à nova constituição da Sociedade, e, ao referir-se a Kardec, acentuou:

"(...) paguemos ao nosso venerável mestre justo tributo de reconhecimento pelo zelo infatigável que empregava em seus trabalhos, pelo desinteresse absoluto, pela total abnegação de si mesmo, pela perseverança de que deu exemplo na direção desta Sociedade, por ele sempre presidida desde a sua fundação."

Em seus números de 20 e 27 de maio de 1869, o jornal "Sétifien" publicava um artigo de Armand Greslez sobre a vida de Allan Kardec[31], do qual extraímos apenas os trechos abaixo:

"Se fosse preciso procurar um emblema, uma personificação da falsidade e da mentira, não seria mal, talvez, buscá-lo na Musa da História. Se o homem, em geral, tem o amor e o sentimento da verdade, é também arrastado por preconceitos, inclinações e interesses, que quase sempre o fazem afastar-se do caminho da verdade, quer se trate das coisas, quer dos homens.

"Não nos admiremos, pois, que Allan Kardec não tenha podido escapar a essa lei comum. Esse destino, ele o sofreu, mesmo em vida, mais que qualquer outro; foi vítima de odiosas calúnias, de extravagantes e impuden-

---

[30] "Revue Spirite", 1869, p. 148.

[31] "Revue Spirite", 1869, pp. 211/212.

tes difamações. E entretanto ele possui reais títulos ao acatamento de seus contemporâneos e da posteridade, títulos que lhe não poderiam ser contestados, sem fazer injustiça."

"Lutou contra seus adversários, e sempre com êxito, porque tinha consigo o bom-senso, a lógica, o conhecimento da verdade, seguidos da sabedoria, da prudência, da habilidade e do talento."

Como Anna Blackwell e um adversário viram Kardec

Anna Blackwell, que conheceu de perto Allan Kardec, algumas obras do qual traduziu para a língua inglesa, deixou para a posteridade essa página referente ao Codificador[32]:

"Allan Kardec era de estatura meã. Robusto, cabeça ampla, redonda, firme, com feições bem pronunciadas e olhos pardo-claros, mais parecia alemão que francês. Era ativo e tenaz, mas de temperamento calmo, precavido e realista até quase à frieza, céptico por natureza e por educação, argumentador lógico e preciso, e eminentemente prático em suas idéias e ações, distanciado assim do misticismo que do entusiasmo... Ponderado, lento no falar, sem afetação, com inegável dignidade, resultante da seriedade e da honestidade, traços distintivos de seu caráter. Sem procurar discussões nem a elas fugir, mas nunca provocando qualquer comentário a respeito do assunto a que consagrara sua vida, recebia amavelmente os numerosos visitantes que acorriam de todas as partes do mundo, para conversar com ele a respeito das idéias de que era o mais autorizado expoente, respondendo às

---

[32] Traduzido das pp. 169/170 de "The History of Spirituaism", vol. II, da autoria de Arthur Conan Doyle.

consultas e às objeções, resolvendo dificuldades, e dando informações a todos os investigadores sérios, com os quais falava franca e animadamente. Em algumas ocasiões apresentava fisionomia radiante, com um sorriso agradável e prazenteiro, se bem que, por causa da sobriedade do seu todo, jamais o viram rir.

Entre os milhares de visitantes, encontravam-se pessoas de alto nível no mundo social, literário, artístico e científico. O imperador Napoleão III, cujo interesse pelos fenômenos espíritas não era nenhum segredo, mandou chamá-lo várias vezes, e com ele manteve longas palestras, nas Tulherias, acerca das doutrinas expostas em "O Livro dos Espíritos".

Um adversário de Kardec fez-lhe a seguinte descrição física, após estarem frente a frente (RS, 1865, p. 182):

"Então vimos diante de nós um senhor bem corpulento, idoso, de fisionomia assaz bonachã (*débonnaire*), olhos singulares que, numa primeira impressão, traspassavam, por assim dizer, as pessoas, mas, logo a seguir, retratavam certo ar sonhador. Fitei-lhe muito tempo os olhos, notáveis no mais alto grau, em seu semblante comum."

Revelações feitas por P.-G. Leymarie

Pierre-Gaëtan Leymarie, um dos comensais do Codificador, confessou na ocasião[33] que as cartas anônimas, as traições, os insultos e a difamação sistemática perseguiram o obreiro e nele abriram, moralmente, feridas incuráveis. E dizia, a seguir, que o mestre se levantava às 4:30 horas da manhã, em qualquer estação, para poder dar conta dos seus muitos e variados trabalhos diários.

[33] *Henri Sausse*: "Biographie d'Allan Kardec", 4me édition, Paris, Éditions Jean Meyer (B.P.S.), 1927, pp. 95/96.

Freqüentemente o mestre vinha vê-lo e, na casa de Leymarie, se distraía a contar anedotas de alto nível, às quais não faltavam ditos gauleses.

Aos domingos – escrevia ainda Leymarie –, sobretudo nos últimos dias de sua vida, convidava amigos para jantar em sua Vila Ségur. Então, o grave filósofo, depois de haver debatido os pontos mais difíceis e mais controvertidos da Doutrina, esforçava-se por entreter os convidados. Mostrava-se expansivo, espalhando bom humor em todas as oportunidades. Tinha aptidão especial para fazê-lo de modo digno e com sobriedade, aí misturando uma dose particular de afetuosa bonomia.

E o Sr. Leymarie, mais adiante, revelava para os discípulos que o ignoravam: "Quantas vezes soubemos de pessoas em provação que encontraram junto dele o socorro moral e, não raro, o socorro material. A respeito dessas coisas ele não dizia uma palavra, ocultando no olvido suas boas obras."

Comunicações de Kardec; instruções

O repentino desaparecimento de Kardec deixou os discípulos desconsolados e um tanto quanto desorientados. Importava que o Espírito de Kardec, pelo menos durante algum tempo, voltasse a confabular com eles, animando-os, aconselhando-os e instruindo-os. E assim, de fato, aconteceu.

Na "Revue Spirite" de 1869, pp. 157/159, foram reunidos numa única comunicação os ensinamentos de interesse geral, transmitidos pelo Espírito Allan Kardec a vários médiuns da Sociedade Espírita de Paris, no decorrer do mês de abril.

Na sessão de 30 de abril, nova mensagem de Kardec dava vários conselhos sobre o caminho a seguir e lembrava que o exemplo é o mais poderoso agente de propagação do Espiritismo (RS, p. 183).

Seguiu-se outra, de 20 de julho de 1869, a respeito da marcha do progresso (RS, p. 213); outra, em 17 de agosto de 1869, a propósito do 500º aniversário de nascimento de Jean Huss (RS, p. 271); outra, em 14 de setembro de 1869, em torno do Espiritismo e a literatura contemporânea (RS, p. 316); outra, em 4 de outubro de 1869, em Paris, através da médium inglesa Miss Anna Blackwell, num círculo privado, do qual participava o "espiritualista" Sr. Peebles, redator do "Banner of Light", jornal *espiritualista* de Boston (U.S.A.), tendo o Espírito de Kardec dado uma bela e mui ponderada comunicação quanto às relações presentes e futuras do Espiritismo com o Espiritualismo Moderno (RS, p. 337). Em certo trecho, Kardec pede fossem traduzidas as suas obras nos Estados Unidos, onde só se conheciam os argumentos contra a reencarnação. Miss Blackwell atendeu a esse pedido, e publicou em inglês as traduções de algumas obras kardequianas.

Aos 21 de setembro de 1869, o mestre faz uma dissertação acerca da comemoração de datas aniversárias (RS, p. 338); em novembro de 1869, fala sobre os "desertores", em expressiva mensagem (RS, p. 358), também publicada em "Obras Póstumas" (pp. 254/256, da 13ª ed. febiana).

Muitas outras instruções foram posteriormente ditadas pelo Espírito de Allan Kardec, e os que o conheceram na existência terrena tiveram assim mais uma indubitável confirmação de que a vida continua...

O dólmen de Kardec

Na primeira reunião da Sociedade Espírita de Paris, após as exéquias de Allan Kardec, os membros presentes emitiram a idéia de se levantar um monumento que fosse testemunha da simpatia e do reconhecimento dos espíritas em geral à memória do inolvidável mestre. Essa aspiração, humana mas sincera, ganhou vulto e em pouco tempo a ela aderiu grande número de correligionários da França e de outros países europeus.

Ficou estabelecido, de comum acordo com Madame Allan Kardec, que a maneira mais racional de simbolizar o homem que foi a simplicidade encarnada seria levantar-lhe um monumento por excelência simples, e que lhe recordasse também o pseudônimo gaulês – Allan Kardec. Foram então buscar no passado, entre os monumentos sepulcrais célticos ou druídicos, simples como os povos primitivos que os elevaram aos seus mortos, a representação ideal do túmulo de Kardec.

Tais construções funerárias cobrem, até hoje, o solo da antiga Bretanha e se acham espalhadas em toda a Europa ocidental, no norte da Europa, na bacia do Mediterrâneo, no Irã, na Líbia, na Índia, no Extremo Oriente (especialmente o Japão), na Ásia, etc., permitindo crer que o uso desses monumentos megalíticos era quase universal. E como, de todas as crenças mais remotas, é o druidismo, praticado pelos antigos iniciados gauleses, uma das que mais se identificam com alguns princípios fundamentais da filosofia espirítica, especialmente a reencarnação, muito felizes foram, pois, os discípulos do eminente fundador do Espiritismo na escolha do monumento druídico para perpetuar-lhe, na pedra, o nome e a obra.

Projetada a construção de um dólmen, que, no fundo, figurava simplicidade, universalidade e eternidade, Madame Allan Kardec confiou a uma comissão a direção dos trabalhos.

Escolheu-se no Cemitério do Père-Lachaise (administrativamente conhecido por Cemitério do Leste) um terreno na 44ª divisão, esquina da Avenue de la Nouvelle Entrée com a aléia denominada Chemin du Quinconce, a

Dólmen de Allan Kardec

uma altitude de onde se domina todo o campo de repouso.

Feita a compra do referido terreno e, logo depois, das pedras necessárias à ereção do túmulo, as quais totalizavam peso superior a trinta toneladas, a comissão, obediente a um desenho do Sr. Sebille, encarregou o Sr. Capellaro de executar meio-busto de Kardec, em bronze. O talentoso escultor francês Charles-Romain Capellaro (1826-1899), biografado em "La Grande Encyclopédie", tomo nove, s. d., p. 166, bastante conhecido no mundo das artes daquela época, expositor premiado nos Salões de Paris desde 1860, aceitava os princípios fundamentais do Espiritismo.

Já quase terminados os trabalhos da construção, procedeu-se, em 29 de março, à exumação dos despojos mortais de Allan Kardec e sua transferência para a nova morada.

No dia 31 de março de 1870, pelas duas horas da tarde, os espíritas inauguravam o monumento dolmênico levantado em memória de Allan Kardec. De imponente simplicidade, aquele túmulo "fala aos olhos e à alma a linguagem dos séculos desaparecidos, evocando a lembrança das antigas gerações que consagraram por seu culto e por suas sepulturas as crenças reencontradas no Espiritismo moderno". Com a frente para o Chemin du Quinconce, o dólmen tem, defronte, o túmulo da família Robillard, à esquerda a Avenue de la Nouvelle Entrée, à direita uma concessão desocupada, e atrás o jazigo do marquês de Casariera.

Na inauguração, com a presença de grande número de espíritas de Paris e da província, fizeram uso da palavra, em eloqüentes expressões de reconhecimento e gratidão, as respeitáveis figuras do Espiritismo na França: Levent, Desliens, Leymarie e Guilbert.

O Sr. Levent discursou "em nome da família e dos amigos", tendo sido estas as suas palavras finais, dirigidas aos manes do querido morto: "(...) e vosso nome, gravado no panteão da História entre os daqueles benfeitores da Humanidade, transmitir-se-á, de geração em geração, qual os dos profetas antigos."[34]

O Sr. A. Desliens, secretário-gerente da "Revue Spirite", em longo discurso intitulado "O homem é Espírito e matéria", enalteceu a figura missionária de Kardec. Seguiu com a palavra o Sr. P.-G. Leymarie, num emotivo panegírico ao "venerável mestre", e, logo depois, o Sr. Guilbert, presidente da Sociedade Espírita de Rouen, que falou "em nome dos espíritas dos Centros afastados".

---

[34] "Discours prononcés pour l'anniversaire de la mort de Allan Kardec. Inauguration du monument", Paris, à la Librairie Spirite", 1870, p. 28.

Impossibilitados de comparecer à inauguração do dólmen, vários espíritas remeteram, a propósito, belíssimas cartas. Duas delas foram publicadas em brochura: a do Sr. H. Vanderyst, de Spa (Bélgica), e a do Sr. Alexandre Delanne, companheiro dedicado de Kardec durante doze anos.

O Sr. Vanderyst, em sua carta datada de 29 de março de 1870, assinalou em certo parágrafo: "A memória de Allan Kardec, como a de todos os grandes reformadores, viverá sobretudo na posteridade."[35]

Alexandre Delanne (pai de Gabriel Delanne) escreveu de Rouvray, aos 30 de março de 1870. Retido ali por longa e dolorosa doença, não pôde assistir à tocante cerimônia em Paris e prestar homenagem, de viva voz, àquele que lhe infundiu a fé esclarecida. De sua extensa missiva extraímos, por julgá-la bastante curiosa, a parte que destaca o caráter e a nobreza dalma de Kardec[36]:

"Ninguém saberia, melhor que eu, reconhecer as raras qualidades de Allan Kardec e render-lhe a devida justiça. Vi, muitas vezes, em minhas longas viagens, o quanto era ele amado, estimado e compreendido por todos os adeptos. Todos desejavam conhecê-lo pessoalmente a fim de lhe agradecerem o lhes ter dado a luz por intermédio de suas obras, a fim de lhe testemunharem sua gratidão e seu completo devotamento. Eles o amam, até hoje, como a um verdadeiro pai. Todos lhe proclamam o gênio e o reconhecem o mais profundo dos filósofos modernos. Mas, estarão eles em condições de apreciá-lo em sua vida privada, isto é, por seus atos? Puderam avaliar a bondade do seu coração, avaliar-lhe o caráter tão firme quão justo, a benevolência de que usava em suas relações, sua prudência e sua extrema delicadeza? Não.

[35]Id., ib., p. 15.

[36]Id., ib., pp. 18 a 23.

Pois bem, senhores, é a esse respeito que hoje vos quero falar do autor de "O Livro dos Espíritos", visto que por muitas vezes tive a honra de ser recebido em sua intimidade. Fui testemunha de algumas de suas boas ações, e, a este propósito, algumas citações talvez não sejam inconvenientes aqui.

Como um dos meus amigos, o Sr. P..., de Joinville, me veio ver, fomos juntos à Vila Ségur fazer uma visita ao mestre. Durante a palestra, o Sr. P... teve ocasião de narrar a vida de privações por que passava um de seus compatriotas, ancião a quem tudo faltava, que não tinha mesmo vestes próprias para proteger-se do inverno, sendo forçado a abrigar seus pés em tamancos grosseiramente trabalhados. Este bom homem, entretanto, longe estava de se lamentar e, sobretudo, de solicitar auxílios: era um pobre envergonhado. (Uma brochura espírita, que lhe caíra sob os olhos, permitira-Ihe beber na Doutrina a resignação para as suas provas e a esperança de melhor futuro.) Vi, então, rolar dos olhos de Allan Kardec uma lágrima de compaixão, e, confiando ao meu amigo algumas moedas de ouro, disse-lhe: "Levai, para que possais prover as necessidades mais prementes do vosso protegido, e, já que ele é espírita, e as economias dele lhe não permitem instruir-se quanto ele desejaria, voltai amanhã; entregar-vos-ei, juntamente com as minhas obras, todas aquelas que eu puder dispor em proveito dele." Allan Kardec cumpriu sua promessa, e o velho abençoa hoje o nome do benfeitor que, não satisfeito em lhe socorrer a miséria, lhe dava ainda o pão da vida, a riqueza da inteligência e da moral.

Há alguns anos me foi recomendada uma pessoa reduzida à extrema miséria, expropriada violentamente de sua casa e lançada à rua, sem recursos, com mulher e filhos. Eu me fiz, junto ao mestre, o intérprete desses infelizes, e, no mesmo instante, sem pedir para conhecê-los, sem inquirir de suas crenças (eles não eram espíritas), ele me forneceu os recursos para tirá-los da miséria, o que lhes evitou o suicídio, pois que eles haviam resolvido evadir-se ao fardo da vida (que para a alma desencorajada deles se tornara muito pesado), se tivessem que renunciar à assistência dos homens.

Finalmente, permiti-me contar-vos ainda o fato a seguir, em que a generosidade de Kardec rivaliza com a sua delicadeza.

Certo espírita, que habitava uma aldeia situada a vinte léguas de Paris, tinha rogado a Allan Kardec lhe desse a honra de uma visita, a fim de este assistir às manifestações espíritas que com ele se processavam.

Sempre pronto quando se tratasse de prestar algum serviço e tendo por princípio que o Espiritismo e os espíritas tudo devem aos humildes e aos pequenos, sem demora ele partiu, acompanhado de alguns amigos e da senhora Allan Kardec, sua querida companheira.

Não foi perdida a sua viagem, porque as manifestações que testemunhou foram verdadeiramente notáveis; mas, durante sua curta permanência ali, seu hospedeiro foi cruelmente afligido pela perda súbita de uma parte de seus recursos. Todos, consternados, dissimulavam sua desolação, tanto quanto possível. Entretanto, a nova do desastre chegou aos ouvidos de Allan Kardec, que, no momento de sua partida, informando-se da cifra aproximada das perdas sofridas pelo amigo, remeteu ao "maire" uma quantia mais que suficiente para restabelecer o equilíbrio da situação do seu hospedeiro, que só foi notificado da intervenção do seu benfeitor após a partida deste.

Não mais pararia eu de falar, se tivesse necessidade

de vos lembrar os milhares de fatos desse gênero, conhecidos tão-somente por aqueles que Allan Kardec socorreu; não amparava apenas a miséria, levantava, também, com palavras confortadoras, o moral abatido. Jamais, porém, sua mão esquerda soube o que dava a direita.

Antes de terminar, não posso resistir ao desejo de dar-vos a conhecer esta última passagem:

Uma tarde, certa pessoa de minhas relações, que passava por cruel provação, guardando aos olhos de todos suas privações, recebeu uma carta fechada que continha recursos suficientes para auxiliá-la a sair de sua crítica posição, acompanhados aqueles destas simples palavras: "Da parte dos bons Espíritos." Do mesmo modo que a bondade do mestre lhe descobrira o infortúnio, meu amigo, guiado por alguns indícios e pela voz do coração, cedo reconheceu seu anônimo benfeitor.

Eis, portanto, o coração desse filósofo tão desconhecido durante a sua vida! E, na verdade, quem mais do que ele, tão bom, tão nobre, tão grande em suas palavras quanto em suas ações, foi mais alvo da injúria e da calúnia?"

Precisamente no dia 31 de março de 1870, sensibilizado com os testemunhos de afeição externados pelos ex-companheiros de jornada terrena junto àquela consagração material de sua obra, o Espírito de Kardec declara, através de um dos médiuns da Sociedade de Paris[37], que o monumento vem eternizar não a memória de Allan Kardec – "ela vive em vossos corações, e este testemunho lhe basta" –, mas a época que viu erigir em corpo de doutrina "os princípios sobre os quais repousam a existência e a legislação natural dos universos".

---

[37] Id., ib., pp. 55/61.

Descrição do monumento druídico

O dólmen de Kardec, simples e severo em suas linhas, é constituído de três moles de granito bruto em posição vertical (*esteios*) , sendo duas pilastras na frente[38] e uma laje atrás, sobre as quais repousa uma quarta pedra tabular (*mesa* ou *chapéu*) em suave declive para trás, de modo a delimitarem, todas elas, um espaço (*câmara*), de cujo centro se eleva um pedestal quadrangular, em granito liso, no topo do qual está colocada a herma, em bronze, de Allan Kardec, quase em tamanho natural, executada por Capellaro. No pé desta herma foi entalhado, de fora a fora, o nome ALLAN KARDEC; lateralmente, à direita, acha-se a assinatura do escultor e, entre parênteses, o ano 1870.

Na face dianteira do referido pedestal, lêem-se as seguintes inscrições:

FONDATEUR
DE LA
PHILOSOPHIE SPIRITE

TOUT EFFET A UNE CAUSE
TOUT EFFET INTELLIGENT
A UNE CAUSE
INTELLIGENTE
LA PUISSANCE DE LA
CAUSE EST EN RAISON
DE LA GRANDEUR
DE L'EFFET
3 OCTOBRE 1804
31 MARS 1869

---

[38]Na face dianteira de cada uma dessas pilastras, e bem junto a elas, há uma espécie de contrapilastra, de pequena altura. Ligando estas últimas, bem assim as partes laterais do dólmen, estende-se uma corrente de grossos elos de bronze.

No bordo frontal da pedra que, pesando seis toneladas, serve de teto, acha-se gravado o apotegma que resume a doutrina kardequiana, de justiça e progresso:

NAÎTRE, MOURIR, RENAÎTRE ENCORE
ET PROGRESSER SANS CESSE
TELLE EST LA LOI

Esta inscrição faltava à época da inauguração, tendo sido esculpida ainda em 1870[39]. Jean Vartier, que parcialmente biografou Kardec[40], escreve que ela fora calcada no capítulo IX da primeira parte da obra "Die Wahlverwandstschaften", de Johann Wolfgang von Goethe.

[39]"Discours prononcés pour l'anniversaire de la mort de Allan Kardec. Inauguration du monument", Paris, à la Librairie Spirite, 1870, pp. 7/8. Neste opúsculo foi anexada uma estampa (*vue*) do dólmen de Kardec, "executada (*exécutée*) com o maior cuidado e a mais rigorosa exatidão pelo Sr. Pégard, gravador, conforme desenho feito pelo Sr. Sebille" (pp. 11 e 12).

Pégard, gravador em madeira, da Escola francesa, fez as gravuras do "Dictionnaire d'architecture" de Viollet-le-Duc e as da "Histoire populaire, anecdotique et pittoresque de Napoléon". (*Apud* E. Bénézit: "Dictionnaire des Peintres, Sculpteurs, Dessinateurs et Graveurs", nouvelle édition, tome sixième, Librairie Gründ, 1966, p. 571.)

[40]*Jean Vartier*: "ALLAN KARDEC, la naissance du spiritisme", Paris, Librairie Hachette, 1971, pp. 150/151.

Dólmen de Allan Kardec

Vartier baseou-se na tradução francesa de Camille Selden, pseudônimo de Elise Krinitz, publicada em Paris, s. d., com prefácio datado de janeiro de 1872. De fato, na referida tradução – "Les affinités électives" –, a página 78, há referência a uma casa cujos fundamentos seriam então lançados. Na solenidade, um pedreiro (*maçon*), com o martelo numa das mãos e a colher na outra, procurou em pequeno discurso dizer que o edifício a ser levantado seria um dia destruído, acrescentando: "Naître pour mourir, mourir pour renaître, telle est la loi universelle. Les hommes y sont soumis, à bien plus forte raison leurs travaux."

O Sr. Vartier, com aquele seu apressado e mordente espírito crítico, deveria ter estudado mais a fundo o assunto. Descobriria, então, que no original alemão não há aquela frase, tal como está em francês; que a tradução francesa, feita com certa liberdade por C. Selden, fora publicada posteriormente a janeiro de 1872, mais de um ano após ter sido gravado o apotegma em questão no dólmen de Kardec; que, se houve plágio (como o Sr. Vartier quis insinuar), este partiu do tradutor.

Não acreditamos, porém, em plágio de quem quer que seja. A frase em foco andava no ar, não é de Kardec, como pretendem alguns, e pode ser encontrada, com algumas variantes, em citações bem anteriores à desencarnação de Kardec, como, por exemplo, na obra "Clé de la Vie", de Louis Michel, organizada por C. Sardou e L. Pradel, editores, Rue du Hassard, 9, Paris, datada de 1º de agosto de 1857, p. 570:

"Saturées de l'aimant divin, de l'amour divin, des provisions divines de toute nature, les âmes solaires, par cet aimant, par cet amour, par tous ces divers agents célestes, font *naître, vivre, circuler, évolutionner, mûrir, se transformer*, monter au chemin ascendant, leurs soleils et leurs planètes, et, par les âmes de ces dernières, font jouir des mêmes avantages la plus obscure image de Dieu elle-même, l'homme, resté, encore, en dehors de l'unité; dès qu'il consent à s'y prêter un peu."

Em discurso pronunciado na presença de Kardec, no dia 14 de outubro de 1861, na Reunião Geral dos Espíritas de Bordéus, o Sr. Sabò disse textualmente:

"...pour aller à lui, il faut *naître, mourir et renaître* jusqu'à ce qu'on soit arrivé aux limites de la perfection..." ("Revue Spirite", 1861, p. 331.)

Vejamos também estas duas frases:

"Tout, tout, dans cette grande unité de la création, *existe, naît, vit, fonctionne et meurt et renaît* pour l'harmonie universelle."

"(...) il faut *naître, mourir et renaître* jusqu'à ce que l'on soit parvenu aux limites de la perfecion."

Estão elas em "Les Quatre Évangiles", J.-B. Roustaing, Tome Premier, Paris, Librairie Centrale, 24, Boulevard des Itàliens, 1866, às páginas 191 e 227, respectivamente.

Notemos que a frase é substancialmente a mesma, sob várias formas, sempre, porém, com o mesmo sentido, em 1857, 1861, 1866 e finalmente em 1870, quando foi insculpida no frontispício do dólmen de Kardec, em três linhas:

NAÎTRE, MOURIR, RENAÎTRE ENCORE
ET PROGRESSER SANS CESSE
TELLE EST LA LOI

Terá sido por tudo isso que o Espírito Emmanuel a atribui não a um ser humano em particular, mas sim ao Espiritismo. Com efeito, diz ele, na página intitulada "Problema conosco", inserta no livro "Justiça Divina" (F. C. Xavier, 3ª edição FEB, 1974, p. 84):

"E *o Espiritismo acentua*: "Nascer, viver, morrer, renascer de novo e progredir continuamente, tal é a lei." (Os grifos são nossos.)

Herma do dólmen de Allan Kardec
(Da obra de A. Moreil)

A herma do dólmen de Kardec vista lateralmente
(Da obra de A. Moreil)

O mais famoso e visitado do Père-Lachaise

O Cemitério do Père-Lachaise, o mais importante de Paris, "verdadeiro museu" segundo a expressão de certo escritor, encerra maravilhosas sepulturas que ilustres artistas ergueram em homenagem a celebridades da música, das ciências, do teatro, da pintura, da literatura, da política, da filosofia, da guerra, etc.

Sendo uma das necrópoles mais visitadas em todo o mundo, e isto desde a sua inauguração, em 1804, ainda hoje atrai a admiração dos turistas que vão à Cidade Luz.

Nesses últimos sessenta anos, o dólmen de Kardec tornou-se como que o ponto obrigatório dos visitantes do Père-Lachaise, sejam eles espíritas ou não.

A imprensa de várias nações tem salientado essa curiosa preferência, explicando-a quer pela forma original

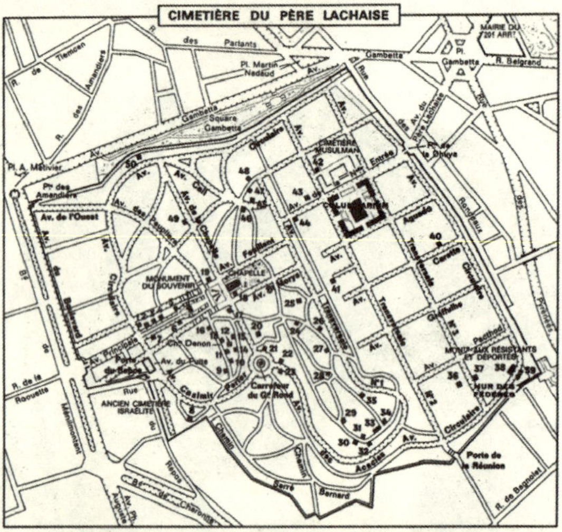

1) Colette *(p. 103)*.
2) Rossini (cénotaphe).
3) A. de Musset (sous un saule, selon son vœu).
4) Baron Haussmann.
5) Généraux Lecomte et Thomas *(p. 88)*.
6) Félix Faure. - 7) Arago.
8) Abélard, Héloïse *(p. 67)*.
9) Gustave Charpentier.
10) Chopin *(p. 87)*.
11) Cherubini.
12) Boïeldieu.
13) Bernardin de St-Pierre.
14) Grétry. - 15) Bellini.
16) Branly *(p. 184)*.
17) Géricault. - 18) Thiers.
19) David.
20) Claude Bernard.
21) Monge.
22) Champollion.
23) Auguste Comte *(p. 97)*.
24) Gay-Lussac.
25) Corot *(p. 209)*.
26) Molière et La Fontaine.
27) Alphonse Daudet.
28) Famille Hugo *(p. 95)*.
29) Famille Bibesco (Anna de Noailles).
30) Maréchal Ney *(p. 146)*.
31) Beaumarchais *(p. 100)*.
32) Larrey.
33) Maréchaux Davout, Masséna, Lefebvre.
34) Murat et Caroline Bonaparte.
35) David d'Angers.
36) Modigliani *(p. 141)*.
37) Édith Piat.
38) Henri Barbusse, Paul Éluard, Maurice Thorez.
39) Communards de 1871.
40) Oscar Wilde.
41) Sarah Bernhardt.
42) Marcel Proust.
43) Guillaume Apollinaire.
44) Allan Kardec (fondateur de la philosophie spirite. Sa tombe est la plus fleurie du cimetière).
45) Delacroix *(p. 110)*.
46) Michelet.
47) G. de Nerval *(p. 131)*.
48) Balzac *(p. 190)* et la comtesse Hanska.
49) Georges Bizet.
50) Georges Méliès.

Planta do Cemitério do Père-Lachaise onde são indicados os túmulos de personalidades famosas. O de Kardec (44) "fundador da filosofia espírita" é "o mais florido"

Planta do Cemitério do Père-Lachaise onde são indicados os túmulos de personalidades famosas. O de Kardec[44] "fundador da filosofia espírita" é "o mais florido" do sepulcro, quer pela divulgação sempre crescente do nome Allan Kardec, quer, ainda, pela profusão de flores depositadas junto ao dólmen, a demonstrar, de conformidade com as palavras de Samuel Smiles, que "os homens verdadeiramente grandes e bons nunca morrem, nem mesmo neste mundo".

Edmundo Lys, ilustre jornalista e cronista, que por muitos anos abrilhantou as páginas do jornal carioca "O Globo", disse, certa vez, que o túmulo de Kardec, no Père-Lachaise, bem cuidado e florido, era o único que realmente permanecia vivo no meio de todos aqueles mortos.

Em 1959, a prestigiosa revista norte-americana "Holiday", editada em Filadélfia, publicava em seu número de janeiro o artigo de J. Bryan – "Paris: the Bust and the Chain", ilustrado com fotografias, e no qual o jornalista vivamente recomendava, aos turistas em Paris, duas atrações inesquecíveis: o pôr-do-Sol emoldurado pelo Arco do Triunfo e o dólmen de Kardec.

Cemitério do Père-Lachaise

Posteriormente, a conhecida revista "Horizontes", da capital mexicana, num interessante trabalho intitulado "Difuntos de París", assim assinalava:

"Dos notas curiosas, entre otras, del Père Lachaise: el sauce sobre la tumba de Musset, como el poeta pidió en una de sus poesías, y la tumba del fundador del espiritismo como doctrina, Allan Kardec (Hipólito Rivail), perennemente cubierta de flores por sus adeptos."

Em 1967, os leitores da folha francesa "Coopérateur", de 11 de novembro, puderam fazer uma peregrinação aos principais cemitérios de Paris através de longo artigo do jornalista Clément-Chavardès. Ao percorrer o Père-Lachaise, ele confirmou que "o túmulo mais solicitado é o de Allan Kardec, chefe dos espíritas" (*la tombe la plus demandée est celle d'Allan Kardec, chef des spirites*), fato que não lhe era desconhecido, consoante suas próprias palavras: "Eu sabia que Kardec atraía gente de todas as classes sociais, que vinha de longe, até do estrangeiro, para entregar-se a meditações junto ao seu túmulo cercado de rosas e dálias."

O jornalista e escritor Jean Vartier, a quem já nos referimos algumas vezes atrás, igualmente destacou[41]:

"Ele (o dólmen) conservou-se como uma das curiosidades – para não escrever, a vedeta – do Père-Lachaise." "Há cento e três anos Kardec está morto. E entretanto, todas as manhãs, uma profusão de flores frescas, notadamente rosas vermelhas, recobrem seu túmulo. Durante as horas de funcionamento do Père-Lachaise, jamais as proximidades desse túmulo estão desertas."

Desde 1870, espiritistas de várias partes do mundo, inclusive do Brasil, têm-se reunido anualmente, no dia 31 de março, diante do dólmen, em homenagem e reconhecimento a Kardec, numa demonstração patente de que os sacrifícios do missionário francês não foram em vão e que ele permanece tão vivo no passado quanto no presente.

---

[41]*Jean Vartier*, ob. cit., 1971, pp. 291 e 292.

No volume II do grande "Dictionnaire Historique des Rues de Paris", editado por *Les Éditions de Minuit*, s/d, de autoria de Jacques Hillairet, ao se fazer o histórico do Cemitério do Père-Lachaise, é estampada, à página 123, uma relação, ano por ano, das personalidades mais famosas ali inumadas desde a sua fundação, figurando entre elas o nome do "escritor espírita Allan Kardec".

Nos últimos quinze anos de sua existência terrena, Allan Kardec se transformou, segundo as palavras de André Moreil[42], no homem universal, fundador de uma moral e uma filosofia universais. Sua obra, estruturada de acordo com o método científico, penetrou rapidamente em várias partes do Mundo, conquistando milhões de seguidores entre as mais diferentes classes sociais.

[42] *André Moreil*: "La vie et l'oeuvre d'Allan Kardec", Éditions Sperar, Paris, 1961, p. 155.

Capítulo IV

Curiosidades

1 – Primeiras lições de moral à infância

Num artigo intitulado – "Primeiras lições de moral à infância" (RS, 1864, p. 37), o mestre Allan Kardec mostra os vários erros em que os pais incorrem na educação dos filhos, achando que pecam mais por ignorância do que por má vontade. "Ora, para os pais, onde os meios de se instruírem sobre essa parte tão importante de sua tarefa?" Previu, então, que uma verdadeira ciência, nada mais que um "ramo da educação", com seus princípios e regras, forneceria os conhecimentos úteis aos pais.

A nosso ver, Kardec se referia ao que mais tarde foi denominado: Psicologia infantil, que tantos desenvolvimentos vem recebendo, com vasta e proveitosa aplicação mundial.

O Espiritismo começou com a iniciativa de uma menina, em Hydesville, na família Fox (Kate, 9 anos), que foi a primeira pessoa a concluir que os fenômenos eram produzidos por um ser inteligente, de maneira intencional, querendo comunicar o seu pensamento e escolhendo a forma inusitada dos "raps", para ser percebido, entendido e poder, depois, dialogar, através do código *criado* pelo espírito de improvisação da mesma garota. Não havia, ali, a futilidade de que se revestiria a fenomenologia das "mesas girantes e dançantes", que fez vibrarem os salões elegantes da Europa. A *juventude americana* precedera, nisso, o próprio Codificador, que vira assunto sério, para estudos profundos, na exótica fenomenologia a que assistira. Ele iria utilizar-se, por sua vez, da *juventude*, pois um grupo de jovens médiuns femininos prestar-se-ia aos trabalhos do grande inquérito a que submeteu o Mundo Invisível, propiciando "O Livro dos Espíritos", formado graças às respostas a perguntas que eram formuladas, e a instruções da maior importância.

Na RS de 1861 (novembro), diz Allan Kardec, referindo-se à Reunião Geral dos Espíritas Bordeleses (14-10-1861): "Desde que transcrevemos esses diversos discursos, não queremos omitir, como traço característico, a pequena alocução recitada com uma graça encantadora e um ingênuo entusiasmo por um pequenino de *cinco anos e meio*, filho do Sr. Sabò, à nossa chegada ao seio dessa família realmente patriarcal, e sobre a qual o Espiritismo derramou a mancheias suas benfeitoras consolações. Se toda a geração que se ergue estivesse imbuída de tais sentimentos, seria permitido entrever como muito próxima a mudança que se deve operar nos costumes sociais e que, de todos os lados, é anunciada pelos Espíritos. Não penseis que aquela criança haja feito a sua pequena saudação como um papagaio. Não: captou-lhe muito bem o sentido. O Espiritismo, no qual foi, por assim dizer, embalado, já é para a sua jovem inteligência um freio que compreende perfeitamente e que sua razão, desenvolvendo-se, não repelirá.

"Eis o pequeno discurso do nosso amiguinho Joseph Sabò, que ficaria muito triste se não o visse publicado:

"Sr. Allan Kardec: Permiti que a mais jovem de vossas crianças espíritas venha hoje, dia para sempre gravado em nossos corações, exprimir-vos a alegria causada por vossa vinda ao nosso meio. Ainda estou na infância; mas meu pai já me ensinou que os Espíritos se manifestam a nós; a docilidade com que devemos seguir seus conselhos; as penas e recompensas que lhes são outorgadas. E, em alguns anos, se Deus o julgar certo, também quero, sob os vossos auspícios, tomar-me um digno e fervoroso apóstolo do Espiritismo, sempre submisso ao vosso saber e à vossa experiência. Em troca destas poucas palavras, ditadas por meu pequeno coração, conceder-me-eis um beijo, que não ouso pedir?" (Edição da EDICEL, S. Paulo-SP, tradução de Júlio Abreu Filho, pp. 345/346.)

Temos na palavra de Allan Kardec o pronunciamento de uma criança, já em 1861! A *Infância* estava presente no Movimento Espírita. Aliás, é bem conhecida a sessão espírita efetuada na ausência de Alexandre Delanne, pelo seu filho de oito anos, Gabriel, o futuro apóstolo da parte científica do Espiritismo e valoroso componente da Equipe da Codificação Kardequiana. Não apenas realizou a sessão, mas explicou o necessário às pessoas que, com ele, dela participaram. Depois disso – passado algum tempo –, Delanne estaria recebendo, sentado aos joelhos de Allan Kardec, o tratamento que um vovô costuma dispensar aos netos. Era a criança, Gabriel, que enveredava para a adolescência.

Como explicaremos mais adiante, Flammarion (Camille), outro apóstolo e igualmente membro da Equipe da Codificação, naquele mesmo 1861 torna-se sócio da SPEE. Estava com 19 anos. *Jovem*, pois, e de excepcional talento, além de médium.

A *Infância e a Juventude* preparavam-se, em 1848 e 1861, para a futura tarefa da Evangelização, que viria mais adiante. Mas possuindo desde então a chave maravilhosa do Espiritismo.

Com o advento de "O Evangelho segundo o Espiritismo", em 1864, os pais passariam a dispor de elementos capazes para se instruírem convenientemente, a fim de poderem prestar aos seus filhos, no lar e nos grupos e centros espiritistas, a educação religiosa-evangélica programada pelo Mundo Maior.

Foi assim nos tempos primeiros do Espiritismo, antes e durante *o esforço de síntese* de Allan Kardec.

2 – A navegação aérea entrevista por Allan Kardec

Em 1859, o missionário de Lião como que previa o progresso futuro da aeronáutica, aventando, através de perguntas feitas ao Espírito do aeronauta francês Poitevin, falecido em 1858, o problema da dirigibilidade dos balões e sua concretização, bem assim a navegação aérea em grande escala, sobre o mar, por exemplo, para o transporte de grande número de pessoas e de objetos materiais. Kardec observava, ainda, que de futuro haveria, incontestavelmente, engenheiros em aerostática, como havia engenheiros navais, mas isso – acrescentava – só seria possível quando aqueles pudessem ver e sondar, por si mesmos, as profundezas do oceano aéreo. "Se um dia essa ciência tornar-se uma realidade, só o será por intermédio deles. Aos olhos de muita gente, tudo ainda é uma quimera, e eis por que os inventores, que em geral não são capitalistas, não encontram nem o apoio nem os encorajamentos necessários. Quando a aerostação der dividendos, mesmo em esperança, e puder ser comercializada, não lhe faltarão capitais; até lá, é preciso contar com o devotamento daqueles que vêem o progresso antes da especulação. Só haverá êxito a preço de sacrifícios, o bastante para entrar plenamente no caminho da prática, e quem diz sacrifício diz exclusão de toda idéia de lucro. Esperamos que a idéia de dotar o mundo da solução de um grande problema, ainda que apenas sob o ponto de vista científico, inspirará algum generoso desinteresse. Mas a primeira coisa a fazer seria fornecer aos teóricos os meios de adquirir a experiência do ar, mesmo pelos meios imperfeitos que possuímos." (RS, 1859, pp. 106/110.)

É deveras curioso o que Poitevin disse em sessão particular com Allan Kardec. Profetizou que um "meio de comunicações poderoso e dotado de certa presteza" substituiria os balões, e transportaria os passageiros com velocidade superior à dos trens. Acrescentava, mais adiante, que não se deveria esperar muito do sistema então empregado, mas que muito mais se obteria "agindo-se sobre o ar por compressão forte e extensa". E prosseguia: "O ponto de apoio que buscais está à vossa frente, cerca-vos de todos os lados, com ele vos chocais a cada um de vossos movimentos, entrava diariamente vosso caminhar, e influi sobre tudo que tocais. Pensai

Jacques-Etienne Montgolfier
(1745-1799)

bem nessas coisas, extraí dessa revelação tudo que puderdes: são imensas as suas ilações." (RS, 1859, p. 108.)

Só bem mais tarde o balão pôde realmente ser dirigido, seguindo-se a construção da máquina mais pesada que o ar, a qual, tendo por ponto de apoio o próprio ar, realizaria, em pleno século XX, a travessia dos mares, conduzindo pessoas e objetos em grande número, tal como o Codificador intuitivamente deixara escrito na RS de 1859.

É interessante saber que não apenas na França a Espiritualidade esteve intimamente entrosada com a na-

Alberto Santos Dumont
(1873-1932)

vegação aérea por meio de aparelhos mais pesados do que o ar. Nos Estados Unidos da América, os Espíritos já antes de 1856 profetizavam, por intermédio de Andrew Jackson Davis, o aparecimento de veículos aéreos movidos por uma força motora de natureza explosiva. E aqui no Brasil, pelo médium Ernesto Castro, de Silveiras (SP), era recebida, em 30 de julho de 1876, do Espírito de Estêvão Montgolfier, uma profética mensagem[43], extraordiná-

[43]Publicada em "Reformador" de 1º de agosto de 1883.

ria em todos os seus termos, falando claramente acerca do "portentoso pássaro mecânico" que, mediante "estupendo motor", "percorrerá o espaço, conduzindo em suas soberbas asas os homens de vários continentes". Prognosticava, ainda, a referida mensagem que a navegação aérea não seria um sonho, mas "brilhante realidade" dentro em breve, e que o Brasil estava fadado a "demonstrar a força dessa grandiosa máquina aérea". Santos Dumont tinha, àquela época, três anos de idade...

3 – Emancipação da Mulher

Allan Kardec, na RS de janeiro de 1866, é um apologista da emancipação legal da mulher. A lei, diz ele, posto ainda a considerasse em grau menor, pouco a pouco relaxou os laços da tutela. Se na ocasião podia-se considerar a mulher emancipada moralmente, precisava que o fosse legalmente, resultado a que ela chegaria, um dia, pela força das coisas – adiantava Kardec. Explicando que Deus criou iguais e semelhantes as almas masculinas e femininas, as desigualdades fundadas pela ignorância e pela força bruta desaparecerão com o progresso e o reino da justiça.

"Com a doutrina espírita, a igualdade da mulher não é mais simples teoria especulativa; não é mais uma concessão da força à fraqueza, é um direito fundado nas leis mesmas da natureza. Dando a conhecer essas leis, o Espiritismo abre a era da emancipação legal da mulher, como abre a da igualdade e da fraternidade." (RS, 1866, p. 5.)

Servindo-se de notícias vindas dos E.U.A. e da Inglaterra, quanto à emancipação da mulher e seus direitos, Kardec escreve na RS de junho de 1867 outro artigo, em que analisa a fundo a questão, sob diversos ângulos, para concluir que o Espiritismo consagra os direitos da mulher, fundado nas leis da natureza. Felicita os E.U.A. pelas iniciativas que ali se tomavam a respeito desse assunto, achando, porém, que esse país deveria igualmente conceder uma posição legal e de direito comum à raça negra.

"Mas" – acentuou Kardec –, "da igualdade dos direitos seria abusivo concluir pela igualdade das atribuições. Deus dotou cada ser de um organismo apropriado ao papel que deve desempenhar na natureza." (P. 165.)

O Codificador era, como já dissemos, favorável à emancipação da mulher, dentro de certos limites. É com satisfação que ele reproduzia em sua revista o que, a propósito, se conseguia em algumas partes do mundo, principalmente nos E.U.A. Assim, na RS de 1869, p. 79, noticia a concessão do direito de voto e de elegibilidade às mulheres de Yankton, cidade de Dakota (E.U.A.); o exame a bacharelato em ciências feito na Faculdade de Ciências de Paris pela Srta. Alexandrine Bris; o caso de duas jovens americanas, conhecidas dele, Kardec, irmãs da Srta. B..., membro da Sociedade Espírita de Paris, que possuíam diploma de doutoras e exerciam a medicina junto a mulheres e crianças. O missionário de Lião aprova esse novo papel da mulher, e lastima que na França ainda não se chegasse a tanto.

4 – Nos dicionários e enciclopédias

A primeira obra desse gênero que incluiu o nome Allan Kardec foi a 2ª edição do "Dictionnaire Universel des Contemporains", de G. Vapereau, editado provavelmente entre 1861 e 1863, saindo a 3ª edição em 1865.

Com amplos dados biográficos sobre Kardec, surgiu, em 1865, o primeiro tomo do "Nouveau Dictionnaire Universel", de Maurice Lachâtre, sendo considerado, na época, a maior enciclopédia de conhecimentos humanos.

Em 1873, o tomo 9 do "Grand Dictionnaire Universel du XIXe Siècle", de Pierre Larousse, "a mais completa enciclopédia que até então aparecera no mundo", registrava a biografia de Kardec, complementando-a no "Suplemento" (1878), tomo 16.

Igualmente no "Nouveau Larousse Illustré", no "Larousse du XXe Siècle", no "Grand Larousse Encyclopédique" e em outros "Larousses" Kardec é biografado. Como escreveu certo cronista, é uma consagração suplementar a entrada no "Larousse", pois, "para que uma palavra seja candidata a ingressar naquele mundo em ordem alfabética, é preciso que ela seja realmente importante, possua um bom lastro popular e já se tenha integrado na vida quotidiana, quer na França, como em outras paragens de além-mar".

Ainda na França, podemos citar, entre os muitos dicionários e enciclopédias que verbetam o nome Allan Kardec, o "Dictionnaire Biographique et Bibliographique", de Alfredo Dantès; o "Manuel Bibliographique des Sciences Psychiques ou Occultes", de A. L. Caillet; o "Nouveau Dictionnaire Encyclopédique Universel Illustré", de Jules Trousset; "La Grande Encyclopédie", por uma "Société de Savants et de Gens de Lettres"; o monumental "Dictionnaire de Biographie Française", de J. Balteau, Barroux e Prevost, publicação iniciada em 1932 e ainda inacabada; o "Dictionnaire Encyclopédique Quillet", em 6 volumes, Paris, 1937; o "Dictionnaire Usuel Le Nouveau Quillet-Flammarion", Paris, 1967; etc., etc.

Não vamos relacionar, de outros países, obras biobibliográficas que incluem o verbete Allan Kardec. Seria alongar demasiado esse registro. Podemos, isto sim, indicar as enciclopédias brasileiras e luso-brasileiras que dão a Kardec tratamento respeitoso. Entre elas cabe-nos citar: "Enciclopédia e Dicionário Internacional", pelos Editores W. M. Jackson; "Lello Universal (Dicionário Enciclopédico Luso-Brasileiro)", editado por Lello & Irmão; "Enciclopédia Brasileira Mérito", pela Editora Mérito S. A.; "Dicionário Enciclopédico Brasileiro Ilustrado", sob a direção do Prof. Álvaro Magalhães; "Grande Enciclopédia Portuguesa e Brasileira", da Editorial Enciclopédica Ltda., de Lisboa; "Enciclopédia Barsa", pela Encyclopaedia Britannica Editores Ltda.; "Grande Enciclopédia Delta-Larousse", pela Editora Delta S. A., que chegou a estampar, em cores, o retrato de Kardec; "Dicionário e Enciclopédia Koogan-Larousse, de Seleções", Lisboa-Rio-Nova Iorque; e muitas outras obras publicadas, de igual teor, nos últimos dez anos.

Comprovada a divulgação sempre crescente do nome e da obra de Allan Kardec, que o culto das gerações consagrou, achamos que o Sr. Levent, no discurso que pronunciou há cem anos no túmulo do Codificador do Espiritismo, ao dirigir-se aos manes do querido morto, não errou ao afirmar:

"(...) e vosso nome, gravado no panteão da História, entre aqueles dos benfeitores da Humanidade, se transmitirá de idade em idade como os dos profetas antigos."

5 – Os quatro primeiros selos postais espíritas do mundo

O selo da Codificação

O primeiro selo postal espírita emitido no mundo o foi em 1957, no Brasil, graças à iniciativa e ao exaustivo trabalho da Federação Espírita Brasileira, na presidência de Antônio Wantuil de Freitas.

Tratava-se de comemorar o 1º CENTENÁRIO DA CODIFICAÇÃO DO ESPIRITISMO (em justa e merecida homenagem a Allan Kardec) através de um selo comemorativo, que, na definição oficial, "se destina a assinalar acontecimento digno de homenagem nacional".

Longo requerimento-memorial, dirigido pela FEB às autoridades competentes, levou, após várias *démarches*, à aprovação do selo em pauta, popularmente conhecido como o "selo da Codificação".

A fim de que fique registrado em livro esse evento, reproduzimos aqui o edital 6/57 (Processo nº 3.523/57):

"Características: taxa Cr$ 2,50, cor marrom, formato retangular horizontal, papel filigranado, filigrana Casa da Moeda do Brasil, impressão talho-doce, desenhista Bernardino da Silva Lancetta, fotógrafo Antônio de Sayão Lobato, fotocompositor Walter Lopes Quinteiros, gravadores Gildásio Ferreira de Souza e Neposiano Máximo dos Santos, impressor Mário Dracxler. Dimensões do selo 0,023 x 0,036 mm; da picotagem 0,029 x 0,041 mm;

da estampa 0,260 x 0,310 mm. Quantidades de selos por estampa 50, de estampas 100.000, total da emissão 5.000.000 de exemplares. Descrição: no ângulo superior direito, internamente, em caracteres unidos e em três linha horizontais, as palavras "BRASIL" na primeira, e "CORREIO" na segunda e a taxa "Cr$ 2,50" na terceira; na base do motivo, na metade direita, numa faixa unida interrompida em farpas, em caracteres brancos e em dois lances horizontais, a inscrição: "1957 – 1º CENTENÁRIO DA" no primeiro lance, "CODIFICAÇÃO DO ESPIRITISMO" no segundo lance; em fundo linhado horizontalmente e sombreado com linhas a 45º, como elemento da composição destacam-se: na metade esquerda, o busto de Allan Kardec, pseudônimo do famoso educador francês Hipólito Leão Denizard Rivail, médico, poliglota, e cientista com inúmeras obras didáticas publicadas, mais conhecido, entretanto, como o Codificador do Espiritismo; na metade direita, um livro sobre o Globo simboliza "O Livro dos Espíritos", a primeira obra da Codificação, lançada a 18 de abril de 1857, que, traduzida em diferentes idiomas, difunde o Espiritismo pelo Brasil e por várias outras nações onde há liberdade de culto e pensamento. Junto à base, na metade esquerda, em caracteres unidos, o pseudônimo "ALLAN KARDEC", sob o busto do homenageado."

Malgrado os veementes protestos da intolerância de certos meios católicos, este primeiro selo postal espírita começou a circular em todo o Brasil precisamente no dia 18 de abril de 1957, com o uso de carimbos comemorativos obliteradores, no Rio de Janeiro, inclusive no balcão postal instalado na Avenida Passos, 30, sede da Federação Espírita Brasileira.

Vários e importantes órgãos do Espiritismo e da imprensa leiga do Brasil e do exterior referiram-se ao auspicioso acontecimento, conforme se pode ler na coleção do "Reformador" de 1957. De todos os lados, os meios filatélicos reagiram favoravelmente à emissão, inclusive a revista nova-iorquina "Stamps", o órgão filatélico de maior tiragem do mundo.

Foi este, na verdade, o selo comemorativo mais "badalado" no Brasil, e sua repercussão foi de tal monta que a "Grande Enciclopédia Portuguesa e Brasileira" registrou o acontecimento no vol. 39 (Apêndice), ao fim do artigo KARDEC (Allan).

O selo do Evangelho

A 14 de junho de 1963, Antônio Wantuil de Freitas, Presidente da Federação Espírita Brasileira, dava entrada nos Correios de um bem justificado requerimento, solicitando a emissão do segundo selo postal espírita, a que mais tarde chamariam simplesmente o "selo do Evangelho".

Pelo edital 18/64 (Processo nº 39.052/63), transcrito em "Reformador" de maio de 1964, p. 110, o selo seria lançado em 18 de abril de 1964, comemorativo do centenário de "O EVANGELHO" DA CODIFICAÇÃO ESPÍRITA, ou seja, de "O Evangelho segundo o Espiritismo", de Allan Kardec.

Desenhado pelo consagrado artista Bernardino da Silva Lancetta e impresso pelo sistema de rotogravura em papel couché-bobinado-filigranado, filigrana Brasil-estrela-Correio, na tiragem de 5.000.000 de exemplares, o "selo do Evangelho" circulou em todo o território nacional no dia aprazado, sendo usados no Rio de Janeiro (RJ) e em São Paulo (SP) carimbos obliteradores comemorativos.

Como o anterior, este segundo selo recebeu geral e simpática acolhida da grande imprensa diária brasileira, bem assim dos filatelistas e dos espíritas de todo o mundo.

O selo do centenário da desencarnação de Kardec

No dia 31 de março de 1969 era lançado no Brasil, na tiragem de 2.000.000 de exemplares, o selo postal co-

A. Wantuil de Freitas mostra ao repórter de "O Globo", em 18 de abril de 1957, uma folha de selos do 1º Centenário da Codificação do Espiritismo.

memorativo do CENTENÁRIO DE MORTE de Allan Kardec, satisfeita, assim, uma petição ao Departamento de Correios e Telégrafos, assinada pelo Presidente da Federação Espírita Brasileira em 31 de março de 1968.

A venda do selo em pauta e a aplicação de carimbos comemorativos foram realizadas em balcões postais instalados na FEB-Rio, à Avenida Passos, 30-térreo, bem assim na Federação Espírita do Estado de São Paulo.

Sobre o êxito total no lançamento do "selo Kardec-69", desenhado por Bernardino da Silva Lancetta, impresso em *offset*, filigrana Correio-estrela-Brasil, "Reformador" de 1969, p. 93, trouxe ampla reportagem, na qual se destaca o ato solene do lançamento, com a presença do Chefe de Gabinete do Ministro das Comunicações e de várias outras autoridades, tendo por ponto alto a leitura da saudação de S. Exª o Sr. Ministro das Comunicações, que assim concluiu a sua mensagem:

"Allan Kardec ensina pela prática o amor cristão pregador da solidariedade humana e, assim, a homenagem que hoje a ele é prestada tem o sentido humano e cristão, porque é exaltada a personalidade de quem, nos longos anos de sua vida, demonstrou acentuado amor pelo próximo."

O selo do centenário da Imprensa Espírita no Brasil

À Empresa Brasileira de Correios e Telégrafos foi dirigido, em 18 de abril de 1968, pelo Presidente da Federação Espírita Brasileira, requerimento pedindo a emissão de um selo postal comemorativo do 1º CENTENÁRIO DA IMPRENSA ESPÍRITA NO BRASIL.

Autorizada a emissão, na tiragem de 1.000.000 de exemplares, o selo foi lançado no dia 26 de julho de 1969, tendo sido usados carimbos comemorativos obli-

teradores na Associação Brasileira de Imprensa, no Rio de Janeiro (RJ); na União Espírita Baiana (Salvador-BA); na Federação Espírita do Estado de São Paulo (São Paulo-SP); e na Livraria Espírita, de Porto Alegre (RS).

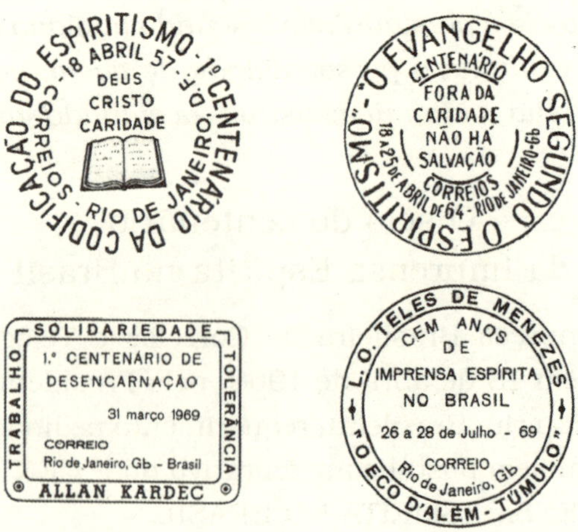

Alguns dos carimbos obliteradores comemorativos dos selos espíritas.

O lançamento do referido selo, desenhado por Bernardino da Silva Lancetta, impresso pelo sistema de rotogravura, em papel couché-filigranado, filigrana Brasil-estrela-Correio, foi prestigiado por conceituados órgãos da imprensa falada e escrita, o que redundou numa venda maciça de selos, conforme se pode ler nos meses de agosto e setembro do "Reformador" de 1969.

***

Todos esses quatro selos postais foram, realmente, os únicos emitidos em todo o mundo, relacionados com o Espiritismo.

"O Espírita Mineiro", órgão da União Espírita Mineira, soube bem compreender o alcance dessas realizações, deixando à meditação dos espíritas este pronunciamento:

"O selo é um atestado do que podem realizar os espíritas quando integrados de fato na obra de sua *unificação.*

Só o esforço dirigido, a obra disciplinada, a convergência das idéias em torno de anseios definidos poderão construir o edifício concreto da Terceira Revelação.

A Federação Espírita Brasileira soube plantar, em meio aos inúmeros obstáculos, a afirmação serena do seu valor, exemplo claro de sua destinação como condutora de um movimento religioso que lançará na Terra as sementes de uma nova Civilização."

"Tais vitórias – assinalou honestamente o "Reformador" – devemo-las, em verdade, aos próprios espiritistas do Brasil, que trabalham em uníssono com a Federação Espírita Brasileira, a esta possibilitando as realizações que enaltecem e elevam o nome do Espiritismo entre a gente brasileira e os povos de outras nações."

6 – "PROCÈS DES SPIRITES"[44]

O eminente Léon Denis, no seu admirável livro "Joana d'Arc, Médium" ("Jeanne d'Arc Médium"), traduzido para o português por Guillon Ribeiro (8ª edição, FEB, 1975), não pôde ocultar esta expressão (pp. 130 e seguintes): *"Jamais se viu a natureza humana subir tão alto*, de uma parte, e, de outra, *cair tão baixo."* Referia-se, respectivamente, à conduta de Joana, grandiosa, sublime, e à hipocrisia, perfídia, servilismo de setenta e uma criaturas, "fariseus de corações petrificados" que "fazem da religião uma máscara destinada a dissimular ardentes paixões"...

Há muitos pontos de semelhança entre o Processo de Joana d'Arc e o *des Spirites*. Seria legítima a assertiva de terem os autênticos espíritas subido tão alto, enquanto os seus opositores, os seus algozes, desciam tanto?

Mas, "a Igreja – é o próprio Léon Denis quem no-lo informa – procurou desculpar-se da acusação que lhe pesava, havia séculos, e para isso se empenhou na tarefa de lançar o odioso da condenação de Joana exclusivamente sobre Pedro Cauchon, bispo de Beauvais".

A Justiça da França, no "Processo dos Espíritas", iniciado a 16 de junho de 1875, sob patrocínio e inspi-

[44]Este trabalho integra o livro "Procès des Spirites", editado pela FEB, 1976, 1ª edição no Brasil (em francês) e 2ª no mundo; bem assim a separata, em português, "Processo dos Espíritas", 1976 (2ª edição em 1977), de *Hermínio C. Miranda*, que, na "Apresentação" de sua lavra, resume os principais lances do incrível processo.

ração não ostensivos de forças influentes, ao envolver na condenação o honrado pioneiro do Espiritismo, Pierre-Gaëtan Leymarie – depois das inusitadas agressões verbais à Viúva Allan Kardec, em pleno Tribunal –, salvo prova em contrário, até hoje não documentada, nem sequer aproveitou a ocasião, que os recursos de apelação de Leymarie lhe propiciaram, para reparar a clamorosa violência perpetrada pela intolerância religiosa que a usou, como quis, para os seus fins.

Léon Denis, na obra citada, ainda enfatiza: "O temível tribunal do Santo Ofício, que na época (ano 1430) já não era mais do que um fantasma, reaparecia, saía da sombra, para reclamar a maior vítima de quantas lhe compareceram à barra. E a Universidade de Paris, a principal corporação eclesiástica da França, lhe apoiava as reivindicações. Anatole France, bem informado sobre este ponto, diz ("Vie de Jeanne d'Arc", tomo II, p. 179): "No caso da Pucela, não era unicamente um bispo quem punha a Santíssima Inquisição em movimento, era a filha dos reis, a mãe dos estudos, o belo e refulgente sol da França e da cristandade, a Universidade de Paris."

No "Procès des Spirites" a história se repete. Apenas com esta diferença: o temível tribunal do Santo Ofício – que, a rigor, só depois de 9 de outubro de 1861, devido ao episódio do Auto-de-Fé em Barcelona, conheceria o próprio fim –, visível ou invisivelmente considerado, abstém-se de qualquer procedimento ostensivo, aparatoso, na condenação do homem que, quer pela posição ocupada no movimento espírita francês, quer pela sua envergadura moral e prestígio nos demais países, bem e fielmente representava o Espiritismo, o alvo realmente visado pela conspiração trevosa. Prefere agir como agiu: orientando, de maneira oculta, a ação da Justiça da "Cidade-luz", a famosa e culta Paris. E sem precisar do apoio da Universidade...

Quanto a Pierre-Gaëtan Leymarie, condenado, cumpriu integralmente a pena de reclusão celular por tempo bem superior a um ano. Além de pesada multa. Não conheceu a fogueira, certamente por causa da diferença de quatro séculos entre o seu e o processo da Médium que libertou Orléans e tornou possível a sagração de Carlos VII rei da França. Em compensação, não mereceu canonizado...

Vão incluídas no bojo deste prefácio duas peças recentemente publicadas em "Reformador", dada a importância das pesquisas em documentação, antiga e rara, que poucos conhecem: "Primeiro Centenário do *Procès des Spirites*" e "Pierre-Gaëtan Leymarie, 75º Ano de Desencarnação".

Dessarte, com a "Apresentação", escrita em português por Hermínio C. Miranda, enriquecida com ilustrações noutros livros dificilmente encontráveis, a reprodução fotomecânica do inteiro teor do documentário elaborado por Madame Marina P.-G. Leymarie, em 1875, em francês, adquire a característica de obra a mais completa que existe sobre o secular processo.

Seguem-se as aludidas transcrições de "Reformador":

Primeiro Centenário do "Procès des Spirites"

Cinco anos após a desencarnação de Allan Kardec, a "Revue Spirite" publicou inúmeros artigos sobre *fotografia de Espíritos*, ilustrando-os, bem assim as notas informativas que a respeito estampava, com as fotos das pessoas que posavam para os fotógrafos (Buguet – médium – e Firman), e junto às quais apareciam amigos ou parentes desencarnados. Uma das fotografias, de Madame Allan Kardec, trazia a imagem do Codificador do Espiritismo, ostentando uma mensagem em francês, transcrita também na "Revue Spirite".

No ano seguinte – 1875 –, precisamente no dia 16 de junho, quarta-feira, instaurava-se um processo que ficaria célebre: o *Procès des Spirites* (Processo dos Espíritas), movido em Paris, pelo Ministério Público, contra Buguet, Firman e, também (e especialmente, é óbvio), *Pierre-Gaëtan Leymarie.* Os jornais da época, habituados que estavam em ridicularizar os fatos espíritas, não pouparam os acusados nem o Espiritismo. Gabriel Delanne ("O Espiritismo perante a Ciência", edição de 1952, FEB), tratando da *fotografia espírita,* diz, a propósito do caso, o seguinte:

"A despeito das alegações de mais de 140 testemunhas que afirmaram, sob palavra de honra, haver reconhecido personagens mortas de sua família, e obtido suas fotografias, aproveitaram a má-fé do médium Buguet para fazer acreditar ao público que nessas produções só havia, de um lado, velhacaria e, do outro, credulidade estúpida."

(...) "Quando se vêem pessoas sérias como Royard, químico, Tremeschini, engenheiro, a condessa de Caithness, o conde Pomar, o príncipe de Wittgenstein, o duque de Leuchtemberg, o conde de Bullet, o coronel Devolluet, O. Sullivan, ministro dos Estados Unidos, Turck, cônsul, jurarem que reconheceram Espíritos, por serem a reprodução exata da fisionomia de seus parentes ou amigos mortos, é preciso ser cego para duvidar da realidade das manifestações.

"Os juízes, entretanto, não hesitaram em condenar Leymarie, *gerente da sociedade espírita, a um ano de prisão e 500 francos de multa,* porque esperavam atingir nele o Espiritismo (*grifos nossos*), *doutrina que diz respeito ao clero, muito de perto, e por isso não se podia deixar de sentir a sua ação na penalidade infligida àquele que representava o Espiritismo francês."*

Delanne faz menção, a seguir, do entendimento de Eugène Nus a respeito dessa espécie de causas, transcrevendo-lhe uma página sobre julgamentos, e prossegue:

"Se tivemos que experimentar uma condenação contra nós, foi porque nos desviamos da rota traçada por Allan Kardec. Este inovador era contrário à retribuição dos médiuns e tinha para isso boas razões. Em sua época, os irmãos Davenport muito fizeram falar de si, mas, como ganhavam dinheiro com suas habilidades, Allan Kardec afastou-se deles, prudentemente."

O "Procès des Spirites" é algo tenebroso, autêntica peça inquisitorial, só concebível de ter existido nos distantes tempos da Idade Média. As próprias autoridades judiciais se permitiram dialogar de forma desrespeitosa com os acusados, avançando conclusões e, mesmo, desvirtuando informações, com o intuito indisfarçado de prejulgar. Nem sequer a viúva Allan Kardec, que prestou declarações como testemunha intimada a comparecer a interrogatório, teve o tratamento devido aos seus cabelos brancos, conforme protesto verbal, na hora, e escrito, que exigiu fosse exarado nos autos respectivos.

Leymarie foi condenado e preso. De todas as partes do mundo espírita recebeu ele manifestações de confiança, solidariedade e integral apoio moral. Sua mulher, identificada com o trabalho do dirigente da "Revue" *e* da *Société pour la continuation des oeuvres spirites d'Allan Kardec*, de difusão do Espiritismo, através do livro, no mundo do século XIX, substituiu-o, de imediato. Enquanto tinha curso o "processo", Madame Marina Leymarie reuniu vasta documentação, formando um volume do tamanho da coleção anual da "Revue Spirite", lançado no mesmo ano de 1875. Seu marido cumpriria, inteiramente, a pena de um ano de prisão, antes de ser absolvido, por decisão de alta instância, das acusações que o levaram à condenação, confirmada, aliás, na primeira apelação.

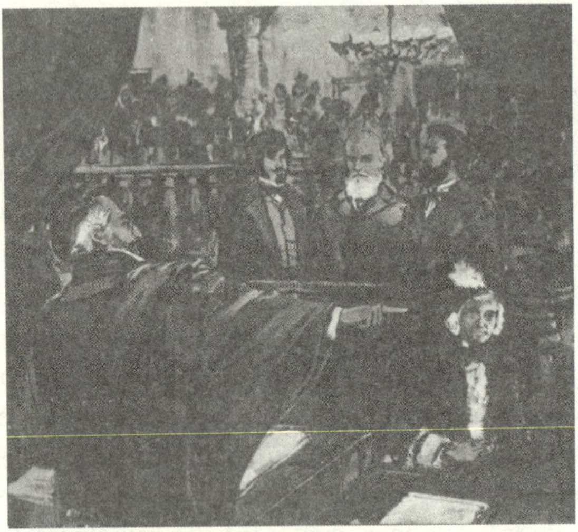

Da capa de Cecconi para o "Procès des Spirites", de Madame P.-G. Leymarie, editado pela Federação Espírita Brasileira.

É ainda Gabriel Delanne, com sua grande autoridade de pesquisador imparcial, quem esclarece:

"Em Bruxelas, um engenheiro químico, Byard, obteve em seu laboratório fotografias de Espíritos; apresenta ele minucioso relatório no livro 'Procès des Spirites', pp. 122 a 124. Finalmente, na América se conseguiram fotografias espíritas e o fenômeno não é contestado.

"A despeito dos tribunais, é preciso reconhecer que o fato se pode produzir, e, por estranhável que seja, nada tem de sobrenatural. Desde que se demonstra que os Espíritos existem, que têm um corpo fluídico que se pode condensar, em certas condições, é fácil compreender que possa ser fotografado, pois que se materializa até à tangibilidade, como o provaram as experiências de Crookes.

"Estamos longe de conhecer as leis que dirigem as operações que nos são mais familiares; não há, portanto, que espantar o ver-se produzirem incidentes que parecem, a princípio, inexplicáveis (...)."

Após o batismo de fogo a que foi submetido, Leymarie prosseguiu trabalhando e testemunhando por mais um quarto de século, desencarnando em 1901, e sendo, novamente, suprida sua ausência pela esposa Marina, figura exemplar de mulher dedicada aos ideais do Espiritismo.

***

Até há bem pouco tempo, o livro "Procès des Spirites" era desconhecido dos espíritas da atualidade, mas os grandes adversários da Doutrina Espírita têm-no consultado e analisado nestes cem anos. Faz um decênio, Jean Vartier, no livro "Allan Kardec – La Naissance du Spiritisme" (Hachette, Paris, 1971), não hesitou em "interpretá-lo" para seus leitores, numa tentativa ingênua de desmerecer o valor apostolar de Allan Kardec, hoje respeitado até mesmo em áreas que há alguns anos teimavam em ignorar-lhe a presença e a influência históricas, sem favor algum a figura mais exponencial – para nós, hoje, e para todos, no futuro próximo – do seu século.

Capítulo V

Observatórios do mundo invisível

Em "O Livro dos Médiuns" – Segunda Parte –, capítulo VIII ("Do Laboratório do Mundo Invisível"), Kardec apresenta-nos um ensaio de teoria muito plausível, com relação ao mundo dos Espíritos, quanto à formação de vestuário, objetos, etc., modificações das propriedades da matéria e processamento da ação magnética curadora. Geralmente coincidente com os conhecimentos mais avançados da atualidade, quer no tocante aos revelados, por exemplo, por André Luiz (via F. C. Xavier), quer no concernente ao avanço conseguido pela tecnologia aliada aos diversos ramos da Ciência e aos rumos da filosofia, da pesquisa e da experimentação no campo da antimatéria.

Aliás, Allan Kardec era homem positivo e de muita familiaridade e gosto pelas coisas da Ciência. Teria sido um grande sábio do seu tempo – no conceito humaníssimo da palavra –, não fora o Espiritismo tê-lo convocado para as gloriosas lidas da sementeira de um Mundo Novo. Portanto, pelo fato de ele ter inserido na *Introdução* de "O Livro dos Espíritos" a peremptória afirmativa – por nós tempestivamente reproduzida – de "que o Espiritismo não é da alçada da Ciência", como efetivamente não o é, de maneira alguma quis concordar com o contrário, de que a Ciência não seria da alçada do Espiritismo, no sentido cristalino do pensamento por ele enformado no item nº 55, do capítulo I, de "A Gênese": "*Caminhando de par com o progresso, o Espiritismo jamais será ultrapassado, porque, se novas descobertas lhe demonstrassem estar em erro acerca de um ponto qualquer, ele se modificaria nesse ponto. Se uma verdade nova se revelar, ele a aceitará."*

No mesmo livro e capítulo citados, item nº 18, havia sido esclarecida a razão disso e da precedência dos conhecimentos científicos ao advento da Doutrina: "O Espiritismo, tendo por objeto o estudo de um dos elementos constitutivos do Universo, toca forçosamente na maior parte das ciências; *só podia*, portanto, *vir depois da elaboração delas;* nasceu pela força mesma das coisas, pela impossibilidade de tudo se explicar com o auxílio apenas das leis da matéria." (Grifos nossos, nas duas transcrições.)

"O Espiritismo e a Ciência se completam reciprocamente; a Ciência, sem o Espiritismo, se acha na impossibilidade de explicar certos fenômenos só pelas leis da matéria; ao Espiritismo, sem a Ciência, faltariam apoio e comprovação. (...) Se o Espiritismo tivesse vindo antes das descobertas científicas, teria abortado, como tudo que surge antes do tempo." (Do nº 16, ob. e cap. citados; grifos de Kardec.)

Em Espiritismo, "a teoria nasceu da observação", disse o Codificador, no nº 15; no nº 13, dissera: *"O que caracteriza a revelação espírita é o ser divina a sua origem e da iniciativa dos Espíritos, sendo a sua elaboração fruto do trabalho do homem."* (Grifos de Kardec.)

Vale, aqui, estampar o que, em 1863 (RS, p. 278), disse Allan Kardec a respeito de sua obra, pois confirma o que acima mencionamos e fora editado somente em 1868: "Em tudo isso não fiz senão recolher e coordenar *metodicamente* o ensino dado pelos Espíritos; sem levar em conta opiniões isoladas, adotei as do maior número, afastando todas as idéias sistemáticas, pessoais, excêntricas *ou em contradição com os dados positivos da Ciência."*

Se repetimos algumas idéias que o Codificador expressou por outras formas e em diferentes ocasiões, não é por descuido que assim procedemos, mas para repisar bem coisas de real significação e fazer a introdução lógica do espírito dos leitores ao assunto central deste capítulo. Não quisemos, de outra parte, deixar de consignar o interligamento, *sem dependências* acadêmicas, do Espiritismo com a Ciência. Há entrosamento natural e necessário entre ambos, sem que sejam tributários um da outra e vice-versa.

Maurício Lachâtre (ou *La Châtre*) termina o verbete ALLAN KARDEC (Hippolyte-Léon-Denizard Rivail), *in* "Nouveau Dictionnaire Universel", tomo I (1865), com estas palavras: "Sua influência, já se estendendo a todos os países civilizados, dá à personalidade do seu fundador uma importância considerável, e tudo faz prever que, em futuro talvez próximo, ele se notabilizará como um dos reformadores do século XIX."

Jean Vartier, escritor que severamente criticou, e até ironizou Kardec, houve de reconhecer que: "Comme réformateur, il était peut-être en avance d'un siècle sur son temps." ("Allan Kardec, La Naissance du Spiritisme", Hachette, Paris, 1971, p. 255.)

Na "Revue Spirite" de 1868, no item IX (*Conclusão*), que não integrou o texto definitivo da "Constituição do Espiritismo", reescrita no ano seguinte, uma página existe, que vamos transcrever (por partes), na qual colhemos o título para este capítulo. Usaremos, pouco mais adiante, a tradução de Júlio Abreu Filho, para o português, publicada pela "Editora Cultural Espírita Ltda." – EDICEL, São Paulo-SP, 1966, p. 391.

O Codificador, anteriormente, comparara a SPEE, relativamente às funções dela e à influência que exerceria sobre as demais, de outros países ou apenas da própria França, como algo semelhante ao que existe em Astronomia. Todos os observatórios são mais ou menos equipados e realizam suas observações, que são comunicadas aos demais, espalhados pelos quatro cantos do mundo. Os resultados das observações são estudados indistintamente por quantos integram o majestoso domínio das pesquisas dos céus, das galáxias, das constelações, dos sistemas, das estrelas, mundos e satélites, adentro dos universos que Flammarion tão sábia e poeticamente descreveu para os olhos atônitos dos leigos nos difíceis quão belos misteres das lunetas e dos telescópios, mesmo antes da Astrofísica, da Astroquímica, do Radar, do Laser e da moderna Astronáutica.

Sociedade Iniciadora, revelava o que sabia; distribuía as luzes das revelações e conhecimentos acumulados no curso da metódica sistematização do Espiritismo, mas sem pretensões a hegemonias, preponderâncias, determinações ou imposições a outrem. Não fazia filiações de entidades ou grupos, limitando-se o seu quadro aos sócios individuais que rateavam entre si as despesas do funcionamento dela.

Mas os tempos corriam e perspectivas novas pintavam aos olhos de Kardec com tintas de diferente colorido. Eram quadros da realidade com que se defrontariam, na caminhada em demanda do futuro, em toda parte, a Doutrina e o Movimento do Espiritismo, nas questões interpretativas, da anexação à Codificação de princípios novos – assunto de extrema delicadeza e responsabilidade, mas profundamente verdadeiro, não só inevitável, mas desejável no contexto evolutivo dos seres (se possível, sem muita tardança), no desenvolvimento e progresso do Movimento de cada país. As revelações suceder-se-iam e os estudos continuariam, sem interrupção, carecendo de diretrizes institucionais capazes de assegurar ao

Espiritismo perfeito funcionamento e frutos opimos às expectativas dos adeptos em geral. Não podemos, a esta altura, privar-nos da satisfação de repetir e comentar alguns trechos da página recém-citada:

"O Espiritismo tem princípios que, em razão de se fundarem nas leis da natureza, e não em abstrações metafísicas, tendem a tornar-se, e certamente tornar-se-ão um dia, os da universalidade dos homens." Isto é de uma beleza sem par, porque é a filosofia insofismável da fraternidade e da paz, para todos. É o *Caminho*! Kardec, porém, prossegue: "Todos os aceitarão, porque serão verdades palpáveis e demonstradas, como aceitaram a teoria do movimento da Terra; mas pretender que o Espiritismo em toda parte seja organizado da mesma maneira; que os espíritas do mundo inteiro sejam sujeitos a um regime uniforme, a uma mesma maneira de proceder; que devam esperar a luz de um ponto fixo, para o qual deverão fixar o olhar, seria uma utopia tão absurda quanto pretender que todos os povos da Terra um dia não formem senão uma nação, governada por um único chefe, regida pelo mesmo código de leis e sujeita aos mesmos usos." Este discurso, igualmente belo, exprime o que em outras palavras dissemos, alhures, com respeito à diferença, que é preciso não deixar-se de estabelecer, entre *Espiritismo* e *Codificação Espírita*. Somos diferentemente posicionados, por estágios evolutivos, no tempo e no espaço, de sorte que Kardec tem inteira razão no que disse. Não pode haver uniformidade no Espiritismo, em toda parte, quer quanto à Doutrina, quer quanto ao Movimento. É uma *Verdade*! Um mesmo Código? É Kardec quem nos diz, agora, o essencial do seu pensamento, ao concluir: "Se há *leis gerais* que podem ser comuns a todos os povos, essas leis serão sempre, nos detalhes da aplicação e da forma, apropriadas aos costumes, aos caracteres, ao clima de cada um. Assim será com o Espiritismo organizado. Os espíritas do mundo inteiro terão princípios comuns, que os ligarão à grande família pelo laço sagrado da fraternidade, mas cuja aplicação poderá variar conforme as regiões, sem que, por isto, seja rompida a *unidade fundamental*, sem formar seitas dissidentes que se atirem a pedra e o anátema, o que seria antiespírita, de saída." Ninguém melhor o diria. Está nisto a diferença, porque a *Codificação, o Código*, é o repositório dos princípios consolidados e sujeito às regras do desenvolvimento, *pela Revelação.* Conhecimentos mais profundos vão sendo estruturados, provados, comprovados e admitidos, por consenso geral da comunidade espírita, a risco seu, segundo a desenvoltura maior da mente e do coração dos indivíduos livres e responsáveis que for contando em seu seio. É da *Vida*!

A grandiosidade da Doutrina dos Espíritos reside precisamente aí: – A lei da causalidade e o livre-arbítrio tecendo nas luzes crescentes das provas e das expiações conjugadas com as experimentações, observações e estudos, no fruir das vidas sucessivas, a *unidade na diversidade*! – A conquista da liberdade individual e coletiva em sua plenitude, promovendo o orbe de mundo inferior, que ainda o é, em mundo de regeneração. – Pela decisão espontânea, ordeira e disciplinada dos que sabem entender em espírito o que está exposto em "O Evangelho segundo o Espiritismo", na mensagem de Lázaro, capítulo IX, nº 8, "Obediência e resignação": "A OBEDIÊNCIA É O CONSENTIMENTO DA RAZÃO; A RESIGNAÇÃO É O CONSENTIMENTO DO CORAÇÃO, forças ativas ambas, porquanto carregam o fardo das provações que a revolta insensata deixa cair. O pusilânime não pode ser resignado, do mesmo modo que *o orgulhoso e o egoísta não podem ser obedientes.*"

Devemos insistir e trazer para cá as frases finais da conclusão de Allan Kardec: "O Espiritismo é uma questão de fundo; ligar-se à forma seria uma puerilidade indigna da grandeza do assunto. *Eis por que os centros diversos, que estiverem no verdadeiro espírito do Espiritismo, deverão estender-se a mão fraterna e se unir para combaterem seus inimigos comuns*: a INCREDULIDADE e o FANATISMO." (Todos os grifos e caixas-altas são nossos.)

Os observatórios do mundo invisível cobriam os continentes. Razão havia, pois, como dissera Kardec, em "A Gênese", "para que o Espiritismo seja considerado a terceira das grandes revelações". "As duas primeiras (personificadas em Moisés e no Cristo) foram individuais; a terceira, coletiva; (...) ninguém pode inculcar-se como seu profeta exclusivo; (...) As duas primeiras revelações (...) ficaram forçosamente localizadas, isto é, apareceram num só ponto, em torno do qual a idéia se propagou pouco a pouco; (...) A terceira tem isto de particular: não estando personificada em um só indivíduo, surgiu simultaneamente em milhares de pontos diferentes, que se tornaram centros ou *focos de irradiação.* Multiplicando-se esses centros, *seus raios se reúnem* pouco a pouco, *como os círculos formados por uma multidão de pedras lançadas na água,* de tal sorte que, em dado tempo, acabarão por cobrir toda a superfície do Globo. Essa uma das causas da rápida propagação da Doutrina. (...) Esta circunstância, inaudita na história das doutrinas, lhe dá força excepcional e irresistível poder de ação; de fato, se a perseguirem num ponto, em determinado país, será materialmente impossível que a persigam em toda parte e em todos os países." (Grifos e parênteses nossos.)

Kardec vai avançando, no capítulo I ("Caráter da Revelação Espírita"), em "A Gênese", nessa ordem de explicações. Depois, no item nº 50, com grifos dele mesmo, registra o seguinte, no respeitante ao desenvolvimento global do homem: *"Os Espíritos não ensinam senão justamente o que é mister para guiá-lo no caminho da ver-*

dade, mas abstêm-se de revelar o que o homem pode descobrir por si mesmo, deixando-lhe o cuidado de discutir, verificar e submeter tudo ao cadinho da razão, deixando mesmo, muitas vezes, que adquira experiência à sua custa. Fornecem-lhe o princípio, os materiais; cabe-lhe a ele aproveitá-los e pô-los em obra (nº 15)."

No item nº 54, lembra o Codificador que "nenhuma ciência existe que haja saído prontinha do cérebro de um homem". O parágrafo seguinte merece copiado na íntegra: "Há, todavia, *capital diferença entre a marcha do Espiritismo e a das ciências*: a de que estas não atingiram o ponto que alcançaram, senão após longos intervalos, ao passo que alguns anos bastaram ao Espiritismo, quando *não a galgar o ponto culminante,* pelo menos a recolher uma soma de observações bem grande para formar uma doutrina. Decorre esse fato de ser inumerável a multidão de Espíritos que, por vontade de Deus, se manifestaram simultaneamente, trazendo cada um o contingente de seus conhecimentos. Resultou daí que todas as partes da Doutrina, em vez de serem elaboradas sucessivamente durante longos anos, o foram quase ao mesmo tempo, em alguns anos apenas, e que bastou reuni-las para que estruturassem um todo." (Nossos os grifos.)

O missionário-chefe do Espiritismo houve por bem pulverizar virtualmente todas as objeções que se lhe ofereceram, inclusive a do nºs 57: *"Que autoridade tem a revelação espírita, uma vez que emana de seres de limitadas luzes e não infalíveis?"* Nos itens nºs 15 e 50, no entanto, há esclarecimentos bastantes para que uma questão como essa não precisasse ser formulada.

Índice Antroponímico

C

D

E

F

G

H

J

K

L

M

Q

R

S

T

U

V

W

X

Z